U0400099

本教材的编写得到黑河学院“2019年地方高校改革发展资金——翻译专业学位硕士点建设项目”经费资助

ЧТЕНИЕ СОВРЕМЕННЫХ РОССИЙСКИХ ГАЗЕТ

现代俄罗斯报刊阅读

张锐　主　编
邓指辉　孙娜　副主编

北京大学出版社
PEKING UNIVERSITY PRESS

图书在版编目（CIP）数据

现代俄罗斯报刊阅读 / 张锐主编. — 北京：北京大学出版社，2023.1
ISBN 978-7-301-33419-5

Ⅰ. ①现… Ⅱ. ①张… Ⅲ. ①俄语－阅读教学－高等学校－教材 Ⅳ. ①H359.37

中国版本图书馆CIP数据核字（2022）第177648号

书　　名	现代俄罗斯报刊阅读 XIANDAI ELUOSI BAOKAN YUEDU
著作责任者	张　锐　主编
责任编辑	李　哲
标准书号	ISBN 978-7-301-33419-5
出版发行	北京大学出版社
地　　址	北京市海淀区成府路205号　100871
网　　址	http://www.pup.cn　　新浪微博：@ 北京大学出版社
电子信箱	pup_russian@163.com
电　　话	邮购部010-62752015　发行部010-62750672　编辑部010-62759634
印 刷 者	北京圣夫亚美印刷有限公司
经 销 者	新华书店
	787毫米×1092毫米　16开本　17.25印张　420千字
	2023年1月第1版　2023年1月第1次印刷
定　　价	78.00元

前　言

语言是社会生活的一面镜子，当前社会正处于高速发展的阶段，作为信息载体的报刊语言记载着人类社会生活的方方面面。随着时代的发展、教学的需要，俄语语言教学也必须特别注意报刊语言的变化。随着俄语专业的不断发展，教学实际中需要一本能够扩宽俄语学习者的知识结构、提高学习者综合阅读及翻译能力的教材。俄罗斯报刊蕴含着较强的时代气息，能够使阅读者及时准确地了解掌握动态性丰富的俄语语言。为此，我们编写了《现代俄罗斯报刊阅读》一书。

此书编写兼顾科学性、系统性、典型性、趣味性，涉及社会生活的方方面面，其特点是内容新、语料新、实用性强。本书内容包括报刊理论知识介绍和阅读实践。为便于学习者使用，阅读实践每一模块均配有专项阅读训练和补充性自读材料。本教材使用对象为高校俄语专业及翻译专业在读本科生及硕士生，可作为从事俄语教学工作的专业人员的业务辅助工具书，也可作为俄语爱好者的阅读读物。参加本书的编写工作的人员为：张锐（编写字数 21 万）、邓指辉（编写字数 11 万）、孙娜（编写字数 10 万）。

由于编者水平有限，书中难免有不妥之处，恳请读者批评指正。

编者

2022 年 10 月

目 录

第一章 政治 политика

I. Прочитайте следующие фрагменты и обратите внимание на употребление выделенных слов и словосочетаний.

фрагмент 1

Правительство России завершило работу над единым планом достижения национальных целей. Об этом в среду, 28 октября, заявил премьер-министр страны Михаил Мишустин на совещании президента РФ Владимира Путина с кабмином.

«Мы его сейчас завершили, проработали. План определяет наши ***стратегические приоритеты на ближайшие 10 лет***, конкретные шаги по достижению целей, которые были определены в вашем указе», – доложил премьер.

Финансирование плана составит 12 трлн рублей в год, подчеркнул Мишустин, предложив переориентировать бюджетную систему страны для реализации целей, указанных в документе. Персональную ***ответственность за достижения национальных целей*** будут нести все члены российского правительства, добавил глава правительства. Мишустин отметил, что документ создавался максимально ***ориентированным на жизнь людей***, и это должен почувствовать каждый гражданин страны. «Мы провели точечную настройку национальных и федеральных проектов, чтобы они более уверенно выводили нас на национальные цели развития с учетом новых непростых условий, которые возникли в том числе из-за распространения коронавирусной инфекции», – заявил он.

О том, что правительство представит Путину до 30 октября доработанный проект единого плана достижения национальных целей на период до 2024 года и на период до 2030 года, стало известно 19 октября. ***Указ о национальных целях развития до 2030 года*** российский лидер подписал 21 июля. Согласно документу, основными целями являются увеличение численности населения страны, ***повышение уровня жизни граждан***, создание комфортных условий для их проживания, а также ***раскрытие таланта каждого человека***.

фрагмент 2

Президент России Владимир Путин указал министру финансов Антону Силуанову на ***необходимость скорейшего решения вопроса*** по выделению регионам дополнительных средств на меры по борьбе с коронавирусом. «Когда, Антон, когда?» – спросил Путин у главы Минфина в среду ***на совещании с членами правительства***. Силуанов в ответ сообщил, что кабинет министров на заседании в четверг, 29 октября, ***примет решение по этому вопросу***. «Мы примем это, я думаю, по решению Михаила Владимировича (Мишустина, премьер-министра. – Ред.) на ближайшем заседании правительства, то есть в четверг, завтра», – ответил глава ведомства. Его слова подтвердил Мишустин. «Я хотел сказать, что завтра мы это решение примем, Владимир Владимирович, ***всё для этого готово***», – добавил он. Ранее в среду в ходе совещания президент России Владимир Путин ***поручил незамедлительно выделить регионам 10 млрд рублей на меры по борьбе с COVID-19***. Также российский лидер подчеркнул, что распространение коронавируса отслеживается в каждом субъекте РФ, и призвал глав регионов не забывать о своей ответственности в ситуации.

фрагмент 3

Дата визита президента России Владимира Путина в Сербию окончательно еще не определена, в ноябре этой поездки не будет. Об этом в среду, 28 октября, сообщил пресс-секретарь главы российского государства Дмитрий Песков.

«Окончательная дата не была еще определена. В ноябре не будет», – сказал Песков «Интерфаксу». 15 июня Путин ***провел телефонный разговор с президентом*** Сербии Александром Вучичем по поводу поездки российского лидера в Белград на церемонию освящения храма святого Саввы, которая, предположительно, должна состояться осенью 2020 года. В ходе разговора Путин также подчеркнул готовность России ***защищать интересы Сербской православной церкви***.

Вучич ***посетил парад Победы в Москве***, который состоялся 24 июня. После парада президент России ***возложил цветы к Вечному огню у Могилы Неизвестного Солдата***, в церемонии участвовал в том числе ***сербский лидер***. Президент Сербии во время встречи со своим российским коллегой в Сочи 4 декабря 2019 года пригласил его посетить Белград. Позже в Сербии заявили, что ждут Путина на церемонии освящения храма святого Саввы, которая запланирована на осень 2020 года.

II. Прочитайте следующие фрагменты и ответьте на вопросы.

фрагмент 1

Помимо ситуации на внутреннем рынке, коснулся президент и иностранных инвестиций. Владимир Путин заявил, что, несмотря на пандемию, интерес заграничного бизнеса к работе в РФ растет. Как пояснил Владимир Тихомиров, наш рынок привлекателен тем, что Россия – огромная страна, многие ниши экономики которой еще не развиты. Там нет конкуренции, и это дает большой потенциал для развития. В основном иностранцы интересуются сферой услуг и производством потребительских товаров, отметил он. В целом российская экономика себя чувствует уверенно, и власти не планируют каким-либо способом ограничивать движение капитала. Золотовалютные резервы на середину октября составляют $585 млрд, объем Фонда национального благосостояния – $176 млрд, сообщил президент. В нынешней ситуации Россия не намерена отказываться и от реализации крупных инфраструктурных проектов. Некоторые из них возможно даже удастся «сдвинуть влево», подчеркнул президент. Речь идет, например, о развитии железнодорожной инфраструктуры и подъездов к Черному морю и о строительстве новой автомобильной дороги Москва – Нижний Новгород – Казань.

Ответьте на вопросы:

1. Чем российский рынок привлекателен по мнению Владимира Тихомирова?
2. Сколько долларов составляет золотовалютные резервы на середину октября и объем Фонда национального благосостояния?
3. От чего Россия не намерена отказываться в нынешней ситуации?

фрагмент 2

Владимир Путин в 12-й раз принял участие в форуме «Россия зовет!», главная цель которого заключается в привлечении инвестиций в отечественную экономику. Вступительное слово президента предсказуемо началось с обсуждения коронавируса, который в этом году нанес серьезный ущерб бизнес-процессам во всем мире. В 2020-м Россия направит 4,5% ВВП на поддержку отечественной экономики и граждан в связи с пандемией. Несмотря на всплеск заболеваемости, власти не планируют идти на тотальные ограничительные меры и вводить общенациональный локдаун. По словам президента, в случае необходимости в конкретном регионе, городе, муниципалитете будут приниматься оправданные точечные решения, которые позволят максимально защитить безопасность людей и сохранить непрерывную деятельность предприятий.

Особое внимание руководство страны продолжит уделять поддержке МСП. Для таких компаний уже снижены страховые взносы до 15%, причем не только на текущий кризисный период, а на постоянной основе. Для предприятий из пострадавших отраслей предоставлена полугодовая отсрочка по налогам и страховым взносам за I квартал 2020-го. При этом Владимир Путин предложил продлить льготу, так как не все имели возможность восстановить свое прежнее положение.

Ответьте на вопросы:

1. В чём заключается главная цель форума «Россия зовет!»?
2. На что Россия направит 4,5% ВВП В 2020-м?
3. Что предоставлено для предприятий из пострадавших отраслей?

фрагмент 3

Президент России Владимир Путин выразил соболезнования в разговоре с президентом Франции Эммануэлем Макроном в связи с варварским убийством французского учителя. В ходе телефонного разговора лидеры стран подтвердили обоюдную заинтересованность в активизации совместных усилий по борьбе с терроризмом и распространением экстремистской идеологии. Об убийстве профессора истории колледжа Конфлан-Сент-Онорин Самуэля Пати стало известно 16 октября: предположительно, поводом для убийства стали карикатуры на пророка Мухаммеда, которые преподаватель якобы показывал в начале октября в ходе одной из лекций на тему свободы слова и мнений. Эммануэль Макрон назвал нападение на профессора террористическим актом и подчеркнул, что «мракобесие и сопутствующее ему насилие не победят». В рамках расследования полиция задержала девять человек.

18 октября очевидцы опубликовали видео момента операции по ликвидации исламиста, убившего профессора. Мужчина не подчинился требованиям правоохранителей, в конце видео раздалась череда выстрелов. По стране в тот день прошли акции в память о погибшем. В Париже участниками мемориальной акции стали мэр Парижа Анн Идальго, глава столичного региона Иль-де-Франс Валери Пекресс, лидер левого движения «Неподчинившаяся Франция» Жан-Люк Меланшон и премьер-министр Жан Кастекс, который заявил. 17 октября власти страны объяснили, что не хотели предоставлять статус политических беженцев семье, в которой воспитывался нападавший. Но суд обязалмиграционные службы принять выходцев из России чеченского происхождения.

Ответьте на вопросы:

1. В связи с чем президент России Владимир Путин выразил соболезнования в разговоре с президентом Франции Эммануэлем Макроном?
2. Каким актом Эммануэль Макрон назвал нападение на профессора и что он подчеркнул?
3. Что стало поводом для убийства?

фрагмент 4

России «не к кому идти с протянутой рукой» в случае, если бюджет не сможет выполнить социальные обязательства. Об этом заявил президент РФ Владимир Путин в четверг, 29 октября. «Хорошо, в Европе есть такая строгая, казалось бы, но все-таки добрая тетушка, к которой всегда можно обратиться за помощью. Вы понимаете, кого я имею в виду – Федеративную Республику [Германии]. Нам не к кому идти с протянутой рукой, поэтому мы должны все-таки придерживаться тех правил, которые позволили нам сохранить здоровую макроэкономическую ситуацию в стране за предыдущие годы», – сказал Путин, выступая на форуме ВТБ «Россия зовет!».

Он отметил, что если удастся сохранить стабильную ситуацию в экономике, то это придаст уверенности как партнерам страны, так и частным инвесторам. В начале октября Путин рассказал, что приоритетами федерального бюджета на 2021–2023 год станут исполнение социальных обязательств и обеспечение развития страны. Премьер-министр России Михаил Мишустин 1 октября заявил, что в текущих непростых условиях приоритетом останется исполнение социальных обязательств и каждый рубль пойдет на улучшение жизни людей.

В сентябре Мишустин отметил, что правительство России, несмотря на пандемию, в первые шесть месяцев 2020 года выполнило все социальные обязательства.

Ответьте на вопросы:

1. О чём заявил президент РФ Владимир Путин в четверг, 29 октября?

2. Что придаст уверенности как партнерам страны, так и частным инвесторам?
3. Что станет приоритетами федерального бюджета на 2021–2023 год по словам Путина?

III. Прочитайте следующие фрагменты и переведите словосочетания на китайский язык.

фрагмент 1

Россотрудничество в настоящее время обновляется, закрытия отделений ни в одной стране не будет. Об этом заявил глава организации Евгений Примаков. По его словам, идет перераспределение ресурсов и возможностей. Шестнадцатого ноября новая оргструктура Россотрудничества должна начать действовать, где будет новое управление, новые функционалы, часть новых людей.

По словам руководителя организации, обновление идет медленнее, чем рассчитывалось, но это природа всех органов власти. Как добавил Примаков, ресурсы и возможности будут перераспределены в пользу СНГ. «Если мы будем снижать средства, кадровые и прочие, на работу условно в Люксембурге или Мальте, это вряд ли будет кем-то замечено, а если мы потеряем контакт с гражданским обществом условно в Белоруссии, Армении или условно в Киргизии, это будет гораздо более болезненно», – объяснил он. В системе Россотрудничества работает 97 представительств в 80 странах мира.

В августе Примаков отмечал, что действующее название организации труднопроизносимо для граждан других государств. По его мнению, сеть РЦНК (российских центров науки и культуры. – Ред.) – ужасная аббревиатура. Сеть тоже должна быть преобразована, потому что ее работа не устраивает ни Россотрудничество, ни МИД России, ни центры принятия решений, отметил он. Депутат Госдумы Евгений Примаков был назначен на должность главы Россотрудничества 25 июня. Работал депутатом Государственной думы VII созыва, журналистом на радиостанции «Эхо

Москвы», в ТАСС и журнале «Коммерсант-Деньги». Примаков – внук российского дипломата Евгения Максимовича Примакова, возглавлявшего правительство России в конце 1990-х.

Переведите следующие словосочетания:

1. новая оргструктура Россотрудничества
2. обновление идет медленнее, чем рассчитывалось
3. природа всех органов власти
4. действующее название организации
5. назначен на должность главы Россотрудничества
6. работать депутатом Государственной думы

фрагмент 2

Необходимо знать свои права и требовать от государства их исполнения, но не забывать об обязанностях, которые есть у каждого гражданина. Об этом в среду, 4 ноября, заявил президент России Владимир Путин.

В День народного единства он вместе с представителями молодежных организаций возложил цветы к памятнику Кузьме Минину и Дмитрию Пожарскому на Красной площади. После этого глава государства пообщался с ребятами. Одна из девушек, будущий политолог, рассказала о направлениях своей будущей работы в школе и о планах в перспективе стать политтехнологом. Путин спросил о том, какие главные идеи она хотела бы донести до учеников. «Что в политике нужно участвовать. Нужно иметь активную гражданскую позицию и нужно знать свои права», – ответила девушка.

«А обязанности?» – уточнил президент. Она отметила, что обязанности должны быть у всех, и глава государства похвалил ее за этот ответ. «Точно. Права и обязанности должны быть в гармонии между собой. Без этого трудно существовать всему нашему обществу. У каждого гражданина должны быть и права, и обязанности. Надо требовать от государства исполнения своих прав и знать их. Но и обязанности у каждого человека есть», – подчеркнул Путин.

Переведите следующие словосочетания:

1. в День народного единства
2. возложить цветы к памятнику
3. будущий политолог
4. донести до учеников
5. похвалить ее за этот ответ
6. быть в гармонии между собой

фрагмент 3

В России появится федеральный центр лекарственного обеспечения граждан, распоряжение о его создании подписал премьер-министр РФ Михаил Мишустин во вторник, 3 ноября.

«Центр займется закупками медикаментов в рамках федеральных программ – в частности, препаратов для лечения пациентов с орфанными и онкологическими заболеваниями, ВИЧ и туберкулезом, а также вакцин, входящих в национальный календарь прививок», – говорится в пояснительной записке на сайте правительства РФ. Кроме того, центр будет мониторить закупки лекарств и прогнозировать потребности в регионах, чтобы заранее формировать необходимый резерв препаратов и предотвращать возможные перебои с поставками. В течение месяца Минздрав России должен зарегистрировать новый центр и утвердить его устав.

Ранее в этот день Мишустин подписал постановление об упрощении порядка маркировки лекарств. Упрощенный режим введен на фоне повышенного спроса на медикаменты и эпидобстановки и будет действовать «до полной готовности всех участников отрасли», пишет «Газета.ру». Накануне глава правительства назвал недопустимой ситуацию с нехваткой лекарств в регионах. Он отметил, что для решения проблемы подготовлено постановление, которое вводит особенности регулирования цен для жизненно необходимых и важнейших препаратов. Это позволит улучшить доступ к лекарствам и учесть интересы производителей, подчеркнул Мишустин.

Переведите следующие словосочетания:

1. федеральный центр лекарственного обеспечения граждан
2. мониторить закупки лекарств и прогнозировать потребности в регионах
3. формировать необходимый резерв препаратов и предотвращать возможные перебои с поставками
4. утвердить его устав
5. постановление об упрощении порядка маркировки лекарств
6. улучшить доступ к лекарствам и учесть интересы производителей

фрагмент 4

Член комитета Госдумы по охране здоровья Борис Менделевич в пятницу, 6 ноября, выступил с предложением направлять налоговые поступления от заведений фастфуда на профилактику и лечение ожирения.

«Я сейчас изучаю вопрос и рассматриваю возможность разработки подобного законопроекта. Новый документ, на мой взгляд, должен отражать три основных аспекта: ограничение калорийности продуктов, налог на фастфуд и снижение уровня бедности. Только системная работа в данном направлении позволит сохранить здоровье людей», – цитирует парламентария «РИА Новости».

Как отметил Менделевич, уже сейчас около 55% россиян имеют избыточную массу тела, необходимо принять фундаментальный закон по борьбе с ожирением.

Кроме того, считает парламентарий, хороший результат может дать «увеличение информации о калорийности продукта на упаковках, а также публикация информации о калорийности в меню». В то же время соответствующие поправки Менделевич хочет внести и в Налоговой кодекс. По мнению депутата, налоги, собранные с продажи фастфуда, должны быть направлены на профилактику и борьбу с заболеваниями, которые он вызывает.

Переведите следующие словосочетания:

1. заведения фастфуда
2. профилактика и лечение ожирения
3. ограничение калорийности продуктов, налог на фастфуд и снижение уровня бедности
4. иметь избыточную массу тела
5. принять фундаментальный закон по борьбе с ожирением
6. увеличение информации о калорийности продукта на упаковках

IV. Прочитайте следующие фрагменты и переведите словосочетания на русский язык.

фрагмент 1

Президент России Владимир Путин согласился с идеей переезда Госдумы в новый комплекс зданий, если на ее реализацию не потребуются 1（巨额的联邦预算支出）. О своем отношении к инициативе он сообщил в среду, 23 декабря, в ходе совместного заседания Госсовета и Совета по стратегическому развитию и национальным проектам.

«По поводу нового здания и комплекса зданий для Государственной думы. Если действительно это не будет связано с дополнительными – серьезными, во всяком случае – расходами федерального бюджета и 2（将通过不动产置换）, в том числе и с правительством Москвы, это можно сделать, почему нет», – заявил Путин. По словам главы государства, переезд реально осуществить, «если действительно стоимость объектов, которые будут переданы Москве, будет достаточна для 3（抵偿一切费用）, связанных с новым строительством». Он призвал «внимательно посчитать», прежде чем 4（开始搬迁）. «В принципе, я не против – пожалуйста, я с вами согласен», – заключил Путин. 3 октября президент России Владимир Путин своим указом поручил управделами 5（保证国家杜马的临时安置）по адресу Большая Дмитровка, дом 1, где находится Дом союзов.

фрагмент 2

Госдума во вторник приняла в третьем, основном чтении базовый законопроект о молодежной политике в России, который 1（将年轻人的年龄界定上限提高到 35 岁）. Об этом говорится в сообщении на сайте нижней палаты парламента в среду, 23 декабря.

Документ регулирует права в сфере молодежной политики, закрепляет понятия, используемые в этой сфере. Речь идет о «молодежи», «молодой семье», «молодых специалистах» и других понятиях.

К молодежи будут относиться 2 （年龄在 14-35 岁的俄罗斯人）включительно. 3（根据所通过的法律）численность молодежи в РФ должна увеличиться более чем на 12 млн человек и превысить 41 млн. В итоге больше россиян смогут 4（享受支持政策）, предусмотренными государством, полагают законодатели.

Также определены субъекты, осуществляющие деятельность в сфере молодежной политики, ее цели, принципы, основные направления.

фрагмент 3

Потенциал России позволил не рухнуть в условиях пандемии коронавируса, а 1（保持稳定）. Об этом 23 декабря заявил пресс-секретарь президента России Дмитрий Песков в ходе всероссийской премии «Медиатэк 2020» на площадке МИА «Россия сегодня». 2（2020 年重大事件）Песков назвал празднование 75-летия победы в Великой Отечественной войне и пандемию. «И значимо, наверное, что потенциал нашей страны позволил нам 3（面对这一挑战不会崩溃）», – подчеркнул он.

Как о тметил представитель Кремля, COVID-19 в 2021 году никуда не исчезнет. Но правительство России знает, как четко 4（减少感染的影响）. Ранее в этот день власти Москвы отметили, что не видят необходимости в ужесточении ограничений из-за коронавируса.

фрагмент 4

Совет Федерации одобрил закон об ответных санкциях за 1（对俄罗斯媒体进行检查）на иностранных интернет-платформах. Решение было принято на пленарном заседании в пятницу, 25 декабря. Закон 2（授权）Роскомнадзору блокировать интернет-ресурсы, которые допускают цензуру и дискриминацию в отношении российских СМИ.

Действие закона может распространяться и на такие крупные интернет-платформы, как Twitter, YouTube, Facebook.

Согласно закону, Роскомнадзор 3（有权限制互联网平台的全部或部分使用）– например, ограничивая их трафик. Кроме того, 25 декабря, Совет Федерации одобрил закон о крупных штрафах в социальных сетях и на интернет-ресурсах за игнорирование удаления запрещенного контента, который связан с 4（煽动极端主义）, пропагандой наркотиков или детской порнографией.

V. Прочитайте следующие фрагменты и поставьте слова в скобках в нужной форме.

фрагмент 1

Верховный представитель Евросоюза по иностранным делам и политике безопасности Жозеп Боррель 1.__________(в свой блог), опубликованном 3 декабря, заявил, что Россия и Турция ведут политику «астанизации».

В ходе 2.____________(выступление на конференция) «Средиземноморские диалоги» 4 декабря Боррель снова повторил данный термин, отметив, что сотрудничество Турции и России позволило им стать «мастерами игры» в Ближневосточном и Средиземноморском регионах. «Надо вспомнить, что еще пять лет назад 3.__________(Россия и Турция) не было в Средиземноморском регионе, а сейчас они мастера игры. Сначала они были по отдельности, но потом нашли точки соприкосновения и делят влияние в Сирии, Ливии, на Кавказе», – заявил Боррель. Глава дипломатии ЕС в то же время назвал Евросоюз 4.____________(лидер) в поисках политических решений конфликтов, однако необходимо объединить усилия с ОНН, так как одного ЕС уже недостаточно, подчеркнул Боррель. Астанинский формат урегулирования был задействован в Сирии. Странами – гарантами перемирия в арабской республике выступили Россия, Иран и Турция. 9 ноября 5.__________(при посредничество) РФ Армения и Азербайджан заключили соглашение 6.______________(о прекращение боевые действия) в Карабахе. При этом Турция подключилась к урегулированию, создав с Россией совместный центр по контролю за соблюдением соглашения.

фрагмент 2

«Посольство России в Турции и генконсульство России в Стамбуле находятся 1._____________(в контакт с турецкие власти), проясняют информацию об их возможном задержании, предпринимают необходимые усилия 2._________________(по установление местонахождение журналисты). Надеемся на оперативное содействие турецкой стороны», – говорится в сообщении российского внешнеполитического ведомства в Twitter.

Отмечается также, что последний полноценный контакт с журналистами был 3 декабря в 12:22, в ходе которого россияне сообщили, что «их задерживают 3.___________(неизвестные) и куда-то ведут». Ранее в пятницу сообщалось, что полиция Турции задержала сотрудников программы «Центральное телевидение», журналистов телекомпании НТВ. Отмечалось, что 3 декабря в 21:00 мск от Петрушко было получено короткое СМС-сообщение: «Нас почему-то до сих пор 4.________(держать)». С тех пор от сотрудников телеканала не было вестей. 5.__________(На звонки и сообщения)они не отвечают.

фрагмент 3

В ходе брифинга журналисты отметили, что в США экс-президенты Барака Обама и Джордж Буш-младший сообщили о готовности привиться от COVID-19 в эфире. Песков отметил, что в России такая практика уже 1.__________(существовать).

По его словам, публичная вакцинация от COVID-19 может иметь существенную пользу для общества. «Те, кто пользуется заслуженным авторитетом, 2.__________(на свой пример) показывали и доказывали, что прививка не только безопасна, но и необходима, чтобы в условиях пандемии 3.____________(жить нормальная жизнь), – сказал он, отметив, что многих членов Совета безопасности РФ уже вакцинировали в эфире. На вопрос журналистов, планирует ли президент России Владимир Путин принять участие в публичной вакцинации, Песков напомнил, что глава государства сам об этом сообщит, кода примет соответствующее решение.«Он же сказал, что сообщит о своем решении. Это были его слова», – добавил представитель Кремля.

Ранее Песков уже сообщал, что Путин еще не сделал прививку от коронавируса, так как массовая вакцинация в стране не началась. Пресс-секретарь подчеркнул, что глава государства не может принимать участие 4.____________(в качестве доброволец) в испытаниях вакцины. Также Песков подчеркивал, что президент сам сообщит о своей вакцинации, когда посчитает это 5.__________(необходимый). 7 октября глава Роспотребнадзора Анна Попова рассказала, что она вместе с вице-премьером России Татьяной Голиковой сделала прививку от коронавируса вакциной центра «Вектор». По словам Поповой, у них с Голиковой не было 6.____________(никакие осложнения), в том числе 7.____________(повышение температура).

фрагмент 4

В конце ноября документ приняла Госдума, пишет «Газета.ру». Проект предусматривает системную переработку норм дистанционной работы и доступность их применения. В частности, работодатель сможет переводить 1.____________ (сотрудники на удаленка) в случае чрезвычайных ситуаций без их согласия, но будет обязан обеспечить 2.__________(необходимый оборудование) или возместить затраты.

В то же время перевод работника на удаленную работу не сможет быть 3.________(основание) для снижения заработной платы. Кроме того, сохраняется право дистанционных работников быть офлайн, а нарушение этого права будет расцениваться как сверхурочная работа. Планируется, что закон об удаленной работе 4.________(вступить в сила) в России с января 2021 года. На прошлой неделе стало известно, что в настоящий момент в России около 6,5% 5.______________ (трудоспособный население) работают в удаленном режиме, что в 110 раз больше, чем в 2019 году. В начале ноября были опубликованы результаты опроса, согласно которому лучшими городами 6._______________(для развитие карьера) при дистанционной работе являются Москва, Казань и Новосибирск, худшими – Челябинск и Омск.

VI. Прочитайте следующие фрагменты и выучите наизусть выделенные предложения.

фрагмент 1

В последние годы волонтерство в России развивается очень быстрыми темпами. Во время пандемии число добровольцев только выросло, и теперь в проектах всё чаще участвует не только молодежь, но и люди среднего возраста. ***С***

учетом этих тенденций стоит пересмотреть систему нематериального поощрения добровольцев: в частности, опыт волонтерства мог бы учитываться при поступлении в магистратуру или аспирантуру. Кроме того, важно поощрять не только крупные проекты, но и небольшие некоммерческие организации. Об этом «Известиям» заявили эксперты по итогам встречи президента России Владимира Путина с волонтерами и финалистами конкурса «Доброволец России – 2020». ***Мероприятие прошло в Международный день добровольцев, который ежегодно отмечается 5 декабря***.

Начало пандемии коронавируса показало, насколько человечество нуждается в помощи волонтеров. Буквально по всему миру люди помогали врачам, борющимся за жизнь пациентов, а также пенсионерам и согражданам с ограниченными возможностями. ***В России борьба с эпидемией сплотила миллионы неравнодушных людей***. В этом году в различных добровольческих проектах приняло участие свыше 15 млн граждан, напомнил Владимир Путин. Одним из них стала акция #МыВместе, запущенная весной.

– ***Вы доставляете продукты и лекарства пожилым, маломобильным людям, забираете к себе домой инвалидов и сирот из социальных учреждений*** – что, честно говоря, даже для меня было неожиданным, когда я об этом узнал. Даже не знаю, как и что по этому поводу можно сказать, какие слова благодарности можно здесь выразить тем, кто это делает, – обратился президент к участникам встречи и всем волонтерам страны.

фрагмент 2

Экс-глава «Роснано» Анатолий Чубайс прокомментировал назначение на должность спецпредставителя президента по связям с международными организациями. ***Запись появилась на его странице в Facebook в пятницу, 4 декабря***.

«Мне в жизни не раз приходилось заниматься тем, что важно для страны, хотя и не очень приятно для меня. ***На этот раз, похоже, предстоящее дело по-настоящему значимо для страны и интересно мне лично***», – говорится в сообщении.

Ранее в этот день президент России Владимир Путин подписал указ о назначении Чубайса на должность спецпредставителя президента по связям с международными организациями. Указ вступает в силу с момента его подписания.

Накануне Чубайс официально сообщил, что покидает пост руководителя «Роснано», 3 декабря стал его последним рабочим днем в компании. Новым председателем правления «Роснано» был избран экс-зампред коллегии Военно-промышленной комиссии (ВПК) Сергей Куликов. ***Его кандидатуру рекомендовал лично президент России***.

фрагмент 3

Президент России Владимир Путин заявил о планах ввести в стране автоматическое оказание большинства госуслуг. На эту тему он высказался в пятницу, 4 декабря.

Выступая на международной онлайн-конференции Artificial Intelligence Journey (AI Journey), президент выразил уверенность, что искусственный интеллект – это «основа очередного рывка вперед всего человечества в своем развитии». «Миллиарды рублей будут направлены только на цифровую трансформацию государственного управления и перевод в электронный формат фактически всех государственных услуг. Большинство из них будут оказываться автоматически, по факту возникновения жизненной ситуации у человека, в так называемом проактивном режиме», – сказал Путин. По словам главы государства, ***в наступающее десятилетие предстоит провести цифровую трансформацию всей России, повсеместно внедрить технологии искусственного интеллекта и анализа больших данных***.

«В реализации наших замыслов мы должны опираться на суверенные технологические заделы, использовать нужно разработки отечественных инновационных компаний и стартапов, наших математических школ. Для технологических и научных находок, для их продукции создается громадный рынок. Нам нужно развивать внутренний рынок обязательно», – пояснил Путин.При этом он подчеркнул, что искусственный интеллект никогда не заменит человека. ***«Да, искусственный интеллект, машины будут контролировать человека в значительной степени, так же как и многие другие современные технические средства, но человек должен в конечном итоге контролировать эти машины»***, – отметил президент.

VII. Прочитайте самостоятельно следующие фрагменты.

фрагмент 1

Госдума одобрила штрафы до 150 тыс. рублей за хамство чиновников

Государственная дума РФ приняла закон о штрафах до 150 тыс. рублей за хамство чиновников. Информация опубликована в среду, 16 декабря, на сайте Госдумы.

Согласно документу, за оскорбление граждан чиновниками и должностными лицами предполагаются штрафы от 50 тыс. до 100 тыс. рублей, а при повторном нарушении до 150 тыс. рублей. При этом за повторное нарушение могут дисквалифицировать на два года.

Поправки включают в себя расширение понятия «оскорбление». «Под это определение подпадает унижение чести и достоинства, выраженное не только в неприличной (как действует сейчас), но и в иной «противоречащей общепринятым нормам морали и нравственности» форме», – следует из сообщения. Кроме того, изменения в закон предполагают увеличение штрафов для физических и юридических лиц. «За оскорбление, то есть унижение чести и достоинства другого лица, выраженное в неприличной или иной противоречащей общепринятым нормам морали и нравственности форме, штраф в размере: для граждан – от 3 тыс. до 5 тыс. рублей (действует – от 1 тыс. до 3 тыс. рублей); для должностных лиц – от 30 тыс. до 50 тыс. рублей (действует – от 10 тыс. до 30 тыс. рублей); для юрлиц – от 100 тыс. до 200 тыс. рублей (действует – от 50 тыс. до 100 тыс. рублей)», – привели данные на сайте.

Ужесточатся штрафы за публичное оскорбление в СМИ или интернете. За такое оскорбление предусмотрено увеличение штрафов: для физических лиц – до 10 тыс. рублей, для должностных лиц – до 100 тыс. рублей, для юридических – до 700 тыс. рублей.

фрагмент 2

СФ расширил перечень оснований для лишения парламентариев полномочий

Совет Федерации в ходе заседания в среду, 16 декабря, одобрил закон, согласно которому полномочия депутата Госдумы или сенатора должны быль прекращены в случае наличия у парламентария иностранного гражданства.

Согласно изменениям в закон «О статусе члена Совета Федерации и статусе депутата Государственной Думы Федерального Собрания Российской Федерации», основанием для досрочного прекращения полномочий сенатора и депутата становится выявление иностранного гражданства или несоблюдение сенатором-представителем региона требований к сроку проживания на территории субъекта России.

Ранее полномочия парламентария могли быть прекращены только после выявления у него иностранных счетов и вкладов. О внесении соответствующего законопроекта в Госдуму стало известно 30 ноября. 20 октября глава комитета Совета Федерации по конституционному законодательству и госстроительству Андрей Клишас сообщал, что более жесткие требования к парламентариям на стадии их выдвижения на должность будут установлены в новых законопроектах, разработанных в связи с поправками к Конституции России.

В сентябре президент России Владимир Путин внес в Госдуму пакет законопроектов, направленных на исполнение поправок к Конституции. По словам российского лидера, суть и смысл новаций состоят в том, чтобы на десятилетия зафиксировать основы устойчивого развития страны.

фрагмент 3

Мэр Перми Самойлов подал в отставку

Мэр города Пермь Дмитрий Самойлов подал заявление об отставке. Об этом сообщили во вторник, 15 декабря, в пресс-службе городской администрации. Депутаты Пермской городской думы рассмотрят заявление на заседании 15 декабря.

Дмитрий Самойлов занимал пост главы города с 2016 года. Временно исполняющий полномочия председателя думы Дмитрий Малютин уточнил, что на заседании депутаты также рассмотрят вопрос о назначении временно исполняющего полномочия главы Перми – главы администрации города Алексея Демкина, передает ТАСС. В начале декабря мэр Сургута Вадим Шувалов подал заявление об отставке. Он отметил, что переходит на другую работу, где сможет принести больше пользы.

фрагмент 4

Собянин заявил о переходе Москвы на новые принципы управления при COVID-19

Москва в период распространения коронавируса за считаные дни перешла на новые принципы управления. Об этом заявил мэр столицы Сергей Собянин в среду, 16 декабря.

«Для перехода на новые принципы управления и функционирования огромных отраслей правительству Москвы потребовались не месяцы или годы, а буквально считаные дни», – сказал градоначальник в ходе ежегодного отчета в Мосгордуме в среду, 16 декабря. Он отметил, что это стало возможным благодаря «множеству сложных и порой непопулярных решений», которые были приняты в предыдущие годы.

Собянин считает, что распространение COVID-19 стало «жестким экзаменом на прочность и эффективность» для городской системы управления. Он подчеркнул, что уже в конце февраля стало ясно, что жить так, как раньше, нельзя. Однако объявлять режим чрезвычайной ситуации или карантин означало бы «полностью отменить права и свободы граждан и полностью обрушить любую обычную жизнь». По словам градоначальника, режим повышенной готовности, в рамках которого Москва живет уже 10 месяцев, стал «оптимальным путем здравого смысла». «Также очевидно, что в течение ближайших месяцев мы будем жить в условиях относительно мягких, но все же ограничений, и вся мировая экономика по-прежнему будет испытывать потрясения», – указал Собянин. По его словам, власти до последнего воздерживаются от радикальных мер введения локдаунов.

КЛЮЧИ

IV. Прочитайте следующие фрагменты и переведите словосочетания на русский язык.

фрагмент 1

1. серьезные расходы из федерального бюджета
2. будет сделано за счет обмена объектами недвижимости,
3. покрытия всех расходов
4. начинать организацию переезда
5. обеспечить Госдуме временное размещение

фрагмент 2

1. повышает возраст молодежи до 35 лет включительно
2. россияне от 14 до 35 лет включительно
3. В результате принятия закона
4. воспользоваться мерами поддержки

фрагмент 3

1. оставаться в стабильном состоянии
2. Значимыми событиями 2020 года
3. не рухнуть перед лицом этого вызова
4. минимизировать последствия распространения инфекции

фрагмент 4

1. цензуру российских СМИ
2. дает право
3. вправе ограничить полностью или частично доступ к интернет-платформам
4. призывами к экстремизму

V. Прочитайте следующие фрагменты и поставьте слова в скобках в нужной форме.

фрагмент 1

1. в своем блоге
2. выступления на конференции
3. России и Турции
4. лидером
5. при посредничестве
6. о прекращении боевых действий

фрагмент 2

1. в контакте с турецкими властями
2. по установлению местонахождения журналистов
3. неизвестные
4. держат
5. На звонки и сообщения

фрагмент 3

1. существует
2. на своем примере
3. жить нормальной жизнью
4. в качестве добровольца
5. необходимым
6. никаких осложнений
7. повышения температуры

фрагмент 4

1. сотрудников на удаленку
2. необходимым оборудованием
3. основанием
4. вступит в силу
5. трудоспособного населения
6. для развития карьеры

第二章 经济 экономика

I. Прочитайте следующие фрагменты и обратите внимание на употребление выделенных слов и словосочетаний.

фрагмент 1

Россия ***вошла в пятерку стран с худшими потребительскими настроениями***, сообщил Центр конъюнктурных исследований ***Института статистических исследований и экономики знаний Высшей школы экономики*** (ВШЭ). В ходе опроса почти половина респондентов заявила, что их ***материальное положение*** резко ухудшилось. Хотя в конце июня и начале июля ***активность потребителей выросла***: россияне устали экономить и ***«шиковали» на доплаты государства***, больше им тратить нечего. Рассчитывать на восстановление доходов населения не приходится, а следовательно, по мнению экспертов, Россию захлестнет еще одна волна банкротств предприятий, тех, которые ***выстояли в самоизоляцию***, набрав кредитов, в ***надежде на быстрое восстановление спроса***.

Между тем уровень безработицы в России растет ***четвертый месяц подряд*** и сейчас составляет 6,2%. Очевидно, что материальное положение россиян продолжит ухудшаться и такая ситуация может продлиться достаточно долго.

Доходы населения и потребительская активность – не просто важная цель и ценность для людей и экономики. Они еще не только ***создают платежеспособный внутренний спрос***, но и выступают условием, источником и стимулом, поддержки ***роста производства***, бизнеса, экономики в целом, отмечает главный аналитик TeleTrade Марк Гойхман.

фрагмент 2

Так, ***на днях*** Press Trust of India (PTI) сообщило, что первой страной, решившейся хранить часть запасов нефти в США, станет Индия. По данным агентства, ***создание страной собственных дополнительных резервуаров*** потребует огромных затрат и займет несколько лет, в то время как аренда американских повлечет небольшие расходы.

Хранящуюся за рубежом нефть Индия сможет ***использовать*** как ***для собственного потребления***, так и для продажи ***на мировом рынке*** в случае роста цен, считают эксперты. Ранее возможность такой меры была отмечена и руководством страны. 17 июля Вашингтон и Нью-Дели ***подписали меморандум о взаимопонимании***, который предоставляет индийской стороне возможность ***аренды подземных резервуаров для хранения нефти*** в штатах Техас и Луизиана.

Согласно данным PTI, сегодня Индия хранит около 38 млн баррелей в подземных резервуарах и ***планирует увеличить запасы до*** 47 млн баррелей. США ***имеют возможности для размещения*** индийской нефти – страна располагает крупнейшими в мире резервуарами для хранения ***черного золота. По данным управления энергетической информации минэнерго США***, они способны вместить 714 млн баррелей, а на 10 июля их ***заполненность составила*** около 656 млн баррелей.

фрагмент 3

Чем ниже ключевая ставка, ***тем менее привлекательны*** российские активы ***для иностранных инвесторов***, зарабатывающих на разнице процентных ставок (их еще называют кэрри-трейдерами). Из-за понижения ставки они могут начать ***выходить из рублевых инструментов***, ***переводя российскую валюту в доллары*** или в евро. Если отток кэрри-трейдеров будет серьезным, это чревато ослаблением рубля.

В свою очередь, Кричевский полагает, что небольшое снижение ставки не должно ***сильно отразиться на*** рубле ***в краткосрочной перспективе***, так как оно уже заложено в стоимости валюты. «Но есть проблема несколько крупнее: это ***цены на энергоносители*** и ***потеря интереса инвесторов к российским ОФЗ***, ***спрос*** на которые и так серьезно ***падает***. При крепком рубле бюджет недополучает доходы, которые сейчас критически важны, а при высокой ключевой ставке ОФЗ привлекают инвесторов ***ставкой по купонам*** выше, чем у других государств. Учитывая, что эта разница постепенно сокращается, инвесторы могут ***перейти из российских долговых обязательств в другие***, более выгодные, что ***серьезно повлияет на курс национальной валюты***, который ***на горизонте месяца-двух*** может упасть до 74 рублей за доллар и до 86 рублей за евро», – констатирует эксперт.

фрагмент 4

Национальная стрелковая ассоциация (НСА) США, имеющая большое влияние во внутренней политике страны, ***формально начала процедуру банкротства*** и планирует перебазироваться в штат Техас. Об этом говорится в ее заявлении, опубликованном в пятницу, 15 декабря.

В заявлении НСА констатируется, что она намерена ***свернуть деятельность*** в штате Нью-Йорк ***из-за «коррумпированной политической и нормативной среды»***. Ассоциация обратилась в суд в Далласе, ***рассматривающий дела, которые касаются банкротства***, и начала ***процедуру реструктуризации***, по итогам которой станет техасской неправительственной организацией.

На данный момент НСА базируется в штате Вирджиния, в штате Нью-Йорк она ***зарегистрирована в качестве неправительственной организации*** и по большей части ***занимается делами*** именно там.

В августе 2020 года генеральный прокурор штата Нью-Йорк Летиция Джеймс ***подала судебный иск с требованием расформировать ассоциацию***. В ноябре прошлого года НСА ***получила штраф в размере $2,5 млн за нарушение законов о страховании***.

НСА с ее 5 млн членов является ***крупнейшим оружейным лобби*** в США и ***имеет серьезный политический вес***, активно спонсируя ***Республиканскую партию***.

II. Прочитайте следующие фрагменты и ответьте на вопросы.

фрагмент 1

Стоимость размещения на курортах юга России выросла на 10% по сравнению с прошлым годом. Речь идет об акциях раннего бронирования туров на лето 2021 года, которые открылись еще в минувшем ноябре. Ну а дальше – еще интереснее: по прогнозам туркомпаний, в конце марта, когда традиционно заканчиваются акционные продажи, россиян ждет новый всплеск цен на услуги отечественных отелей. В оптимистическом сценарии он составит 10–15%, в пессимистичном – 20–30%. Все будет зависеть от развития ситуации с пандемией, от темпов вакцинации и от ограничительных мер, предпринимаемых в регионах, рассказала исполнительный директор Ассоциации туроператоров России (АТОР) Майя Ломидзе.

Между тем картина вырисовывается совершенно удивительная, и коронавирус в ней – отнюдь не главный штрих. С одной стороны, уже к началу апреля 2020-го международный туризм фактически прекратился из-за карантинов, из-за введенных более 150 странами запретов на авиасообщение и въезд туристов. После весенне-летнего локдауна вся активность российских туроператоров на выездном рынке сосредоточилась на открытых осенью пяти направлениях: Турция, ОАЭ, Куба, Мальдивы и Танзания (Занзибар). При этом в прошлом году землю султана Мехмета II Завоевателя, отца нации Ататюрка и певца Таркана, посетили около 1,6 млн граждан РФ – на 77% меньше, чем в 2019-м (6,9 млн). Казалось бы, вот он – уникальный, невероятный шанс для нашей туриндустрии.

Ответьте на вопросы:

1. По прогнозам туркомпаний, что ждет россиян в конце марта?
2. От чего данная ситуация будет зависеть?
3. Почему к началу апреля 2020-го международный туризм фактически прекратился?
4. Что значит "локдаун"? Объясните по-русски.
5. Что, по автору, является уникальным, невероятным шансом для туриндустрии России?

фрагмент 2

Тарифы ЖКХ в 2021 году вырастут лишь в рамках инфляции. Казалось бы – отличная новость, но радоваться потребителям все равно рано. Ресурсоснабжающие организации понесли большие убытки из-за роста неплатежей в период введения моратория на штрафы и пени, а также запрета на отключение ресурсов.

Получается, с одной стороны, государство заботится о гражданах и сдерживает тарифы в рамках инфляции, с другой, компании не могут покрыть издержки и модернизировать инфраструктуру. Следовательно, потребителям надо готовиться к снижению качества услуг: вода в трубах может стать холоднее на пару градусов, а электроэнергия будет подаваться с перебоями.

Замгенерального директора Ассоциации «ЖКХ и городская среда» Дмитрий Гордеев, в ходе онлайн-конференции ответил на вопросы читателей «МК» и рассказал, какие важные изменения в сфере ЖКХ произойдут в 2021 году.

Пандемия, спровоцировавшая падение доходов граждан, привела к снижению собираемости платежей по всей стране. Сейчас общая задолженность населения оценивается примерно в 800 млрд. рублей. Ресурсоснабжающие организации, в свою очередь, недополучили сотни миллиардов рублей – деньги, необходимые на ежемесячные выплаты сотрудникам предприятий, а также для поддержания инфраструктуры в надлежащем состоянии и поставки ресурсов потребителям. Такая ситуация грозит жильцам неизбежным снижением качества услуг ЖКХ, утверждает

Дмитрий Гордеев.

Ответьте на вопросы:

1. При каком случае вырастут тарифы ЖКХ в 2021 году?

2. Почему потребителям надо готовиться к снижению качества услуг ?

3. Какая ситуация грозит жильцам неизбежным снижением качества услуг ЖКХ?

фрагмент 3

Всё изменил 2008 год. Вера в долларовую систему пошатнулась из-за действительно катастрофического кризиса, который поставил на уши всю мировую экономику. Тогда же стало ясно, что волатильность самого доллара может быть для экономики Китая не менее опасной, чем волатильность юаня. Широкое хождение китайской валюты за рубежом могло бы смягчить эту опасность.

Еще одним аргументом была необходимость либерализации китайской финансовой системы, которую отстаивала часть экономистов в стране. Наконец, был вопрос престижа. Китай вышел на мировую арену как новая сверхдержава, и иметь валюту только для внутреннего пользования ему не пристало.

Шаги по повышению конвертируемости юаня были постепенными. В первую очередь широкое хождение получил так называемый офшорный юань, которым более или менее свободно торговали на зарубежных рынках, в первую очередь в Гонконге и Лондоне. В общей сложности количество банков, участвовавших в трансакциях с юанем, в короткий срок выросло с нескольких сотен до нескольких тысяч.

В Шанхае была создана свободная торговая зона, где нерезиденты могли совершать платежи в юанях. Кроме того, был принят ряд законов, облегчающих доступ иностранных инвесторов на финансовые рынки Китая. Преобразования были действительно масштабными, и одним из их результатов стало включение юаня МВФ в свою корзину валют для эмиссии СДР.

Ответьте на вопросы:

1. Почему вера в долларовую систему пошатнулась?

2. Где нерезиденты могли совершать платежи в юанях?

3. Что является первым шагом по повышению конвертируемости юаня?

фрагмент 4

Страховые и социальные пенсии по инвалидности предлагается назначать автоматически без обращения за ними граждан. Соответствующий проект закона планируется рассмотреть в первом чтении на одном из ближайших пленарных заседаний нижней палаты российского парламента, пишет «Парламентская газета».

По мнению одного из авторов инициативы, первого зампреда Совета Федерации Андрея Турчака, документ фактически вводит «презумпцию согласия» на увеличение пенсии.

По словам сенатора, особенно законопроект актуален в период пандемии, поскольку люди с ограниченными возможностями здоровья и пенсионеры должны соблюдать режим самоизоляции, а не ходить по инстанциям, подвергая себя риску заражения.

По информации издания, парламентарии предлагают ввести беззаявительный порядок получения страховых и социальных пенсий по инвалидности. Сообщается, что аналогичная норма предполагается в отношении всех страховых пенсий в случае их пересмотра в сторону увеличения.

Страховые и социальные пенсии по инвалидности лицам, признанным инвалидами, будут назначать со дня признания лица инвалидом на основании сведений, указанных в федеральном реестре инвалидов. Решение о назначении такой пенсии будет выноситься в течение пяти рабочих дней со дня поступления данных о признании человека инвалидом из федерального реестра в распоряжение органа, который занимается пенсионным обеспечением.

Ответьте на вопросы:

1. Как изменится пенсия, по словам первого зампреда Совета Федерации Андрея Турчака?
2. Почему законопроект актуален особенно в период пандемии?
3. Как назначать страховые и социальные пенсии по инвалидности лицам?

III. Прочитайте следующие фрагменты и переведите словосочетания на китайский язык.

фрагмент 1

Саудовская Аравия на этой неделе пригрозила новой ценовой войной на рынке нефти, если Ангола и Нигерия не будут соблюдать свои обязательства по сокращению добычи нефти в рамках ОПЕК+, сообщили сразу несколько зарубежных СМИ.

Угроза прозвучала из уст министра энергетики Саудовской Аравии принца Абдулазиза бен Салмана Аль Сауда еще в ходе видеоконференции стран ОПЕК+ 18 июня. Он дал понять, что королевство будет продавать свою нефть со скидкой для подрыва рыночных позиций этих стран.

Как писали «Известия», новые договоренности ОПЕК+ стартовали в мае с двухмесячного сокращения добычи нефти на 9,7 млн баррелей в сутки, а 6 июня соглашение было продлено на июль. Далее этот объем уменьшится до 7,7 млн баррелей в сутки на период до конца года и до 5,8 млн до конца апреля 2022-го.

Среди стран, недовыполнивших свои обязательства в мае и июне, но обязавшихся компенсировать это в течение квартала, назывались Ирак, Казахстан, Нигерия, Ангола и Габон.

Переведите следующие словосочетания:

1. Саудовская Аравия
2. ценовая война на рынке нефти

3. соблюдать свои обязательства по сокращению добычи нефти

4. в ходе видеоконференции стран ОПЕК+

5. продлено на июль

6. на период до конца года

фрагмент 2

Аренда стратегических резервуаров для хранения собственной нефти в другой стране – новое явление на рынке. Но популярность такой услуги в мире может вырасти на фоне дефицита свободных мощностей. Главным провайдером услуги в этом случае станут США.

Так, на днях Press Trust of India (PTI) сообщило, что первой страной, решившейся хранить часть запасов нефти в США, станет Индия. По данным агентства, создание страной собственных дополнительных резервуаров потребует огромных затрат и займет несколько лет, в то время как аренда американских повлечет небольшие расходы.

Хранящуюся за рубежом нефть Индия сможет использовать как для собственного потребления, так и для продажи на мировом рынке в случае роста цен, считают эксперты. Ранее возможность такой меры была отмечена и руководством страны. 17 июля Вашингтон и Нью-Дели подписали меморандум о взаимопонимании, который предоставляет индийской стороне возможность аренды подземных резервуаров для хранения нефти в штатах Техас и Луизиана.

Переведите следующие словосочетания:

1. аренда стратегических резервуаров для хранения нефти
2. на фоне дефицита свободных мощностей
3. потребовать огромных затрат
4. использовать для собственного потребления
5. продажа на мировом рынке в случае роста цен
6. подписать меморандум о взаимопонимании

фрагмент 3

Проект «Автодата» был запущен в прошлом году. На телематической платформе начали собирать большие данные о водителях, их стиле управления машинами, состоянии транспортных средств и инфраструктуры. Используя этот ресурс, отечественные компании смогут создавать различные продукты, в том числе приложения для автомобилистов, городских операторов интеллектуальных транспортных систем, дорожных служб, страховых, лизинговых и логистических компаний. Проект реализуется направлением НТИ «Автонет» (входит в «Платформу НТИ»). Исполнителем работ по созданию платформы выступает НП «Глонасс».

Автомобили будут оснащаться устройствами V2X для «общения» с системой, другими машинами и дорожной инфраструктурой – светофорами, шумозащитными ограждениями и т.д. Объекты инфраструктуры оборудуют датчиками. В дорожное полотно на определенных участках заложат оптоволоконный кабель, который будет улавливать вибрации с магистрали, что позволит следить за ее состоянием.

Первые пилотные проекты в прошлом году были запущены в Самарской, Курской и Волгоградской областях.

Переведите следующие словосочетания:

1. собирать большие данные о водителях
2. стиль управления машинами
3. создавать приложения для автомобилистов
4. оснащаться устройствами V2X
5. улавливать вибрации с магистрали
6. следить за состоянием

фрагмент 4

Как правило, на снижение ключевой ставки Центробанком отечественные финансовые организации реагируют в течение одной-двух недель.

«Следовательно, в этом промежутке стоит ожидать изменений по кредитным и депозитным ставкам. На текущий момент максимальная ставка по вкладам в топ-10 банков равна 4,55% годовых. Несмотря на то, что депозитные ставки в подавляющем большинстве случаев ниже ставки Центробанка, здесь речь идет о 3–5-летнем вкладе с капитализацией процентов и без права досрочного снятия с сохранением дохода. Соответственно, после очередного снижения ключевой ставки на 0,25% максимальная ставка по вкладам снизится на 0,3–0,4% в течение месяца-двух», – прогнозирует Алексей Кричевский, эксперт рынка недвижимости Академии управления финансами и инвестициями.

С кредитами, в том числе ипотечными, ситуация схожая. Единственное, ставки по займам банки снижают не так охотно и быстро, как ставки по вкладам: маржинальность банковского бизнеса и так сильно упала.

Переведите следующие словосочетания:

1. снижение ключевой ставки Центробанком
2. изменения по кредитным и депозитным ставкам
3. максимальная ставка по вкладам равна 4,55% годовых
4. в подавляющем большинстве случаев
5. 3–5-летний вклад с капитализацией процентов
6. ипотечный кредит

IV. Прочитайте следующие фрагменты и переведите словосочетания на русский язык.

фрагмент 1

Выход на полноценное и массовое использование технологии произойдет в течение нескольких лет после ее запуска и будет 1（取决于系统的安全性）, ожидают в «Дом.РФ». По прогнозам банка «Фридом Финанс», сравнительно высокий эффект изъятия денег из 2（商业银行）проявится в 2022–2023 годах.

Перераспределение средств в пользу 3（数字卢布）из наличных и безналичных будет, но этот процесс не несёт риски устойчивости отдельных банков, заявили «Известиям» в ЦБ. В регуляторе привели пример: в 2020 году профицит ликвидности в банковском секторе 4（缩减了 27000 亿）и перешёл к околонулевому балансу, но на уровень ставок в экономике по отношению к ключевой это не повлияло. ЦБ компенсирует 5（结构平衡的变化）ликвидности банковского сектора, подчеркнули там.

6（在竞争激烈的背景下）кредиты не должны стать дороже, уверены в регуляторе. Там добавили: чтобы банковская система и ЦБ имели возможность адаптировать свои бизнес-стратегии и денежно-кредитную политику к изменениям, связанным с цифровым рублем, внедрение инструмента расчётов будет осуществляться постепенно.

фрагмент 2

Минюст и Банк России совместно с участниками рынка разрабатывают законопроект, согласно которому запрещается 1（汇款）по исполнительным листам непосредственно на счета за рубежом. Об этом в понедельник, 25 января, сообщает РБК со ссылкой на источники.

Так, для 2（获得赔偿）по исполнительному листу компания или физическое лицо должны обладать счетом в российской кредитной организации.

Как считают в Минюсте и Банке России, мера должна 3（压缩到最低限度）переводы в пользу «недобросовестных взыскателей». Кроме того, нововведение поможет 4（打击可疑交易）, выполненными через исполнительные листы.

Работа над документом шла и раньше, отметили собеседники издания, однако была приостановлена после того, как предыдущую его редакцию не стали рассматривать в правительстве, заявив о необходимости комплексного подхода.

В декабре 2020 года стало известно, что ЦБ планирует ограничить ряд действий для неопытных инвесторов. Таким участникам рынка станут недоступны структурные и инвестиционные облигации, производные фининструменты, РЕПО и кредитное плечо.

По прогнозам Банка России, если законопроект примут, то запрет будет действовать до 2022 года. Регулятор ранее 5（给银行和经纪人寄申请信）не предлагать такие инструменты населению. Решение поможет избежать недобросовестных продаж.

фрагмент 3

Россельхознадзор с 25 января разрешает ввоз в Россию томатов с шести азербайджанских предприятий и семи компаний, производящих яблоки.

Отмечается, что яблоки и томаты будут ввозиться с предприятий, в образцах продукции которых 1（未发现违禁成分）для России и стран Евразийского экономического союза .

10 декабря в России 2（禁令生效）на ввоз томатов и яблок из Азербайджана. С 22 октября 2020 года было зафиксировано 17 случаев обнаружения карантинных для ЕАЭС южноамериканской томатной моли (Tuta absoluta (Povolny)) и восточной плодожорки (Grapholita molesta (Busck)) в томатах и яблоках.

После этого 3（限制逐渐放松）. В частности, с 21 декабря Россия разрешила ввоз яблок трех азербайджанских предприятий – ООО Turaz, Ran Fruit и «Асадов Вагид». Предприятия находятся в Шабранском районе, где в этом году не были зафиксированы выявления карантинных для стран – членов Евразийского экономического союза объектов.

Через два дня Россельхознадзор 4（取消禁令）на поставку помидоров с 12 азербайджанских предприятий.

Фрагмент 4

В октябре в «Ашане» действительно зафиксировали 1（某些日用品需求量上涨）, сказали «Известиям» в пресс-службе компании. Например, 2（体育用品销量）выросли в среднем на 10–15%. Из-за непростой эпидемиологической ситуации в стране многие 3（倾向于在家锻炼）, сказали в компании. Увеличение реализации товаров для дачи составило 15–20% в начале октября по сравнению с аналогичным периодом прошлого года, уточнили в «Ашане». Это связано с хорошей погодой, которая позволила продлить дачный сезон, считают там.

С 28 сентября по 18 октября онлайн-гипермаркет «Перекресток Впрок» зафиксировал рост продаж товаров для ремонта на 76% и спортивных товаров на 72% 4（与去年相比）, сказала «Известиям» коммерческий директор дивизиона Елена Матвеева. Покупатели стали больше времени 5（远程工作）, перешли на занятия спортом дома, а также получили возможность заняться обустройством жилья, полагает она.

V. Прочитайте следующие фрагменты и поставьте слова в скобках в нужной форме.

фрагмент 1

В порядке эксперимента маркировка молочной продукции в России началась еще 1.______(лето) прошлого года. За это время и по конец декабря 2020 года в системе добровольно 2.__________________(зарегистрироваться) более 8,3 тысяч участников рынка. Были выявлены и определенные сложности. Во-первых, предприятия волнует, насколько типографии смогут обеспечить молочников 3.______ (код) в нужном количестве. По расчетам самих типографий, их производительности должно хватить на всех.

Вторая проблема – это стоимость линии, которую нужно установить на производстве молочной продукции. Цена такой линии колеблется от 3 до 15 млн рублей, в отдельных случаях доходит до 30 млн рублей. Не у всех производителей может хватить ресурсов для покупки столь 4.____________(дорогое оборудование), поэтому получение готовых кодов от типографий станет для них 5.___________ (оптимальный выход) и позволит снизить затраты.

фрагмент 2

Средний размер 1.___________(потребительский займ) вырос на 10–52% за 11 месяцев 2020 года, сообщили «Известиям» в кредитных организациях из топ-30. Наибольший рост отметили в банке УБРиР. По срочным кредитам увеличение составило 52% и достигло 750 тыс. рублей. При этом количество оформляемых потребительских займов снизилось. 2.________(Основные причины) таких изменений в банке назвали снижение доходов населения на фоне пандемии, ужесточение 3.________(требования) к заемщику со стороны финансовых организаций и более осознанный подход клиентов к оформлению кредита в 4.____________(ситуация общей нестабильности).

Аналогичную тенденцию зафиксировали в РСХБ. Общий объем оформленных потребительских кредитов, включая карты, за 11 месяцев 2020 года вырос на 8% по сравнению с тем же периодом 2019-го и составил 103,7 млрд рублей. При этом количество займов сократилось. Рост объема объясняется 5._________(увеличение) среднего размера ссуды на 31% – до 478,3 тыс. рублей.

фрагмент 3

За первые 10 дней нового года расходы 1._______(россиянин) на отели и гостиницы сократились на 40% по сравнению с периодом новогодних праздников в 2019-м, следует из отчета Tinkoff CoronaIndex, с которым ознакомились «Известия». Во время зимних каникул граждане 2._______(мало) тратили и на аренду авто, авиа- и железнодорожные билеты, а также на рестораны.

В соответствии с исследованием Tinkoff, внутри страны самыми востребованными для авиаперелетов стали 3.___________ (традиционные туристические направления) – Адлер (Сочи), Минеральные Воды, Новосибирск и Москва.

В то же время внутренний туризм позволил поддержать 4.__________(гостиничная отрасль) в восьми регионах. По 5.______(данные) Tinkoff CoronaIndex, расходы путешественников на проживание выросли в Архангельской области (+112%), Забайкальском крае (+40%), Кабардино-Балкарии (+290%) и Карачаево-Черкесии (+45%), на Камчатке (+11,8%), в Липецке и на Магадане (+17% и +31%), а также в Бурятии (+40%).

фрагмент 4

«Аэрофлот» направил в Минтранс предложение внести изменение 1.____________(в федеральные авиационные правила) (ФАП), снизив размеры провозимого багажа с 203 до 158 см по сумме трех измерений, рассказали «Известиям» два источника в крупных авиакомпаниях. Представитель Минтранса подтвердил «Известиям» факт обсуждения изменений правил провоза багажа. По его словам, вопросы внесения изменений в ФАП требуют 2.__________(дополнительная проработка) со всеми участниками рынка авиаперевозок и общественными организациями, поэтому 3.___________(окончательного решения) пока не принято.

Министерство передало рассмотрение инициативы «Аэрофлота» в Росавиацию, которая обсудила ее на совместном с перевозчиком 4.________(совещание), рассказали собеседники «Известий» в авиакомпаниях. По их словам, по итогам встречи федеральное агентство направило в Минтранс письмо, в котором указало на 5.__________(социально-негативные риски) инициативы. В Росавиации и «Аэрофлоте» воздержались от комментариев.

VI. Прочитайте следующие фрагменты и выучите наизусть выделенные предложения.

фрагмент 1

Документ предусматривает градацию стивидоров по объему грузооборота: до 1 млн т угля в год, от 1 до 10 млн т и более 10 млн т. Также проект предлагает учитывать, специализируется ли порт исключительно на перевалке угля или же через него идут другие товары. ***На требования к порту будет влиять и расстояние до населенных пунктов***.

Минприроды поддерживает любые инициативы касательно совершенствования требований к охране окружающей среды, сказали «Известиям» в ведомстве. Там отметили, что ***проблема загрязнения атмосферного воздуха угольной пылью при перегрузке породы в морских портах обострилась с 2016 года***. Тогда в Минприроды и Росприроднадзор начали поступать многочисленные обращения граждан на неблагоприятную обстановку в портовых городах.

В 2017 году во время прямой линии с президентом России Владимиром Путиным мальчик из Находки пожаловался на невыносимую концентрацию угольной пыли в городе. ***Глава государства дал несколько поручений по нормализации экологической обстановки в портовых городах. Власти Приморья начали заключать соглашения с местными стивидорными компаниями, которые обязывали бизнес предотвращать загрязнение воздуха и акваторий***.

Также в 2017 году власти выпустили справочник наилучших доступных технологий (НДТ), в котором описаны методы защищенной перевалки сыпучих грузов.

Документ не обязывает предприятия следовать рекомендациям на федеральном уровне. ***Крупные компании внедряют новые технологии, небольшие нередко их игнорируют***, отметил Александр Закондырин.

фрагмент 2

Премьер-министр России Михаил Мишустин подписал постановление о повышении экспортной пошлины пшеницы с €25 до €50 за тонну с 1 марта, а также о введении с 15 марта по 30 июня экспортной пошлины на кукурузу в размере €25, на ячмень – €10 за тонну.

В то же время снижение цен на зерно может не коснуться конечного потребителя, допустил представитель отрасли. По его словам, требуется повысить прозрачность ценообразования продуктов питания «от поля до прилавка», добавил Зернин.

«О новых пошлинах было объявлено несколько недель назад, поэтому они уже отыграны мировым рынком. Однако, ***несмотря на технический характер новости, сам факт подписания соответствующего документа вносит определенность, что крайне важно на сегодняшнем нервном рынке***», – заключил председатель правления Союза экспортеров зерна.

В декабре 2020 года президент России Владимир Путин обратил внимание на рост цен на базовые продукты питания.

Подписанное премьер-министром постановление стало реализацией одной из мер по снижению цен на продовольствие по поручению главы государства. Правительство уже пересмотрело пошлины на ряд сельхозтоваров, направило средства на поддержку мукомолов и хлебопеков, обеспечило заключение специальных соглашений о стабилизации цен между участниками рынка и регуляторами.

фрагмент 3

В «ВымпелКоме», который имеет сети на NB-IoT в Центральном и Уральском ФО, отметили, что ***из-за действий Минцифры вне закона только в Центральной России могут оказаться около 1 млн приборов учета электричества, а их замена приведет к росту цен на электроэнергию***.

МТС также запустила сеть интернета вещей на NB-IoT более чем в 70 регионах России. «МегаФон» реализовал на этом стандарте уже два проекта на федеральном уровне. В Tele2 сообщили, что имеют несколько проектов с NB-IoT для заказчиков из ЖКХ. Замена оказавшихся вне закона счетчиков может привести к росту цен на электроэнергию, отметили операторы связи.

Между тем в самом министерстве утверждают, что перечень будет носить рекомендательный характер, пишет издание.

Протокол NB-IoT был утвержден Росстандартом в сентябре 2020 года. К утверждению готовится второй по популярности после него в мире стандарт – LoRaWAN, который также не попал в перечень Минцифры.

С июля 2020 года в России начал действовать закон о внедрении интеллектуальных систем учета электроэнергии, которые включают в себя, в частности, «умные» счетчики. «Интеллектуальный» учет электроэнергии в России позволит снизить ее потери на 70–80 млрд рублей в год, отмечали в Минэнерго.

По прогнозу структур «Росатома», ***в 2025 году объем рынка отечественных «умных» приборов для ЖКХ и строительства может составить 127,8 млрд рублей***.

фрагмент 4

Наиболее активно закупаются в России гости из КНР – для китайцев даже организуют специальные шопинг-туры в нашей стране, сказал

«Известиям» вице-президент Российского союза туриндустрии Юрий Барзыкин. ***Особой популярностью у путешественников из КНР пользуются янтарь и изделия из него***. Также в нашей стране охотно совершают покупки гости из арабских и азиатских стран.

Юрий Барзыкин отметил, что интуристов привлекают низкие цены. ***На расценки влияет не только разница курсов валют, но и невысокая себестоимость отечественных товаров по сравнению с европейскими или американскими аналогами***. Плюс к этому добавляется возмещение НДС, что делает покупки в России максимально привлекательными. Система tax free доказала свою состоятельность, подчеркнул эксперт.

Результаты по обороту магазинов с tax free свидетельствуют: система действительно заработала, сказала «Известиям» преподаватель Института бизнеса и делового администрирования РАНХиГС Галина Кузнецова.

– Во всём мире россияне пользуются услугой по возмещению НДС, мы сделали ответный жест и позволили иностранным гражданам воспользоваться tax free. ***Конечно, доходы от этой системы ощутимо не пополнят казну, но зато благоприятно повлияют на имидж страны***, — подчеркнула она.

В пресс-службах торговых операторов ГУМ, ЦУМ, «Крокус Сити Молл», которые подключены к системе tax free, на запросы «Известий» оперативно не ответили.

VII. Прочитайте самостоятельно следующие фрагменты.

фрагмент 1

В России в 2020 году доход самозанятых вырос в 11 раз

Выручка работающих на себя от продажи товаров и услуг в Сети выросла почти в 11 раз по итогам 2020 года.

Как отмечается, также выросло количество трансакций – почти в 10 раз, а самый большой средний чек был зафиксирован у товаров для дома и сада.

Эксперты считают, что это связано с повышением востребованности налогового режима, а также с масштабными мерами господдержки самозанятых.

В 2020 году число принимающих онлайн-платежи самозанятых выросло в 6,4 раза, а их оборот увеличился в 10,6 раза по сравнению с 2019-м, выяснили аналитики. Число покупок тоже показало позитивную динамику – их стало больше в 9,7 раза.

Сильнее всего выручка выросла у самозанятых, продающих в интернете одежду и обувь, – в 38 раз. На втором месте оказались поставщики аудио- и видеоконтента – им удалось увеличить оборот онлайн-платежей в 20 раз.

Большим спросом пользовались и образовательные услуги: доход самозанятых, которые на них специализируются, вырос в 11 раз. Почти в восемь раз больше через интернет заработали продавцы сувениров и товаров для хобби, а также те самозанятые, которые оказывают персональные услуги.

При этом самый большой средний чек онлайн-покупки был зафиксирован у товаров для дома и сада, произведенных самозанятыми. Он составил 3687 рублей, что почти в три раза больше прошлогоднего результата.

фрагмент 2

Страховка и риск: число купленных онлайн полисов резко подскочило

Страховые компании рассказали об увеличении в 2020 году количества полисов, оформленных онлайн. Например, в ВСК рост составил 200%. При этом чаще дистанционно стали не только покупать полисы, но и урегулировать страховые события, рассказал вице-президент – руководитель управления развития экосистемы ВСК Олег Лисник.

Основная причина всплеска популярности онлайн-страхования – это пандемия, однако за это время люди также стали больше доверять такому виду взаимодействия, сообщил заместитель генерального директора «РЕСО-Гарантия» Игорь Иванов. Менее чем за две недели после начала пандемии компания перевела оформление всех розничных продуктов в онлайн. Теперь дистанционно можно купить и оформить почти любой такой договор, в том числе полисы каско, добровольного страхования ответственности, страхования недвижимости, ипотеки, от несчастных случаев и программ ДМС, рассказал аналитик. Так, за 2020 год онлайн-продажи выросли на 54% по сравнению с 2019-м.

Другой причиной роста количества договоров, заключенных онлайн, директор по информационным технологиям СК МАКС Александр Горяинов считает изменения в законодательстве в апреле прошлого года, когда посредникам разрешили продавать страховые услуги в интернете. Это привело к увеличению числа ресурсов, предлагающих покупки таких продуктов, а также банки смогли включить в свои экосистемы возможность оформления электронных полисов. Однако, по мнению аналитика, насыщения рынка страховками на площадках агрегаторов и маркетплейсах еще не произошло. В 2021 году он ожидает роста распространения добровольных видов страхования и ОСАГО как раз на этих направлениях.

фрагмент 3

Банки России увеличат число доступных по биометрии онлайн-операций

Банки в РФ могут увеличить число онлайн-операций по биометрии. Для подтверждения личности будут использовать слепки лица и образцы голоса, сообщает телеканал «Известия». Финансовые эксперты считают, что уровень безопасности повысится, а время проведения операций сократится. При помощи биометрических технологий клиенты банков смогут разблокировать карту, подписывать документы и обновлять свои данные.

Телеканал «Известия» доступен в пакетах кабельных операторов, в Москве он находится на 26-й кнопке. Также прямой эфир канала транслируется на сайте iz.ru.

фрагмент 4

Савельев допустил создание нового лоукостера в России в 2022 году

В России создание двух новых лоукостеров является вполне реалистичной задачей, при этом первый из них может появиться в 2022 году. Об этом во вторник, 19 января, сообщил министр транспорта РФ Виталий Савельев.

По его словам, три лоукостера, включая «Победу», полностью покроют спрос на низкобюджетные перевозки по РФ.

«Когда меня утверждали в Госдуме, я сказал, что в области авиации в первую очередь буду заниматься созданием лоукостеров. На мой взгляд, вполне реалистично создать два лоукостера: один в средней полосе России, второй – на Дальнем Востоке», – сказал Савельев в беседе с ТАСС.

По его словам, создать лоукостер в средней полосе России реально, если не в этом, то в следующем году.

«Сложнее стоит вопрос с дальневосточным лоукостером, потому что для лоукостера нужен большой пассажиропоток, но тем не менее в перспективе мы тоже видим создание такой авиакомпании на Дальнем Востоке. Думаю, три лоукостера покрыли бы всю страну», – уточнил министр.

Ранее сообщалось, что в России планируется создать новые авиакомпании-лоукостеры, они могут базироваться в аэропортах Жуковского, Челябинска и Калининграда.

Поручение проработать этот вопрос дал министр транспорта Виталий Савельев, а руководитель Росавиации Александр Нерадько попросил авиакомпании подготовить предложения и наработки.

КЛЮЧИ

IV. Прочитайте следующие фрагменты и переведите словосочетания на русский язык.

фрагмент 1

1. зависеть от защищенности системы
2. коммерческих банков
3. цифрового рубля
4. сократился на 2,7 трлн рублей
5. изменения структурного баланса
6. На фоне высокой конкуренции

фрагмент 2

1. зачисление средств
2. получения возмещения
3. свести к минимуму
4. в борьбе с сомнительными операциями
5. направил письмо банкам и брокерам с просьбой

фрагмент 3

1. не были обнаружены карантинные элементы
2. запрет вступил в силу
3. ограничения постепенно ослаблялись
4. снял запрет

фрагмент 4

1. растущий спрос на некоторые потребительские товары
2. продажи спортивной продукции
3. отдают предпочтение домашним тренировкам
4. по сравнению с прошлым годом
5. работать удаленно

V. Прочитайте следующие фрагменты и поставьте слова в скобках в нужной форме.

фрагмент 1

1. летом
2. зарегистрировалось
3. кодами
4. дорогого оборудования
5. оптимальным выходом

фрагмент 2

1. потребительского займа
2. Основными причинами
3. требований
4. ситуации общей нестабильности
5. увеличением

фрагмент 3

1. россиян
2. меньше
3. традиционные туристические направления
4. гостиничную отрасль
5. данным

фрагмент 4

1. в федеральные авиационные правила
2. дополнительной проработки
3. окончательного решения
4. совещании
5. социально-негативные риски

拓展阅读

十月革命前俄罗斯报刊的发展

俄罗斯新闻业的发展起始于1702年。«Ведомости» 是俄罗斯第一家印刷类报纸。在此之前，俄罗斯出版过 «Куранты» 和 «Вестовые письма» 的手稿，这两份手稿报导的都是政治新闻，仅有1—2份的手抄本，专供沙皇和贵族大臣阅读。虽说第一批 «Куранты» 是1600年出版的，但真正的第一份俄罗斯报刊仍然是 «Ведомости»。该份报纸是在彼得一世的亲自指示和参与下，以印刷的方式出版并广泛发行的。

1702年12月沙皇签署了关于出版俄罗斯第一份报纸的法令。当时发行了试刊，但目前能收集查阅到的第一份报纸的日期是1703年1月2日。这份报纸作为代表地主—贵族、商人、国家机构的俄罗斯第一家报纸，成为发展民族文化的重要手段，例如从1710年开始，它开始使用民用字体代替教会斯拉夫字体。这份报纸的内容是广泛宣传彼得一世改革，总结国家经济发展的特点，分析北方战争的军事行动，报导俄罗斯国家的外交关系，介绍民族文化，描述节日的盛大庆典，介绍彼得一世及一些传教士的布道著作。

«Ведомости» 的印数从几十份到几千份不等。值得注意的是，这份报纸与其他欧洲国家最早出现的报纸有很大区别。虽然它们都是商业出版物，但是这份俄罗斯报纸从一开始就非常注重自己重要的潜在定位——是特定政策的宣传者，是支持民族自主独立、从事国家改革的组织者的舆论领地。该报的思想意识水平是不容置疑的，尽管它主要以信息资料为主，但政治立场非常鲜明。在18世纪俄罗斯的出版物的内容受限制的情况下，新闻业发挥了重要作用：它几乎是唯一的社会信息来源，极大地促进了文学的发展。

俄罗斯报刊上广泛地报导了法国革命事件。1789年8月，«Санкт-Петербургские ведомости» 报导了关于巴士底狱被攻占的信息，还有其他重要的信息，包括来自米拉博和其他政治活动家的演讲，还刊登了《人权宣言》17条的全部译文。«Московские новости» 完整地报导了革命的开始及革命前的消息。

总的来说，到18世纪末，俄罗斯已经建立了一个灵活的新闻系统，足以满足读者的需要。同时也出现了私人创办的进步性刊物，文学与新闻之间建立了联系。在所有领域中，都有独立的专业性杂志，如经济杂志、医疗杂志、儿童杂志等。也出现了一个全新的奇特现象——诞生了俄罗斯讽刺性新闻，在雅罗斯拉夫尔出现了最早的讽刺杂志 «Ежемесячные сочинения»。

当时，报纸新闻业有两条主线：支持农奴制、君主制，以及反对农奴制，甚至部分反君主制。尽管当时有沙皇的审查制度，但是由于对社会运动、先进思想的传播，反对派刊物也一起发展起来，官僚公文性质的报纸比较少。

保罗一世的黑暗政权、专制统治和他在外交政策中的冒险主义，甚至在贵族当中也引起了不满。1801年在贵族阴谋策划下，保罗一世被杀，他的儿子亚历山大一世接掌王位。亚历山大一世在位时社会生活开始活跃起来，这位年轻的国王提出了自由思想。在这种情况下，新闻界和文学界的发展情况有所好转，杂志和年鉴的数量在增加。少数最先进的贵族知识分子的进步思潮在一些文学协会组织中得到了一定的体现，在一些期刊和非定期刊物（如 «Вольное общество любителей словесности» «Наук и художеств»）中得以出版。整个新闻界仍和之前一样分为两个派别：保守的君主派，自由的教育民主派。

尽管战争时期的新闻受到关注，但1812年的卫国战争也没有成为报纸新闻业发展的动力，出版量总体在下降。后来出现了格列奇（Н.И. Греч）创办的杂志 «Сын отечества»。格列奇把当时杂志和报纸的成就结合起来，开始刊登与战争有关的内容。首次出现了战区通讯，一些关于战争进展的评论文章被发表。公民爱国主义是该刊物的主要特点，刊物上出现了克雷洛夫关于战争的寓言 «Ворона и курица» «Волк на псарне»，还刊登了有关战争现状、进程、驱逐拿破仑离开俄罗斯的图片和漫画。

政府镇压十二月党人起义后，新闻工作一直在艰难的政治检查条件下进行。先进的新闻工作者还必须克服以布尔加林内（Ф.В. Булгариный）、格列奇、先科夫斯基（О.И. Сенковский）为首的保守报人的政治对抗。上述三人在19世纪30年代曾组成新闻编辑三人同盟，出版物有报纸 «Северная пчела»，杂志 «Сын отечества»«Библиотека для чтения»，他们的刊物与普希金（А.Пушкин）、波列维（Н.Полевый）、纳杰日金（Н.Надеждин）、别林斯基（В. Белинский）等人创办的先进报刊展开了激烈的竞争。

19世纪上半叶，俄罗斯新闻工作者优越的社会地位得到巩固，文学月刊、社会月刊这些类型成为新闻系统中的主导刊物。在新闻业中，个人因素及领导的权威占有重要地位，文学评论家成为新闻界的主要人物，出版的方向、意义和权威性由批评家和评论家，而不是出版商和编辑决定。

农民改革之后，卡特科夫(М.Н. Катков)在思想上强烈反对赫尔岑(А.И. Герцен)和车尔尼雪夫斯基，谴责1863年波兰起义，自称是爱国者。他自1863年以来租赁«Московские ведомости»，在«Московские ведомости»和其他一些杂志上批评了反俄罗斯的行动，反对自由主义者内部骚乱。在杂志«Отечественные записки»和报纸«Санкт-Петербургские ведомости»«Наше время»中，自由主义思想占主导地位。

俄罗斯政府于1861年取消农奴制，开始实行其他改革，如土地改革、司法改革、军事改革等，还有新闻刊物改革。1865年俄罗斯通过了第一部新闻法，但还不具有最终性质，被称为《临时新闻条例》(以下简称《条例》)。取消了对圣彼得堡、莫斯科两地杂志和报纸的初步审查，取消了对内容超过10页的书籍的审查，但该举措不适用于讽刺性漫画和州级报刊。《条例》规定对定期印刷品的一般监督权由教育部行使转为由内务部行使，同时，内务部保留批准新出版物、警告出版物的权力，第三次警告时，杂志或报纸将会被停办六个月。《条例》确立了新闻界对法院的责任。然而，对新闻报刊的起诉并没有扩大：行政措施对政府更为有利。改革有助于新闻出版的进一步发展，特别有利于自由资产阶级的新闻出版的发展。各类日报的数量的增加，满足了受众日益增长的对信息的需求。沙皇关于出版的反动政策，迫使俄国革命家早在1868年就开始出版一些未经审查的所谓非法革命报纸和杂志，首先是在国外，然后在俄罗斯国内。

俄罗斯的印刷出版变得更加复杂，它仍然是由三个主要方向组成的：保守君主制的刊物(«Русский вестник»«Московские ведомости»«Гражданин»等)、自由资产阶级的刊物(«Вестник Европы»«Голос»«Санкт-Петербургские ведомости»«Русские ведомости»等)、民主制的刊物(«Искра»«Отечественные записки»«Дело»等)。君主制和后来的资产阶级君主制的报刊，其主要立场是无条件地捍卫君主制、贵族制，捍卫对劳动者的民族和社会压迫。其主要代表性刊物是卡特科夫出版的«Русский вестник»«Московские ведомости»，公爵梅谢尔斯基(Мещерский)出版的«Гражданин»，苏沃林(А.С.Суворин)出版的«Новое время»。自由资产阶级的出版物是«Вестник Европы»«Голос»«Санкт-Петербургские ведомости»«Русские ведомости»«Новости и биржевая газета»，还有相当一部分敖德萨、沃罗涅日、喀山、伊尔库茨克等地的州级刊物。民主报刊虽然数量上不是绝对多数，但在内容上占据着主导地位，因为这些刊物坚定地保护城乡工人的利益，反对残余的农奴制度、封建制度，反对地主、民族压迫，反对新的剥削者——资本主义、富农、沙皇官僚主义。

«Неделя» 是典型的新型周刊。1868年该刊吸收的成员有激进的拉夫罗夫(П.Л.Лавров)、康拉季(Е.И. Конрати)、赫尔岑，也有温和派自由阵营的盖杰布罗夫(П.А. Гайдебуров)。迫于新闻检查制度的压力，工作人员也在不断更换。70年代中期以后，报纸已成为温和派、自由派、民粹主义出版物的一部分。19世纪最后三分之一时间里，所有的民主主义印刷出版物都受到民粹主义思想的深刻影响。

民粹主义者否认俄罗斯资本主义的发展，看到了农民阵营中社会主义的萌芽，重视无产阶级的阶级斗争，历史人物的作用被放大。在19世纪70年代，他们真诚地同情被压迫的农民，反对专制制度，寻求以武力推翻君主制的途径，消除农奴制度的残余。革命民粹主义本身就是地下的，它分为几个不同的派别，各派别之间主要是革命的策略不同。他们或是无政府主义者，或是荣誉主义者，或是布朗基主义的宣传者。其中每一个派别都努力建立自己的出版机构。无政府主义者早在1868年就在国外创办了杂志 «Народное дело»，该杂志的历史特别有意思，因为第一期出版后，该杂志编辑出现了分歧，组织杂志的无政府主义领导人巴枯宁(Бакунин)不得不离开该杂志。«Народное дело» 的领导权转到一些以乌斯季诺夫、车尔尼雪夫斯基的学生及追随者为首的俄罗斯侨民手中。巴枯宁派还为国外的机构出版了杂志 «Община» 和第一份人民革命报纸 «Работник»。拉夫罗夫(Лавров)和他的支持者在1873—1875年间出版 «Вперед»。这些出版物完成了人民知识分子为俄罗斯社会主义革命所作的预备性宣传。拉夫罗夫的出版物的功绩在于，向俄罗斯读者提供了广泛的西欧国家革命斗争新形势的信息。

«Начало» 是国内第一家革命性报纸，它的后继者是 «Земля и воля»。这些报纸吸收了革命民粹运动的精锐力量。年轻的普列汉诺夫(Г.В. Плеханов)在民粹运动中开始了自己的革命活动，在80年代后期，其政治立场转变为马克思主义。他成立了"劳动解放"小组，成为马克思主义革命学说在俄罗斯的第一位宣传者。报纸 «Земля и воля» 没有长久存在，人民内部关于政治斗争的分歧导致了 «Земля и воля» 的分裂，取而代之的是另外两本报纸 «Черный передел» 和 «Народная воля»。«Народная воля» 是有较强针对性的报纸，它的主要内容为反映革命分子的生活和活动。

小有成就的记者兼出版人苏沃林(Суворин)创办的报纸 «Новое время» 在1877—1878年间大大地扩大了自己的读者群体。彼得堡的官僚、军官及相当一部分知识分子都成为该报的订户。报纸不断批评政府的军事领导、行政管理，广泛介绍国内外信息，尖锐地在罗赞诺夫(Розанов)的文章中提出一些道德问题，发表了契诃夫(А.П. Чехов)有趣的小说，这些使该报成为一个比较成功的出版物，零售和广告的增加促进了发行量的增长。

越来越有权威的莫斯科报纸 «Русские ведомости» 在温和派的报纸中脱颖而出。报纸保护农民和工人的利益，但不超出国家法律的范围，遵守宪法准则，出版优秀的文学作品，因此在俄罗斯知识分子中享有较高的知名度。

马克思主义学说在政客和学者中广泛流行，一系列的报刊（如 «Новое слово» «Начало»）定期发表这一流派的观点。革命马克思主义者普列汉诺夫、列宁、扎苏利奇（Засулич）等人经常在报刊上发表文章，宣传马克思学说。

正如我们所见，19世纪的俄罗斯出现了一个相当丰富的、分支庞大的新闻系统。但是，新闻自由问题仍未得到解决。正在形成的政党——社会民主党人、社会革命分子、宪法民主党人，甚至是君主主义者都没有自己的合法出版物。第一个具有政党性质的报社机构是在国外形成的。1900年社会革命党创办报纸 «Революционная Россия»，社会民主党在1901年创办 «Искра»，1902年立宪民主党人创办杂志 «Освобождение»。到1903年，说起来俄罗斯新闻业已存在200年，新闻界期望获得新闻自由。在1905年革命之前，这种期望注定不会成真。

出版者，报纸、杂志的所有者和编辑，他们的职能在很大程度上是分开的，也就是说，他们之间的相互作用是不同的。编辑和评论员都成了雇员，他们不仅受制于审查，还受制于出版物的所有者。一些富有的人，如银行家波利亚科夫（Поляков）、阿利别尔特（Альберт），资本家康申（Коншин）、里亚布申斯基（Рябушинский）、莫罗佐夫（Морозов），还有沃尔日斯克卡姆银行、亚速顿银行，都更愿意把资金投入定期刊物，私营企业在新闻领域的活动有所扩大和加强。

由于著名的专栏作家多罗舍维奇（В.М. Дорошевич）、阿姆菲捷阿特罗夫（А.В. Амфитеатров）的加入，«Россия» 成为俄文杂志的明星，在20世纪初变得很流行。对国家政治变革的要求、对某些高级政府官员的批评，都为其赢得了“勇敢的资产阶级报纸”的荣誉。

1902年，瑟京（Сытин）编辑的 «Русское слово» 转移到俄罗斯，由多罗舍维奇编辑，并很快成为俄罗斯受欢迎的报纸。多罗舍维奇被称为“小品文之王”，他加强了报纸的欧洲化倾向，大大加强了信息新闻服务部门、小品文部门的力量。报纸发行量达10万份。

20世纪初，周报 «Право» 成为广受欢迎的大众媒体。在宣传资产阶级法制、呼吁增强公民个人权利方面，它似乎更像是杂志 «Освобождение» 的一个分支。20世纪初的前几年，还出现了科教杂志 «Вестник знания»、“旧式”月刊杂志 «Образование»。

土地运动蓬勃发展，也反映在新闻刊物上。由于社会政治问题得不到解决，各阶层工人的困境促进了激进革命报刊的传播。1903年，社会民主党人分裂为两个派别——布尔什维克和孟什维克，前者出版了报纸«Вперед»、杂志«Заря»，后者出版了报纸«Красное знамя»«Социал–демократ»、杂志«Революционная Россия»。

对于俄罗斯新闻出版业来说，20世纪初最重要的事件，是1905年10月17日的沙皇宣言即《十月十七日宣言》。该宣言扩大了政治自由，它奠定了合法的多党报刊发展的基础。《宣言》承认公民人身不可侵犯，具有言论自由、信仰自由、集会自由和结社自由，国家杜马成为俄罗斯立法机构。

1905年，公开拥护君主制的人士，出版了下列报纸：«Московские ведомости»«Земщина»«Русское знамя»«Гроза»«Слово»«Голос Москвы»。立宪民主党人士出版了下列报纸：«Народная свобода»«Речь»«Товарищ»«Дума»«Народное дело»«Народный путь»等。布尔什维克组织了«Новая жизнь»，创办报纸«Борьба»，孟什维克领导出版了报纸«Начало»和«Московская газета»。社会革命党首先把精力集中在报纸«Сын отечества»上，然后组织了新的«Голос»和«Дело народа»等。无政府主义者出版了报纸«Анархия»。还有其他较小的政党也出版了自己的报纸和杂志。1906年2月，政府组织的晚报«Русское государство»印刷出版。然而，报纸只持续到1906年4月，就被代表官方意识形态的报纸«Россия»取代。

立宪民主党的出版物，特别是以米柳科夫(П.Н. Милюков)为代表的首都日报«Речь»对社会影响也很大。报纸主张巩固资产阶级制度，坚决反对革命和革命的"浪漫主义"。报纸不断地提出农民问题，虽然该出版物已经提出土地应该属于那些耕作土地的人，但没有在报纸上发表过关于废除地主土地所有权的话语。

1905年，圣彼得堡的报纸«Новая жизнь»成为布尔什维克的第一个合法出版物，其官方出版人是作家明斯基(Н.М. Минский)，第一期于1905年10月27日出版。该期刊登了俄罗斯社会民主党第二次代表大会通过的党纲，报纸发行量为8万份。在报纸«Новая жизнь»出版一个月后，莫斯科也出版了一份合法的社会民主报纸«Борьба»，专门介绍工人阶级的革命运动，然后出现报纸«Вперёд»。在俄罗斯其他城市也出现了合法的社会民主党的出版物。许多工会出版物受到布尔什维克的影响，都不断宣传推翻沙皇制度的革命，宣传把土地捐给农民，工厂交给工人，捍卫无产阶级和农民的民主专政思想。

1905年12月，莫斯科武装起义失败，国内革命运动全面衰退。俄罗斯政治报刊的复苏因一些报纸和杂志的关闭受到影响，革命性出版物被从合法刊物中排挤出来。革命的失败和斯托雷平(П. Столыпин)执政(1906年)对俄罗斯新闻工作产生了深刻的影响。

1910年，工人运动重新活跃起来，巩固加强布尔什维克党的斗争更加激烈。第四届国家杜马选举活动广泛开展，领导这项工作的是侨民报纸«Социал–демократ»。自1910年底起圣彼得堡建立了合法的无产阶级报纸«Звезда»。1912年在西伯利亚金矿工人遭枪击后，工人们的联合抗议表明，反沙皇政权的革命运动正在日益高涨。报纸«Звезда»刊登了数十篇读者来信，报导工人大会要求获得政治自由的消息。基于报纸«Звезда»的经验，布尔什维克1912年5月起开始出版群众性工人报«Правда»。报纸直接呼吁地方党组织，呼吁所有工人和农民与报纸合作，从物质上支持报社。这反映在1913年的杜马的竞选斗争上（许多政客当时试图把工会从政治斗争中分离出来），反映在对罢工斗争的支持上。报纸«Правда»经常与«Речь»及其他资产阶级报纸发生争议。杜马议员中的布尔什维克们经常在报纸«Правда»上发表文章。«Правда»不仅在俄罗斯传播，还在波兰、保加利亚、德国、法国等国家有一定的知名度。书报检查机关严格地监控布尔什维克的报纸，而«Правда»的生命力在很大程度上取决于工人读者的支持。在第一次世界大战前夕，«Правда»还是被关闭了，编辑部被破坏，许多工作人员被捕。

不仅是政党的出版物，很多低级庸俗的大众报纸，也试图影响群众，力求把大众吸引到自己方面来。日报«Газета–копейка»于1908年在圣彼得堡出版，由戈罗杰茨基(М.Б. Городецкий)、安基米罗夫(В.А. Анзимиров)任编辑，它包括两个版本：早报和晚报，有几个副 刊：«Журнал–копейка»«Листок–копейка»«Веселый балагур»«Альбом копейки»。一期的价格是一个戈比，城市新闻、奇闻故事、冒险小说、对政治生活事件的浅薄评论，都是其发表内容。报纸的读者包括小职员、官员、工人（虽然许多先进工人都知道报纸偏于娱乐性和大众性）。在俄罗斯许多其他城市，也都有类似的廉价报纸，如«Киевская копейка»等。

1913年是俄罗斯新闻业和平发展的最后一年。1914年战争对俄罗斯报刊的命运形成重大影响，合法的布尔什维克出版物被关闭。«Социал–демократ»报社再次成为革命马克思主义的宣传阵地。

俄罗斯新闻业在200多年的发展过程中，已经成为一个有强大社会影响力的行业。20世纪初，在俄罗斯有超过1000份报纸和杂志，到1917年大约有3000份报纸和杂志。仅在第一次世界大战期间就出现了大约850个新的新闻机构。可以说，当时的俄罗斯有一个强大的新闻媒体系统：报纸和杂志在全国186个城市发行，仅在圣彼得堡和莫斯科就有几千种期刊。

第三章　社会 общество

I. Прочитайте следующие фрагменты и обратите внимание на употребление выделенных слов и словосочетаний.

фрагмент 1

История «Алых парусов» началась еще в 1968 году. Тогда праздник состоялся ***по инициативе самих выпускников*** и собрал 25 тыс. зрителей на Дворцовой набережной, мостах и стрелке Васильевского острова. Над акваторией Невы плыл «Гимн великому городу» Рейнгольда Глиэра, который впоследствии превратился в один из музыкальных символов знаменитого выпускного. Уже через год торжество стало официальным. «Алые паруса» всегда ***собирают тысячи гостей со всех уголков России и из-за рубежа***. Появления галиота капитана Грея ***с замиранием сердца ждут по всему миру***. И всё же главными героями праздника, конечно, остаются сами выпускники. Каждый школьник страны мечтает ***в последний вечер беззаботного детства*** попасть на берег Невы и увидеть всё своими глазами. Обычные девчонки и мальчишки в этот вечер сами становятся Ассолью и Греем и ***загадывают желания***, глядя на алые паруса.

фрагмент 2

В администрации Выборгского района Ленинградской области подтвердили смерть бизнесмена Александра Петрова. По данным РЕН ТВ, предприниматель ***скончался от ран***. СК возбудил уголовное дело об убийстве. ***По одной из версий***, бизнесмен ***погиб в результате покушения***. В СМИ заявляют, что Петров являлся ***владельцем или совладельцем 26 структур***. Предприниматель был также депутатом горсовета Выборга. В управе утверждают, что ***в последние дни*** ничего необычного не заметили.

Сын бизнесмена – гонщик, известный как «Выборгская ракета». Виталий Петров – первый россиянин, ***выступавший в формуле-1 в качестве основного пилота***. Из-за смерти отца гонщик не будет участвовать в Гран-при Португалии. ***Соболезнования Виталию Петрову выразили*** в Международной автомобильной федерации.

фрагмент 3

Врач-нарколог Алексей Казанцев рассказал, как быстро восстановить организм после выпитого ранее алкоголя. По его словам, в первую очередь необходимо принять контрастный душ, ***меняя температуру воды с горячей на холодную каждые пять секунд***. После этого необходимо ***восстановить водно-электролитный баланс организма.***

«Обязательно необходимо ***принимать минералочку***, чтобы ***выводить pH крови в сторону ощелачивания***», – рассказал врач Пятому каналу.

Казанцев добавил, что при похмелье важно «правильно позавтракать», например, непережаренным омлетом. В течение дня следует ***принимать содержащие магний и калий препараты и витамины***, отметил он. Для улучшения общего самочувствия необходимо ***совершить прогулку на свежем воздухе***, при этом воздержавшись от сильных физических нагрузок, заключил специалист. В июне врач-терапевт Ольга Кашубина рассказала, когда ***нельзя пить аспирин при похмелье***. По ее словам, мешать аспирин с кофе на утро после обильного употребления алкоголя не рекомендуется, так как это вредно для здоровья.

фрагмент 4

Сервис для планирования путешествий OneTwoTrip выяснил, в какие города россияне планируют отправиться для встречи Нового года. Результаты исследования в воскресенье, 25 октября, публикует RT. Так, на новогодние праздники много билетов приобретено в Сочи, Краснодар, Калининград, Москву и Санкт-Петербург. Также россияне выбирают такие направления, как Минеральные Воды, Симферополь, Уфа, Ростов-на-Дону и Новосибирск.

Отмечается, что ***средняя стоимость билета в новогодний период*** снизилась ***по сравнению с прошлым годом***. Ранее, в октябре, сообщалось, что россияне активно бронируют туры и покупают билеты на новогодние праздники. Среди российских городов наиболее популярными оказались Сочи, Калининград, Санкт-Петербург, Симферополь, Минеральные Воды, а ***по внешнему туризму*** – Турция. 16 октября премьер-министр России Михаил Мишустин ***подписал постановление о переносе выходных дней***, согласно которому 31 декабря в 2021 году будет нерабочим днем. 2 и 3 января ***выпадают на субботу и воскресенье***. Эти нерабочие праздничные дни было решено перенести на пятницу, 5 ноября, и пятницу, 31 декабря, соответственно.

II. Прочитайте следующие фрагменты и ответьте на вопросы.

фрагмент 1

В 1979 году глава ленинградского обкома КПСС Григорий Романов закрыл фестиваль, опасаясь большого скопления молодежи. Однако праздник продолжили проводить в Сестрорецке вплоть до 1991 года. В 2005 году по инициативе президента Владимира Путина «Алые паруса» восстановили. Организаторами праздника стали АО «Акционерный банк «Россия», правительство Петербурга и Пятый канал. С тех пор число гостей фестиваля растет из года в год. В 2019-м 1,5 млн человек наблюдали красочное действо вживую, еще более 10 млн зрителей следили за ним в режиме онлайн. «Алые паруса» сегодня – это не просто шоу на Неве, но огромный мультимедийный спектакль на открытой воде с применением современных технологий. В 2019 году фестиваль получил самую высокую оценку международного сообщества, взяв главную награду конкурса The Best Event Awards World.

Ответьте на вопросы:

1. Почему в 1979 году Григорий Романов закрыл фестиваль?
2. По чьей инициативе «Алые паруса» восстановили?
3. Сколько человек наблюдали ксраочное действо вживую, сколько зрителей следили за ним в режиме онлайн в 2019-м?
4. Какую награду взял фестиваль в 2019 году?

фрагмент 2

За последние пять лет рождаемость в России снизилась почти на 24%. Об этом 26 октября в ходе круглого стола в ОНФ сообщила уполномоченный по правам ребенка в РФ Анна Кузнецова. «За последние пять лет число родившихся детей снизилось на 23,7%. Это мы с вами констатируем из года в год», – сказала она.

Кузнецова также отметила снижение коэффициента рождаемости. Если в 2017 году, этот показатель составлял 1,62, то к нынешнему году он опустился до 1,5. При этом количество абортов также снижается. Ранее, 20 октября, замминистра труда и социальной защиты России Елена Мухтиярова заявила, что ведомство планирует скорректировать суммарный коэффициент рождаемости в 2020 году. 15 октября стало известно, что в 2020 году численность населения России может сократиться на 352 тыс. человек и это станет максимумом с 2006 года.

Выход на положительные темпы прироста населения произойдет только в 2030 году: в 2021-м прогнозируется убыль в размере 290 тыс., в 2022-м – 238 тыс., в 2023-м –189 тыс., а в 2024-м – 165 тыс. человек.

Ответьте на вопросы:

1. На сколько процентов снизилось число родившихся детейза последние пять лет?
2. На сколько человек может сократиться численность населения России в 2020 году?
3. Когда произойдет выход на положительные темпы прироста населения?

фрагмент 3

Речь идет о хурме, винограде, зизифусе, облепихе, а также об айве и кизиле, которые стоит употреблять в компоте. Они помогут укрепить иммунитет и для противостояния другим сезонных заболеваний, например гриппу и ОРВИ. «Однако следует обратить внимание на то, что они не избавят вас от COVID-19 и не вылечат его. Сбалансированное питание укрепит иммунитет организма при болезни и облегчит восстановление», – отметила она.

Эксперт подчеркнула, что придерживаться строгих диет в этот период не стоит. Достаточно питаться дробно небольшими порциями, пять-шесть раз в день, а для перекусов выбирать виноград, груши и сливы. Оптимальное суточное количество овощей для взрослого составляет 300 г, а фруктов – 200 г. Также диетолог порекомендовала ежедневно съедать по 4–5 грецких орехов. В конце сентября руководитель Лор-клиники доктора Зайцева Владимир Зайцев дал советы, как защитить организм в сезон эпидемий вирусных заболеваний. Так, врач рекомендовал больше употреблять жидкости, например чаи. Вирусы при этом активно разрушаются, поскольку не выдерживают гидравлического удара.

Ответьте на вопросы:

1. Какие фрукты помогут укрепить иммунитет и для противостояния другим сезонных заболеваний?
2. Что укрепит иммунитет организма при болезни и облегчит восстановление?
3. Почему врач рекомендовал больше употреблять жидкости?

фрагмент 4

Эксперты рассказали о том, как много россиян хотели бы переехать в другие регионы и о том, чем они руководствуются при выборе нового места жительства. Исследование, с которым ознакомились «РИА Новости», провела компания HeadHunter

Больше всего граждан хотят переехать из Архангельской области, Коми и Якутии, в которых о об этом задумывалось по 50% жителей. Среди популярных причин для такого решения плохая экология (Архангельская область), низкие зарплаты (Коми), а также некомфортный климат. Меньше всего о переезде думают жители Москвы и Санкт-Петербурга, где об этом задумываются 6% и 7% граждан соответственно. При этом среди причин чаще всего называют плохую экологию больших городов. Назвали респонденты и города, куда бы они хотели переехать. Самыми популярными стали Москва, Санкт-Петербург и Краснодарский край. В столицу большинство участников опроса влечет высокий уровень зарплаты (85%), в Санкт-Петербург – комфортная городская среда (61%), а в Краснодарский край хотят переехать из-за хорошей экологии и климата (88%).

Ответьте на вопросы:

1. Откуда больше всего граждан хотят переехать?
2. Какие жители меньше всего думают о переезде ?
3. Какие города являются самыми популярными городами, куда бы респонденты хотели переехать?

III. Прочитайте следующие фрагменты и переведите словосочетания на китайский язык.

фрагмент 1

При этом осенью аллергия может совпасть с сезоном респираторных заболеваний, кроме того, продолжится эпидемия COVID-19, спрогнозировал Владимир Прокопенко. В это время аллергикам стоит быть особенно внимательными. Они способны отличить свою симптоматику, подчеркнул врач, но, если проявились нехарактерные симптомы, надо незамедлительно идти к врачу.

– Если у пациента совпадут аллергия и коронавирус, могут возникнуть серьезные проблемы. Дело в том, что у пациента с аллергией есть нарушения в иммунной системе, поэтому его реакция на вирус может быть особенной. Самая большая «засада» заключается в том, что пациенты с аллергией на пыльцу, пыль, домашние продукты имеют также аллергию на медикаменты, – рассказал Владимир Прокопенко.

Переведите следующие словосочетания:

1. аллергия может совпасть с сезоном респираторных заболеваний
2. аллергикам стоит быть особенно внимательными
3. отличить свою симптоматику
4. нехарактерные симптомы
5. у пациента с аллергией есть нарушения в иммунной системе
6. аллергия на медикаменты

фрагмент 2

В районе Кузнецкого Моста в Москве 46-летний житель Ульяновска сел в такси и сам попросил у водителя воды. Отпив из бутылки, он перестал осознавать происходящее, а затем очнулся на лавочке в лесопарковой зоне, не обнаружив при себе дорогих часов, золотой цепочки и кошелька. Ущерб оценили в 810 тыс. рублей. Подозреваемого задержали спустя три недели. Им оказался 32-летний житель столицы, который уже дал признательные показания.

Похожие случаи случаются регулярно. Летом прошлого года мужчина поймал припаркованное у ресторана в Москве на Пятницкой улице такси. Водитель предложил пассажиру воды, тот выпил, но сразу почувствовал недомогание и попросил остановиться.До дома мужчина доехал на другой машине. Утром он обнаружил пропажу банковской карты. На ней не хватало 16 тыс. рублей.

Переведите следующие словосочетания:

1. 46-летний житель
2. перестать осознавать происходящее
3. ущерб оценили в 810 тыс. рублей
4. дать признательные показания.
5. похожие случаи случаются регулярно
6. почувствовать недомогание и попросить остановиться

фрагмент 3

Год назад под риском увольнений было вчетверо больше людей – 1,6% работающих, добавили в Минтруде. Но значительное число из них как раз попадали под технические сокращения – тогда компании были значительно более активны в плане административных преобразований, уточнили в ведомстве.

В целом российский рынок труда постепенно выходит из кризиса, вызванного эпидемией коронавируса, заявили в министерстве. Так, в июле количество принятых на работу впервые с начала пандемии превысило численность уволенных граждан.

При этом в службах занятости на начало августа зарегистрировано 3,3 млн безработных, год назад их численность составляла только 0,7 млн человек, сообщили в Минтруде. Свыше 40% граждан, состоящих на учете, не работали официально длительное время или не работали по найму никогда, уточнили в ведомстве.

Переведите следующие словосочетания:

1. риск увольнений
2. попадать под технические сокращения
3. в плане административных преобразований
4. выходить из кризиса, вызванного эпидемией коронавируса
5. количество принятых на работу
6. в службах занятости на начало августа зарегистрировано 3,3 млн безработных

фрагмент 4

Говоря о причинах диабета 1-го типа, специалисты в первую очередь называют генетическую предрасположенность к аутоиммунным заболеваниям, и тут мало что известно. Кто-то считает рост заболеваемости следствием ухудшения экологической ситуации. Также говорят о эпигенетике (с греч. «эпи» – «над», исследование изменения активности генов под действием механизмов, которые не затрагивают первичную структуру ДНК) и эпигенетике питания.

«Концепция заключается в том, что питание матери до беременности, во время беременности и питание ребенка в первый год жизни сказываются на его здоровье всю последующую жизнь, – говорит Михаил Богомолов. – Гены – это как книга: на какой странице она раскроется (на здоровой или на больной), зависит от внешних факторов. Союзы производителей во многих странах вводят понятие «эпигенетически полезный продукт». Этот продукт содержит компоненты, которые способствуют тому, чтобы заболевания не передавались последующим поколениям».

Главные причины сахарного диабета 2-го типа – снижение физической активности, неправильное питание: преобладание в рационе большого количества углеводов, рафинированной пищи (шоколадки, печенье и так далее).

Переведите следующие словосочетания:

1. генетическая предрасположенность к аутоиммунным заболеваниям
2. следствие ухудшения экологической ситуации
3. сказываться на его здоровье всю последующую жизнь
4. передаваться последующим поколениям
5. снижение физической активности
6. преобладание в рационе большого количества углеводов, рафинированной пищи

IV. Прочитайте следующие фрагменты и переведите словосочетания на русский язык.

фрагмент 1

Повышение рождаемости – одна из ключевых целей национального проекта «Демография». Согласно скорректированному варианту документа, к 2030 году в России планируется 1（提高出生率）до 1,7 одновременно с 2（提高预期寿命）до 67 лет и 3（降低老年人死亡率）.

Одновременно в России борются за сокращение количества абортов 4（通过早期预防）. Оценить эффективность работы медучреждений в этом направлении поручил правительству Владимир Путин на заседании Госсовета – об этом стало известно в конце октября. К весне следующего года правительству также предлагается разработать дополнительные меры по финансовому стимулированию медицинских учреждений.

Вскоре после этого министр здравоохранения Олег Салагай отметил, что за последние пять лет 5（堕胎率下降了近三分之一）. Ранее об этом говорила и детский омбудсмен Анна Кузнецова. Однако показатели рождаемости в России 6（继续下降）.

Только за первое полугодие 2020-го рождаемость в стране снизилась на 5,4%, а смертность выросла на 3,1%. Всего к августу в стране родилось 680,9 тыс. младенцев, следует из данных, опубликованных Росстатом в конце лета.

фрагмент 2

В России перестанут выдавать бумажные паспорта транспортного средства (ПТС) для новых автомобилей – опять же, с начала месяца. Ранее выданные документы 1（继续有效）, запросить бумажный документ также можно будет взамен утраченного или заполненного. Во всех остальных случаях ПТС на руки выдаваться больше не будет – все данные будут 2（电子填写）, на руки новый владелец сможет получить только выписку из электронной версии.

Первый в стране национальный стандарт, касающийся переходов для животных, вступит в силу также с 1 ноября. После этого на дорогах должны начать появляться так называемые экодуки. Предполагается, что они снизят аварийность, связанную со столкновениями с животными, и одновременно позволят 3（保护野生动物）.

Наконец, с ноября в России введут обязательную маркировку шин и покрышек. Требование 4（主要涉及消费者和进口商）– они теперь должны будут помечать свой товар средствами электронной идентификации. Предполагается, что это позволит 5（减少市场上劣质产品和假冒产品的数量）– теперь импортеры и производители должны будут помечать свой товар средствами электронной идентификации (аналогичные правила уже распространяются на ряд других товаров, например на духи, кожаные изделия, верхнюю одежду и т.д.).

фрагмент 3

Синоптики прогнозируют теплую зиму в большинстве регионов России, однако погода будет неоднородной. «В целом 1（冬季预计会暖和）, но это не значит, что не будет значительных морозов. Погода будет неоднородной», – цитирует его ТАСС. Вильфанд уточнил, что в декабре практически по всей стране 2（气温正常或偏高）, особенно высокая температура ожидается 3（在俄罗斯欧洲北部）, а также в северной части Западной Сибири, Красноярского края и Якутии.

В январе, по словам синоптика, столбики термометров в большинстве субъектов также покажут значения в пределах нормы, кроме южной территории европейской части, где ожидается повышенная температура. В последний зимний месяц на всей европейской территории РФ прогнозируется температура выше нормы, а на остальной территории страны – около нормы, но на положительном фоне, отметил Вильфанд. Накануне научный руководитель Гидрометцентра посоветовал москвичам пока не готовиться в зиме. По его словам, в ближайшее время 4(首都不会下雪). Он напомнил, что снежный покров в Москве обычно образуется примерно в конце ноября.

фрагмент 4

Заместитель руководителя Роскачества Елена Саратцева рассказала, какие проблемы со здоровьем могут быть после 1（使用饮水机中的水）.

Она отметила, что сейчас организация занимается изучением упакованной питьевой воды, включая ту, которая предназначена для упаковки в кулерах. Специалисты проверяют ее на соответствие информации в маркировке, а также по показателям химической безопасности.

«Дело в том, что кулер содержит 20 л воды, а это достаточно большой объем. 2（安装的水龙头）, не всегда промывается, что 3（导致水中微生物积累）», – рассказала Саратцева агентству «Прайм» в субботу, 31 октября. Кроме того, бутылки для кулеров используются повторно, поэтому несоблюдение требований по обеззараживанию может привести к развитию микроорганизмов, а также навредить организму человека. В частности, 4（影响胃肠道工作）. 17 октября стало известно, что Роскачество выявило фальсификат во время исследования состава творожных сырков, предлагаемых российским покупателям. Им оказался продукт под названием «Творобушки», в котором обнаружили фитостерины.

V. Прочитайте следующие фрагменты и поставьте слова в скобках в нужной форме.

фрагмент 1

1.____________ (Алтайские чиновники) заинтересовался следственный комитет. В регионе пропал 1 млрд рублей, 2.______________ (выделить) на жильё для сирот. То есть местный минстрой получил деньги, но квартиры почему-то не купил. Должностные лица, в свою очередь, заявляют, что контракты выполняются. В сентябре минстрой получил ещё 700 млн 3.___________ (бюджетные рубли) на приобретение квартир для сирот. Но 4.__________ (освоить деньги) в этом году якобы невозможно. Сироты пытаются добиться 5.________ (законный жильё) через суд.

фрагмент 2

Идея о переходе россиян 1._________ (на четырехдневная рабочая неделя) должна оставаться в процессе обсуждения, заявил во вторник, 20 октября, зампредседателя Совета безопасности России Дмитрий Медведев 2.__________(в ход приветственное слово) участниками форума «Открытые инновации». По его словам, кризис, возникший на фоне пандемии, наиболее безболезненно прошли работодатели, которые сумели перевести значительное количество сотрудников 3._________ (на удаленный режим работа). С другой стороны, как отметил Медведев, 4._________ (на удаленка) возникло много трудностей, связанных 5.________ (с защита права сотрудники) , а также с планированием рабочего время и времени отдыха. «В России начата корректировка трудового законодательства 6._________ (по новые формы занятность). И по мере развития цифровых технологий такая корректировка продолжится», – подчеркнул глава Совбеза, добавив, что все представленные идеи относительно 7._________(эта сфера) «должны оставаться в сфере обсуждения, включая и идею четырехдневной рабочей недели».

фрагмент 3

Новые санкции США по проекту «Северный поток – 2» будут распространены на фирмы, помогающие 1.____________ (в модернизация или установка оборудование) на судах для его укладки. Об этом 2.________ (говориться) в обновленных пояснениях к санкциям, 3.___________ (опубликовать) 20 октября на сайте Госдепартамента США. «Такие действия, подлежащие 4.__________(санкция), <…> могут включать, но не ограничиваться 5.________ (это), предоставление услуг или мощностей для модернизации или установки оборудования для этих судов или финансирование модернизации или установки оборудования для этих судов», – говорится в документе. Как пишет агентство Bloomberg, российское судно «Академик Черский» для продолжения работ по завершению «Северного потока – 2» 6.___________ (нуждаться в переоборудование). В декабре прошлого года Соединенные Штаты впервые ввели ограничения против компаний, участвующих в реализации «Северного потока – 2». Из-за этого реализацию проекта приостановили.

фрагмент 4

1 августа в России 1.__________(быть зарегистрировать) первая в мире вакцина против коронавируса. Препарат был разработан специалистами Центра им. Н.Ф. Гамалеи и получил название «Спутник V». Минздрав РФ уже объявил 2. __________(о запуск вакцина в производство) и выдал разрешение на проведение пострегистрационного исследования. О регистрации второй вакцины стало известно 14 октября. Препарат назвали «ЭпиВакКорона», его разработкой занимался государственный научный центр «Вектор». Распространение коронавируса SARS-CoV-2, 3. __________(вызывать заболевание COVID-19), началось в конце декабря прошлого года. 4.__________(Очаг инфекция) стал китайский город Ухань. За несколько месяцев болезнь охватила более 210 стран мира. 11 марта ВОЗ 5. ________

(объявить) пандемию коронавируса. По последним данным, в России выявлено 1 431 635 случаев коронавируса в 85 регионах. За весь период зафиксировано 24 635 6. ___________ (летальные исходы), выздоровело 1 085 608 человек.

VI. Прочитайте следующие фрагменты и выучите наизусть выделенные предложения.

фрагмент 1

В Крыму состоялось торжественное открытие автомобильного движения на новых построенных участках трассы «Таврида». Владимир Путин не только осмотрел дорогу с вертолета, но и лично по ней проехал за рулем «Ауруса». По словам президента, трасса действительно впечатляет, речь идет о современном и удобном объекте. Тем не менее российский лидер предложил построить больше съездов для удобства туристов. ***Во время рабочей поездки в Крым Владимир Путин рассказал о темпах развития дорожной инфраструктуры и будущих планах, немного напугав министра транспорта Евгения Дитриха.***

Владимир Путин прибыл в Крым в обеденное время и сразу же отправился открывать построенные участки трассы «Таврида». ***По случаю столь важного события глава государства даже лично сел за руль «Ауруса» с крымскими номерами***. Так что министр транспорта Евгений Дитрих, генеральный директор АО «ВАД» Валерий Абрамов и главный технолог компании Андрей Волков, ***сопровождающие президента на церемонии запуска автомобильного движения, могли похвастаться тем, что их «водителем», хоть и ненадолго, оказался сам Владимир Путин***.

фрагмент 2

«Совместными усилиями федеральных органов, региональных антинаркотических комиссий в прошлом году удалось достичь определенной положительной динамики. ***Уровень преступности в сфере незаконного оборота наркотиков снизился почти на 9,5%, а число больных наркоманией – на 5%***», – приводит ТАСС сообщение пресс-службы.

В то же время стражи порядка зафиксировали увеличение производства синтетических наркотиков внутри страны. Как отметили в ведомстве, ***это произошло на фоне усиления контроля за перемещением товаров и грузов на международных маршрутах***.

Продажа снюсов в торговых точка страны в результате 200 тыс. рейдов полицейских существенно сократилась, подчеркнули в МВД.

Накануне главный внештатный психиатр-нарколог департамента здравоохранения Москвы и Минздрава России Евгений Брюн также сообщил, что количество зарегистрированных наркозависимых россиян активно снижается.

Однако ***подтвердить эти предположения лабораторно невозможно, так как нет данных тестов, а реальное количество людей, употребляющих наркотики, неизвестно***.

15 февраля МВД России представило проект антинаркотической стратегии до 2030 года. Проект стратегии разработан в связи с тем, что предыдущая завершает действие в 2020 году. ***В новом документе дано определение государственной антинаркотической политики и ее генеральной цели***, а также представлен перечень направлений для ее достижения.

фрагмент 3

Ранее в этот день ***президент России Владимир Путин подписал указ о внесении поправок в Конституцию, согласно которому изменения в Основной закон вступают в силу 4 июля***.

Голосование по поправкам к Конституции завершилось 1 июля. ***Поправки в Конституцию, предложенные главой государства, предусматривают ужесточение требований к кандидатам на пост президента и ограничение количества президентских сроков – не больше двух по шесть лет***. Глава государства будет представлять Совету Федерации кандидатов на пост главы и судей Конституционного, Верховного и других судов федерального уровня, их заместителей, а также формировать Госсовет РФ.

Также предлагается запретить высшим должностным лицам иметь вид на жительство и гражданство других стран и расширить полномочия парламента – премьер-министр и члены кабмина будут назначаться президентом только после утверждения их кандидатур Госдумой. ***Предусматривается приоритет Основного закона страны над международными соглашениями***.

Кроме этого, поправки закрепляют регулярную индексацию пенсий и социальных выплат, гарантии минимального размера оплаты труда (МРОТ) на уровне не менее прожиточного минимума трудоспособного населения.

фрагмент 4

Небольшие показатели трудоустройства в определенных областях Павел Журавлев связывает с тем, ***что образовательные программы сегодня не соответствуют требованиям рынка: они слишком широкие и не позволяют углубиться в специальность***.

Однако чем динамичнее экономика, тем меньше выпускников вузов работают по профессии, на которую отучились, подчеркнула директор центра экономики непрерывного образования РАНХиГС Татьяна Клячко.

– Мы видим по нашим опросам (исследования РАНХиГС), что, например, в Ивановской области, где очень медленные изменения в экономике, по специальности работают 75–80% человек. В Новосибирской, где эти процессы динамичнее и за время учебы в вузе что-то может измениться, по профилю трудоустраивается около 65%, иногда меньше, – пояснила она.

Треть выпускников, которые выбирают другие сферы для работы, небольшой показатель, отметила эксперт: даже среди специалистов, окончивших знаменитый Гарвард, по специальности трудится лишь порядка 40%.

– С одной стороны, человек, ***который работает не по специальности, теряет квалификацию, часть человеческого капитала, знания, которые он накопил в вузе***. С другой стороны, выбор профессии он часто делает под влиянием родителей и знакомых. Поэтому можно окончить вуз и быть успешным и не работая по профилю, – считает Виктор Рудаков.

При этом, по данным статистики, ***в среднем выпускники, работающие по специальности, зарабатывают на 12% больше бывших однокурсников, ушедших в другие сферы***.

VII. Прочитайте самостоятельно следующие фрагменты.

фрагмент 1

Гастроэнтеролог предупредила об опасности колбасы

Чрезмерное употребление колбасы опасно для здоровья, заявила гастроэнтеролог Инна Мазько. Она подчеркнула, что в состав данного продукта входят соя, крахмал, желатин, пищевые добавки, усилители вкуса, красители и нитриты. «Мяса в колбасе, в лучшем случае, до 40%. Причем часто это мясо низкого качества, субпродукты, перемолотые хрящи и т.д.», – цитирует Мазько сайт kp.ru. Врач отметила, что для окраски колбасы применяют нитриты. Если их употреблять постоянно, появляется риск развития онкозаболеваний. Фосфаты нарушают усвоение кальция, что может стать причиной появления остеопороза или рахита. Однако, по словам Мазько, есть колбаса, при производстве которой применяются натуральные ингредиенты. К примеру, в кровяной колбасе содержится много железа, такой продукт помогает бороться с анемией. Колбаса из мяса птицы и говядины содержит мало жиров и служит отличным источником белков. Ранее, 19 октября, диабетолог, врач высшей категории Ольга Демичева заявила, что на развитие сахарного диабета влияет избыточная масса тела. Она отметила, что от чрезмерного употребления сладкого сахарный диабет не развивается. При этом она добавила, что употребление сладостей приводит не только к набору веса, но и к зубной боли.

фрагмент 2

Российские ритейлеры отчитались о первых продажах iPhone 12 и 12 Pro

В день старта продаж iPhone 12 и iPhone 12 Pro первая поступившая в Россию партия гаджетов уже раскуплена. Покупатели приобретали смартфоны в полтора раза быстрее, чем предыдущую модель на старте продаж, рассказали «Известиям» ритейлеры. Некоторые аналитики всё же сомневаются в успехе новинок – по словам источников, первая партия была в четыре раза меньше, чем в прошлом году. Ряд экспертов считает, что iPhone 12 – самая неудачная серия за последние годы, новые смартфоны отличаются только дизайном и поддержкой технологии 5G, которая в России не используется. Поэтому доля Apple на российском рынке смартфонов продолжит падать, и в 2021 году производитель потеряет еще 1–1,5% в штучном выражении, полагают специалисты.

фрагмент 3

Роспотребнадзор проверил воздух в Москве после разлива химических веществ

Столичное управление Роспотребнадзора проинформировало, что загрязняющие вещества в воздухе после разлива ксилола и толуола на территории нейрохирургической клиники в центре Москвы не обнаружены. Об этом в пятницу, 23 октября, сообщается на сайте ведомства.

«Оперативно по поручению управления Роспотребнадзора по городу Москве силами специализированной организации – филиал ФБУЗ «Центр гигиены и эпидемиологии в городе Москве» – в Центральном административном округе Москвы проведены лабораторные исследования атмосферного воздуха на содержание в атмосферном воздухе загрязняющих веществ, в том числе ксилола и толуола на территории жилой застройки по адресам: г. Москва, ЦАО, ул. 4-я Тверская-Ямская, д. 12 стр. 2, ул. Фадеева, д. 5. По результатам проведенных исследований, превышений содержания загрязняющих веществ в атмосферном воздухе (в т.ч. ксилола и толуола) не установлено», – говорится в заявлении.

В Роспотребнадзоре уточнили, что ситуация по состоянию атмосферного воздуха в Москве находится на постоянном оперативном контроле управления. Ранее оперативный дежурный ГУ МЧС России по Москве сообщил, что произошел разлив химических веществ ксилола и толуола на территории ФГАУ «НМИЦ нейрохирургии им. ак. Н.Н. Бурденко».

фрагмент 4

Скончался заслуженный тренер СССР по легкой атлетике Юрий Волков

Заслуженный тренер СССР по легкой атлетике Юрий Волков скончался на 81-м году жизни. Об этом в пятницу, 23 октября, сообщил его сын Константин Волков на странице в Facebook.

Причина смерти тренера не уточняется.

Волков за свою карьеру подготовил трех заслуженных мастеров спорта СССР, 26 мастеров спорта международного класса, 103 мастера спорта. Так, его подопечными являются серебряный призер Олимпийских игр, чемпион Европы в помещении Константин Волков, чемпион Европы Александр Крупский, чемпион Европы в помещении Владимир Поляков, двукратный чемпион Европы Александр Авербух и другие.

КЛЮЧИ

IV. Прочитайте следующие фрагменты и переведите словосочетания на русский язык.

фрагмент 1

1. увеличить коэффициент рождаемости
2. увеличением ожидаемой продолжительности здоровой жизни
3. снижением смертности населения старшего возраста
4. за счет их ранней профилактики
5. количество абортов удалось сократить почти на треть
6. продолжают идти вниз

фрагмент 2

1. продолжат свое действие
2. заполнять в электронной форме
3. обезопасить обитателей дикой природы
4. касается прежде всего потребителей и импортеров
5. сократить на рынке количество некачественной продукции и подделок

фрагмент 3

1. зима ожидается теплая
2. температура будет около и выше нормы
3. на севере европейской территории России
4. снегопада в столице не будет

фрагмент 4

1. употребления воды из кулера
2. Кран, установленный на нем
3. приводит к накоплению в воде микроорганизмов
4. отразиться на работе желудочно-кишечного тракта

V. Прочитайте следующие фрагменты и поставьте слова в скобках в нужной форме.

фрагмент 1

1. Алтайскими чиновниками
2. выделенный
3. бюджетных рублей
4. освоить деньги
5. законного жилья

фрагмент 2

1. на четырехдневную рабочую неделю
2. в ходе приветственного слова
3. на удаленный режим работы
4. на удаленке
5. с защитой прав сотрудников
6. по новым формам занятности
7. этой сферы

фрагмент 3

1. в модернизации или установке оборудования
2. говорится
3. опубликованных
4. санкциям
5. этим
6. нуждается в переоборудовании

фрагмент 4

1. была зарегистрирована
2. о запуске вакцины в производство
3. вызывающего заболевание COVID-19
4. Очагом инфекции
5. объявила
6. летальных исходов

第四章　世界要闻 мир

I. Прочитайте следующие фрагменты и обратите внимание на употребление выделенных слов и словосочетаний.

фрагмент 1

Серьезные подозрения ***относительно состояния здоровья*** японского премьера появились в середине августа ***вслед за новостями о визите*** Синдзо Абэ ***в университетскую больницу*** Кейо. Повторное посещение им врача 24 августа, продлившееся целых восемь часов и по иронии судьбы пришедшееся на день, когда Синдзо Абэ ***побил рекорд по длительности пребывания на премьерском посту***, усугубило опасения о плохом состоянии главы правительства. Многие журналисты ***обратили внимание, что*** с середины июня премьер не дал ни одной пресс-конференции по борьбе властей с коронавирусом, и стали всё чаще подмечать, что порой политик ***с трудом держится на ногах.***

Тем не менее еще в начале нынешней недели соратники премьера дружно заверяли, что провожать Синдзо Абэ рано, ***он в прекрасной форме***, хоть и подустал морально, и прекрасно ***справится с обязанностями*** до окончания своих полномочий в сентябре 2021 года.

Фрагмент 2

Дональд Трамп, ***судя по всему***, не ***избежит участи попасть в учебники*** американской истории как первый президент США, дважды ***подвергнутый процедуре импичмента***. Захват Капитолия группой сторонников действующего хозяина Овального кабинета стал поводом для его оппонентов ***объявить главу Белого дома главным злодеем*** в стране. Учитывая, что ***подавляющее большинство американских СМИ*** в этом вопросе полностью ***встали на сторону демократов***, а Дональду Трампу и его союзникам перекрыли даже возможность ***высказывать мнение в социальных сетях***, неудивительно, что эта политическая игра проходит в США практически в одни ворота.

11 января палата представителей опубликовала текст резолюции об импичменте ***в отношении действующего президента***, в котором оказалась лишь одна статья обвинения – ***подстрекательство к мятежу***.

Фрагмент 3

Почтовые ящики будут временно отсутствовать ***по меньшей мере в*** 17 штатах. В Вашингтоне почтовые ящики будут либо убраны, либо ***закрыты на замки***. Кроме того, 14 почтовых отделений будут закрыты ***в день инаугурации***.

Как добавил Партенхаймер, в 2017 году во время инаугурации Дональда Трампа, ведомство ***предпринимало*** в столице такие же ***меры безопасности***.По его словам, в этом году в связи с сообщениями о «запланированных протестах или других ситуациях, связанных с большими скоплениями людей», ящики убрали и в других городах.

Ранее, в субботу, полиция Капитолия ***задержала вооруженного жителя*** американского штата Вирджинии, который пытался пройти через КПП ***по поддельному пропуску*** на инаугурацию.

Накануне глава подразделения секретной службы в столичном округе Колумбия Мэттью Миллер заявил, что американские власти при обеспечении безопасности на инаугурации избранного президента США Джозефа Байдена ***готовы к появлению экстремистов и ультраправых сил***. Он отметил, что ФБР активно проверяет информацию, в том числе ***отслеживает социальные сети и интернет***.

II. Прочитайте следующие фрагменты и ответьте на вопросы.

фрагмент 1

Досрочное голосование на выборах президента Белоруссии началось еще 4 августа, к 7-му числу явка превысила 22%. Кандидатов, которые реально борются за пост, фактически двое – нынешний лидер Александр Лукашенко и домохозяйка, жена арестованного блогера Сергея Тихановского Светлана. Еще в кампании официально участвуют Анна Канопацкая, Андрей Дмитриев и Сергей Черечень. Однако, по мнению экспертов, в конкуренты Александру Лукашенко их точно записывать не стоит. Так как в стране фактически не проводится социологических опросов о политических предпочтениях граждан, то предсказать расклады весьма сложно. Тем не менее судя по митингам, которые удалось собрать Светлане Тихановской, вокруг нее действительно сосредоточен оппозиционный электорат. По разным оценкам, число участников акций достигало 60 тыс. человек.

И как бы оппозиция ни пыталась продвинуть в массы тезис о том, что Александр Лукашенко пользуется поддержкой лишь 3% избирателей, на данный момент наиболее вероятно, что именно он вновь станет президентом Республики Беларусь.

Ответьте на вопросы:

1. Когда досрочное голосование на выборах президента Белоруссии началось?
2. Сколько кандидатов всего?
3. Вокруг кого сосредоточен оппозиционный электорат? Всего сколько человек?

Фрагмент 2

Центральный комитет Трудовой партии Кореи 19 августа соберется на первый за последние восемь месяцев пленум, чтобы обсудить вопросы, «имеющие решающее значение в развитии корейской революции и повышении боеспособности партии». По итогам последнего такого партийного пленума в декабре глава КНДР Ким Чен Ын обещал вскоре явить миру «новое стратегическое оружие» – правда, одновременно с этим призывая свой народ готовиться к экономическим сложностям. С тех пор нового оружия в Северной Корее не появилось, зато экономических сложностей прибавилось: помимо никуда не девшихся санкций страна столкнулась с мощными наводнениями.

Ответьте на вопросы:

1. Что будет 19 августа в Северной Кореи?
2. Какие актуальные вопросы будут обсуждены на пленуме?
3. Когда глава КНДР Ким Чен Ын обещал вскоре явить миру «новое стратегическое оружие»?

Фрагмент 3

Отношения Литвы и Белоруссии стали сложными задолго до выборов. Одна из причин – споры о строительстве в Гродненской области атомной электростанции. Проект в 22 км от границы с Литвой на российские деньги реализует российская компания «Росатом». 7 августа на первом энергоблоке началась загрузка ядерного топлива, промышленная эксплуатация начнется в 2021 году.

Литве, казалось бы, возведение АЭС выгодно. В 2009 году республика по требованию Евросоюза закрыла собственную Игналинскую АЭС. После этого страна стала энергодефицитной. Так, в 2019 году Литва закупила 70% электричества.

Основной поставщик – Россия. В 2019 году Москва поставила 6,2 млрд кВт·ч при годовой потребности Литвы 13,3 млрд кВт·ч.

АЭС могла бы помочь Вильнюсу разнообразить источники импорта, удешевить электроэнергию для потребителей. В Литве, однако, строительство станции с самого начала вызвало неприятие. Парламент республики объявил АЭС угрозой национальной безопасности, а министерство энергетики отказалось покупать и пропускать на экспорт электроэнергию. Конкретных аргументов политики не приводят, но апеллируют к эмоциям. Общественный деятель Витауттас Ландсбергис, например, называет АЭС корнем зла и машиной психологического ада.

Ответьте на вопросы:

1. Почему отношения Литвы и Белоруссии стали сложными?
2. Сколоко электричества в 2019 году Литва закупила из России?
3. Почему строительство станции не получилось?

III. Прочитайте следующие фрагменты и переведите словосочетания на китайский язык.

фрагмент 1

Наблюдатели говорят, что внешняя политика Литвы может обернуться потерями для республики. Белорусские грузы составляют треть грузопотока Клайпедского морского порта. По количеству туристов, приезжающих на один день, белорусы уступили в 2019 году лишь латышам и полякам. При этом белорусские туристы считаются самыми щедрыми. Они потратили в Литве в 2019 году миллиард евро. А значит, литовская экономика неизбежно почувствует на себе ухудшение отношений двух стран.

Эксперты отмечают также, что саму Литву сложно назвать благополучным государством. Экономика держится на плаву благодаря дотациям Евросоюза. Каждый четвертый житель страны уехал и не собирается возвращаться. Если 30 лет назад в

Литве жили 3,7 млн человек, то сейчас осталось 2,7 млн жителей. Республика входит в число лидеров ЕС по темпам старения и убыли населения.

Переведите следующие словосочетания:

1. внешняя политика
2. обернуться потерями
3. потратить миллиард евро
4. ухудшение отношений двух стран
5. держиться на плаву благодаря дотациям Евросоюза
6. входить в число лидеров ЕС по темпам старения

Фрагмент 2

На прошлой неделе лидер соседнего Китая Си Цзиньпинь обратился к нации с призывом рациональнее и экономнее относиться к потреблению пищи. Таким образом председатель КНР, по сути, признал, что даже для второй экономики мира, где огромное число посевов зерновых также было затоплено, актуальна проблема продовольственной безопасности.

В Северной Корее не стали делать вид, что такой проблемы нет, но при этом решили по максимуму опираться на собственные силы.

В начале августа, посетив наиболее пострадавшие от стихии районы страны, Ким Чен Ын принял решение раздать жителям зерно из своего личного хранилища. Получившие помощь граждане встретили ее «сердечной благодарностью великодушному отцу людей, который считает их несчастье своей величайшей болью и ничего не жалеет для его облегчения», сообщило агентство ЦТАК.

Переведите следующие словосочетания:

1. обратиться с призывом
2. рациональнее и экономнее относиться к потреблению пищи
3. продовольственная безопасность

4. делать вид
5. опираться на собственные силы
6. принять решение раздать жителям зерно

Фрагмент 3

19 января в Эстонии два пожилых человека скончались после прививки от коронавируса Pfizer/BioNtech, еще в 87 случаях у людей возникли серьезные побочные эффекты. На прошлой неделе после вакцинации этим препаратом умерли 23 норвежца, сообщалось также о 10 летальных исходах в Германии. В Израиле после Pfizer как минимум у 13 человек случился лицевой паралич. Почти каждый день появляются сообщения о летальных исходах и специфичной реакции организма на вакцину этого производителя, однако она по-прежнему остается одной из главных в ЕС. Как объяснили «Известиям» в Еврокомиссии (ЕК), вместе с ЕМА они отслеживают эту ситуацию.

– Для продолжения наблюдения за процессом вакцинации были введены очень строгие меры контроля. ЕК всегда подчеркивала, что эффективность, безопасность и качество вакцин имеют решающее значение, в том числе для укрепления доверия европейских граждан, – заявили «Известиям» в ЕК.

В ЕМА основным аргументом в пользу безопасности вакцины назвали возраст пострадавших. На запрос «Известий» в агентстве отметили, что в результате исследования 13 летальных исходов в Норвегии выяснилось, что все скончавшиеся были пожилыми людьми с тяжелыми заболеваниями. В этом государстве, по словам представителя ассоциации, каждую неделю умирает примерно 440 человек старше 80 лет.

Переведите следующие словосочетания:

1. серьезные побочные эффекты
2. лицевой паралич
3. специфичная реакция организма на вакцину

4. вести строгие меры контроля

5. иметь решающее значение

6. люди с тяжелыми заболеваниями

Фрагмент 4

С 16 января сфера обслуживания на Украине полностью перешла на украинский язык, русский оказался под запретом. На мове с клиентом должны разговаривать в супермаркетах, интернет-магазинах, кафе, банках, аптеках, на АЗС. Вся информация на ценниках, инструкциях, билетах и меню также должна быть на мове. За нарушение закона предпринимателям грозит штраф в размере 5100–6800 гривен (13–18 тыс. рублей). Повторное нарушение будет караться штрафом в размере от 8500 до 11 900 гривен (22–31 тыс. рублей).

Сразу после вступления закона в силу журналисты прошли по крупнейшим торговым сетям Киева. Сообщается, что в большинстве случаев кассиры говорят на украинском, но есть и те, кто переходит на русский, когда слышит его от клиента.

Переведите следующие словосочетания:

1. сфера обслуживания

2. перейти на украинский язык

3. оказаться под запретом

4. караться штрафом в размере от 8500 до 11 900 гривен

5. после вступления закона в силу

6. в большинстве случаев

IV. Прочитайте следующие фрагменты и переведите словосочетания на русский язык.

фрагмент 1

19 августа стоящие за отстранением президента от власти военные сообщили о 1（彻底关闭边境）Мали и 2（实行宵禁）. При этом группа военных мятежников пообещала 3（促进政治变革）, которые заложат основу для новых всеобщих выборов.

– Мы не 4（追求权利）, мы заинтересованы в стабильности страны, которая позволит нам организовать 5（在协同一致合理期限内）всеобщие выборы, – пообещал представитель мятежников Исмаэль Ваг в эфире телеканала ORTM 1.

Как известно, Черный континент давно известен 6（自身频繁的军事政变）. И как заметил «Известиям» эксперт Центра африканских исследований Института всеобщей истории РАН Николай Щербаков, прецеденты, когда генералы сметали старые власти и это приводило к положительному развитию для страны, случались, хотя и редко. Но это явно не случай Мали.

Фрагмент 2

Литва стала 1（积 极 参 与 者）белорусских событий, давит на действующие власти. Вильнюс отказывается признать результаты прошедших выборов и называет Александра Лукашенко 2（非法领导人）. Президент Литвы Гитанас Науседа заявил, что Минск должен 3（同意对话） с оппозицией и освободить заключенных. «Если эта инициатива не будет принята, конечно же, останутся другие альтернативы. Я говорю в том числе и о санкциях – как на уровне ЕС, так и о национальных», – пригрозил Науседа.

Литва также поддерживает белорусскую оппозицию. Именно в Вильнюс после начала акций протеста перебралась кандидат в президенты Светлана Тихановская. Тогда же СМИ опубликовали ее обращение, в котором она попросила граждан прекратить акции протеста и не провоцировать сотрудников милиции. Президент Литвы заявил, что видео Тихановская записала 4（在压力之下）.

После этого Литва «в связи с особыми обстоятельствами» открыла границу с Белоруссией. Премьер-министр Саулюс Сквернялис сказал, что республика готова принять белорусов, «бежавших от политического давления». Более подробной информации об исключениях и сроках их действия он не сообщил. В свою очередь, в МИД Литвы пообещали 5（财政援助）тем, кто пострадал во время протестов. В ведомстве пообещали для поддержки оппозиционеров соседней страны создать специальный фонд, условия его работы определят 6（在未来几天）.

Фрагмент 3

Тем более что сейчас Минску придется искать ответы в новой ситуации, когда даже Россия была записана в список 1（潜在对手）. До сих пор власть легитимизировалась именно потому, что могла всегда договориться с Москвой. Сейчас эта способность, кажется, под вопросом, – добавил политолог.

Серьезно подпортило атмосферу российско-белорусских отношений задержание в ночь на 29 июля под Минском 33 россиян. Власти республики подозревают граждан РФ в намерениях 2（破坏局势的稳定）в стране, а также в подготовке 3（恐怖活动）. 6 августа в СМИ появилась информация, что задержание было спецоперацией Службы безопасности Украины, которой удалось ввести в заблуждение белорусских коллег. К слову, Киев уже успел обсудить с Минском их возможную экстрадицию на Украину якобы из-за участия 4（武装冲突）на востоке страны.

7 августа судьба задержанных впервые обсуждалась 5（在总统层面）России и Белоруссии. Владимир Путин и Александр Лукашенко в телефонной беседе выразили уверенность, что возникшая ситуация будет урегулирована в духе взаимопонимания, «характерного для сотрудничества двух стран», сообщила пресс-служба Кремля.

Фрагмент 4

При этом серьезного 1（财物损失）для законодателей действия «капитанов» американского бизнеса могут и не нанести.

2(集团捐款) – лишь один из множества способов пополнения как 3(政党款项) в целом, так и «копилок» отдельных политиков. Спонсорскую помощь корпорации в США могут передавать политикам через так называемые комитеты политических действий (political action committee, PAC). «Потолок» суммы пожертвований составляет $5 тыс. в год на человека.

«Эти взносы имели символическое значение, – отмечает Шила Крумхольц, исполнительный директор американского Центра ответственной политики. – Это лишь один из источников 4（财政收入）, и для некоторых, особенно для членов сената, он ничтожно мал».

Сумма выходит, и правда, не самая значительная – с учетом того, что стоимость участия в 5（选举战；预选）в США легко может достигать нескольких миллионов долларов. AP, например, приводит такие данные о финансах сенатора-республиканца из Миссури Джона Хоули – одного из самых ярых сторонников отмены результатов ноябрьского голосования. С момента объявления о 6（位置之战）в верхней палате конгресса в 2017 году в его предвыборные фонды были перечислено $11,8 млн. При этом на пожертвования со стороны корпоративных комитетов политических действий пришлось лишь порядка $754 тыс. – около 15% от всей собранной суммы.

V. Прочитайте следующие фрагменты и поставьте слова в скобках в нужной форме.

фрагмент 1

В 1.____________ (последний раз) масштабный партийный пленум проходил в КНДР в декабре прошлого года. Тогда по итогам четырехдневных совещаний лидер Северной Кореи Ким Чен Ын торжественно пообещал, что в ближайшем будущем нация будет обладать 2. ____________(«новый стратегический оружие»). На тот момент стало совершенно очевидно, что нормализация отношений Пхеньяна с Вашингтоном 3. ____________(зайти в тупик), а снятие 4. ____________(международный санкции) с КНДР так и осталось мечтой. И бравая риторика про намерение не ждать милостей от американцев и наращивать оборонительный потенциал была вполне логична. К слову, тогда же товарищ Ким предупредил нацию о 5. ____________(грядущий экономический сложности).

Фрагмент 2

Все последние годы США были 1.____________ (абсолютный рекордсмен) по числу обучающихся у них иностранных студентов. По данным Института международного образования США и Бюро по 2.____________ (дела образование и культура Госдеп) , ежегодно публикующих доклад Open Doors Report on International Educational Exchange, в 2018–2019 3.____________(год) (последние имеющиеся данные) в американских колледжах и вузах обучалось 1,1 млн иностранцев, что 4.____________(принести бюджет) в тот академический год $44,7 млрд. Ряду вузов при этом деньги 5.____________(за обучение иностранцы) помогали дотировать учебу для малоимущих американских студентов.

Фрагмент 3

За 1.____________(свой долгий политический карьера) ныне 75-летний Ибрагим Бубакар Кейта успел побывать премьер-министром Мали, лидером одной из партий, спикером парламента и президентом. 2.____________(Последний должность) он занимал с сентября 2013 года вплоть до 19 августа 2020-го, пока в эфире государственного телевидения не сообщил, что решил «отныне отказаться

3.____________ (свой долг)».

Хорошо продуманным и взвешенным такое решение не назовешь: с апреля в стране не стихали протесты с требованием 4.____________ (отставка президент), и буквально накануне главу государства, премьер-министра и нескольких членов правительства захватили военные, после чего их всех на бронетранспортерах перевезли на военную базу Кати в 5.____________ (несколько километр) от столицы. По иронии судьбы та же самая база была(мест военный переворот) в 2012 году, закончившегося свержением предшественника господина Кейта – тогдашнего президента Амаду Тумани Туре.

VI. Прочитайте следующие фрагменты и выучите наизусть выделенные предложения.

Фрагмент 1

Тренд на планомерное восстановление темпов роста китайской экономики стал очевиден еще в октябре прошлого года, когда ***Государственное статистическое управление КНР отрапортовало об итогах III квартала. Тогда объем ВВП страны повысился на 4,9% по сравнению с тем же периодом прошлого года*** и, по прогнозам китайских специалистов, за счет накопительного роста за весь 2020 год ВВП Китая должен был увеличиться на 2%. Это совпадало и с осенними оценками Международного Валютного фонда, прогнозировавшего рост ВВП КНР за год на 1,9%.

Данные, представленные статистическим управлением 18 января, даже несколько превзошли эти ожидания. После внушительного подъема на 6,5% за IV квартал по итогам всего 2020 года китайский ВВП увеличился на 2,3%.

С одной стороны, это оказалось минимальным показателем для республики за последние 40 лет. С другой – и это главное – китайская экономика стала единственной из крупных стран мира, сумевшей вообще

показать прирост на фоне пандемии и вызванных ею социально-экономической сложностей.

Одним из важнейших драйверов увеличения ВВП стал подъем промышленного производства – за прошлый квартал он подтянулся сразу на 7,3%. ***Значительно больше, чем на то рассчитывали, вырос и китайский экспорт*** – вызванные пандемией перебои с производством в других странах подпитывали спрос на китайские товары. Особенно заметным стал экспортный прорыв товаров медицинского назначения. ***Как сообщили в середине января в Главном таможенном управлении КНР***, с марта по декабрь 2020 года Пекин экспортировал свыше 224 млрд защитных масок, обеспечив примерно 40 масками каждого жителя планеты за пределами Китая и заработав на этом более $52 млрд.

Еще в ноябре экспорт КНР увеличился на 21% по сравнению с аналогичным периодом прошлого года, а рост за декабрь составил весомые 18%. И это случилось, ***невзирая на укрепление юаня по отношению к мировым валютам, что несколько удорожило китайские товары для иностранных покупателей.*** Итоги же всего года принесли Пекину рекордное с 2015 года положительное сальдо торгового баланса – он достиг $535 млрд, практически на четверть больше, чем годом ранее.

Фрагмент 2

Российский посол в США Анатолий Антонов выразил надежду, что ***с приходом к власти президента США Джо Байдена начинается новая глава в развитии российско-американских отношений.***

Дипломат отметил, что на инаугурации в минувшую среду внимательно слушал выступление демократа и ***искал что-либо на тему внешней политики***, в первую очередь, России.

«Хочется верить, что с сегодняшнего дня начинается новая глава в развитии США и, конечно, что начинается новая глава в развитии российско-американских отношений. По крайней мере, мы неоднократно об этом говорили», – сказал Антонов в эфире телеканала «Россия-24» 21 января.

Накануне Байден принял присягу и вступил в должность 46-го президента США. Новый глава государства в своей инаугурационной речи подчеркнул, что ***с его избранием демократия одержала победу, добавив, что настал день истории, надежды и обновления.***

В этот же день Антонов отметил готовность сотрудничать с администрацией Байдена, в том числе по устранению накопившихся раздражителей в отношениях двух стран.

При этом 17 января официальный представитель российского МИДа Мария Захарова подчеркнула, что ***власти России готовы к взаимоуважительному диалогу с новой администрацией США, но не рассчитывают на резкое улучшение отношений.***

Фрагмент 3

Главная причина депопуляции – кризис рождаемости. После обретения независимости ***рождаемость снижалась и в 2001 году достигла дна***. Тогда на одну женщину приходилось 1,09 рождений (в советское время показатель приближался к двум рождениям на женщину). После этого ситуация стала улучшаться. С одной стороны, экономика начала выходить из кризиса 1990-х годов. С другой стороны, в детородный возраст вступило многочисленное поколение 80-х.

Пика рождаемость достигла в 2012–2013 годах, когда ***на одну женщину приходилось 1,5 ребенка***. После этого показатель снова стал падать. «В 2011–2013 годах в стране рождалось примерно 500 тыс. в год. Начиная с 2014 года мы вышли на цифру, немного превышающую 300 тыс. родов. На 40% родов в Украине стало меньше. Это даже не кризис, это пропасть», – говорит акушер-гинеколог Вячеслав Каминский.

Он добавляет, что детей и дальше будет всё меньше. По его словам, на смену «заступает» малочисленное поколение украинских рожениц, появившихся на свет в 1997–2006 годах. ***Количество способных к деторождению женщин умень-***

шится в полтора раза, пик падения рождаемости придется на 2025 год.

Не добавляет стимула и государство. В июле 2014 года власти отменили пособие по уходу за ребенком до трех лет. Снизились и разовые денежные выплаты. До 2014 года за первого рожденного ребенка давали от 30 тыс. грн ($3,7 тыс.), за второго – 59 тыс. грн ($7,5 тыс.), за третьего и последующих – до 128 тыс. грн ($15 тыс.). Сейчас родители получают 41 280 грн ($1,4 тыс.) независимо от того, какой по счету ребенок в семье. Причем деньги выплачивают в течение трех лет.

Фрагмент 4

Обсуждение евразийской интеграции сопровождалось презентацией статистических данных, демонстрирующих положительные тенденции в ЕАЭС, который объединяет Армению, Белоруссию, Казахстан, Киргизию и РФ. Так, в 2019 году ***взаимный товарооборот государств Союза вырос по сравнению с 2015 годом на 35% и составил $61,6 млрд***, напомнил Владимир Путин. Более того, вопреки некоторым прогнозам увеличилась и доля стран ЕАЭС во внешней торговле России, с 7,8% в 2015 году до 8,6% в 2020-м, уточнил он.

– ***Устойчивыми темпами развивается внешняя торговля стран*** – членов ЕврАзЭс в целом: ее прирост составил 27%, – добавил глава РФ.

По мнению Владимира Путина, столь ***позитивная динамика достигнута в значительной мере благодаря совместным усилиям, направленным на снятие барьеров на пути движения товаров, услуг, капиталов и рабочей силы между странами Союза***. Несомненно, важным этапом в деятельности ЕАЭС стало ***создание единого рынка в секторе производства и оборота лекарств и медицинских изделий.*** С 1 января этого года регистрация всех лекарственных средств в странах ЕАЭС осуществляется по единым правилам и процедурам, что крайне важно ***в условиях продолжающийся борьбы*** с эпидемией коронавируса. При этом Владимир Путин призвал и впредь эффективно координировать усилия для защиты жизни и здоровья граждан.

VII. Прочитайте самостоятельно следующие фрагменты.

Фрагмент 1

Байден рассказал о «великодушном» письме Трампа

Президент США Джо Байден рассказал, что его предшественник Дональд Трамп оставил ему «великодушное» письмо, передает CNN.

«Президент написал мне очень великодушное письмо», – сказал Байден, подписывая в Овальном кабинете свои первые распоряжения после инаугурации.

Он, однако, подчеркнул, что не станет раскрывать содержание письма, пока не поговорит с Трампом.

Прощальное письмо является одной из современных традиций– в день инаугурации уходящий президент пишет своему преемнику записку с наилучшими пожеланиями. Обычно письмо оставляют на столе, чтобы, войдя в Овальный кабинет, новый глава государства прочел его.

Инаугурация Джо Байдена состоялась 20 января. Он принес присягу на верность конституции и стране. После этого над Капитолийским холмом раздался 21 залп из артиллерийских орудий. На церемонии Байден заявил, что с его избранием на президентский пост демократия победила.

За несколько минут до этого по традиции присягу принесла вице-президент США Камала Харрис. Перед началом церемонии певица Леди Гага исполнила гимн США.

Фрагмент 2

Главу группировки Proud Boys задержали по делу о штурме Капитолия

Организатор ультраправой группировки Proud Boys Джозеф Биггс задержан по делу о штурме здания Капитолия в Вашингтоне. Об этом 20 января сообщила газета

USA Today со ссылкой на документы суда.

Биггс был задержан в среду в штате Флорида. Как заявляют американсие федеральные прокуроры, в декабре 2020 года он призывал других членов группировки принять участие в демонстрациях, которые переросли в штурм здания Капитолия в Вашингтоне. Ему предъявлены обвинения по трем статьям, в том числе за незаконное проникновение и нарушение общественного порядка.

Во время штурма Капитолия Биггс был сфотографирован внутри здания, отмечает газета.

6 января в здание конгресса США в Вашингтоне ворвались сторонники Трампа. Там сенаторы утверждали результаты президентских выборов.

Жертвами беспорядков стали пять человек, в том числе полицейский. В тот день в здание Капитолия проникли как минимум 300 человек. В связи с событиями в Вашингтоне ФБР возбудило более 160 уголовных дел. Наказанием по некоторым обвинениям может стать лишение свободы до 20 лет.

После беспорядков палата представителей конгресса США проголосовала за принятие резолюции по импичменту Трампа за «подстрекательство к мятежу».

Трамп в своей прощальной речи на посту президента осудил штурм Капитолия и заявил, что «все американцы были в ужасе» от случившегося.

Фрагмент 3

Стороны конфликта в Ливии договорились о референдуме по конституции

Стороны ливийского конфликта договорились о проведении референдума по конституции страны. Об этом сообщила в среду, 20 января, пресс-служба министерства иностранных дел Египта.

«Египет приветствует достигнутое в среду на переговорах в Хургаде соглашение <...> о проведении конституционного референдума в рамках подготовки к выборам, назначенным на 24 декабря», – приводит сообщение ведомства «РИА Новости».

Дата проведения референдума в заявлении МИД Египта не указана.

Кроме того, из документа следует, что Египет готов принять в феврале последний, третий раунд переговоров «для выработки дорожной карты референдума и выборов». Переговоры пройдут в присутствии Верховной комиссии по выборам Ливии.

Переговоры между представителями Госсовета Ливии и депутатами правящего на востоке парламента идут с 18 января. Они проходят под эгидой миссии ООН в Ливии (UNSMIL).

19 января участники переговоров утвердили большинством голосов механизм выбора представителей исполнительной власти в Ливии. Они будут управлять страной до выборов, которые запланированы на 24 декабря 2021 года.

В конце октября 2020 года исполняющая обязанности спецпосланника ООН по Ливии глава миссии ООН по поддержке Ливии Стефани Уильямс заявила, что участники совместной ливийской военной комиссии в формате «5+5» в ходе переговоров в Женеве достигли соглашения о прекращении огня. Сообщалось, что соглашение не распространяется на террористов, но вместе с этим предусматривает интеграцию вооруженных групп в госструктуры страны.

18 января текущего года генеральный секретарь Организации Объединенных Наций (ООН) Антониу Гутерриш назначил словацкого дипломата Яна Кубиша новым специальным посланником в Ливии.

Фрагмент 4

Три человека погибли в результате взрыва в центре Мадрида

По меньшей мере три человека погибли в результате взрыва в Мадриде. Об этом в среду, 20 января, сообщило агентство EFE со ссылкой на полицию.

На кадрах с места происшествия видно, что туда направили спасательный вертолет. На месте ЧП также продолжают работать спасатели и медики.

В свою очередь, представитель испанского правительства в сообществе Мадрид Хосе Мануэль Франко в эфире телеканала 24 Horas подтвердил смерть троих человек.

Также по его данным, еще один человек пропал без вести. Он пояснил, что в доме, где произошел взрыв, велись работы по ремонту газового котла. По предварительным данным, пропавший является техником, который чинил котел.

Одна из погибших – проходившая рядом женщина, еще двое находились в здании.

Мэр города Хосе Луис Мартинес-Альмейда не исключил, что может быть произведено «контролируемое обрушение» остающихся конструкций. В настоящее время мэр находится на месте происшествия.

По данным радиостанции Cadena SER, взрыв прогремел 20 января на площади Пуэрта-де-Толедо, здание, в котором произошло ЧП, принадлежит церкви Вирхен-де-ла-Палома. В доме проживали священники расположенной неподалеку церкви. Рядом со зданием также расположен колледж.

Как сообщала El Mundo, в здании произошел взрыв газа. В результате происшествия повреждены три верхних этажа многоэтажного здания на улице Толедо, передает El Pais. Сообщалось также о шести пострадавших. Позже служба по чрезвычайным ситуациям Мадрида сообщила, что число пострадавших в результате взрыва возросло до восьми человек.

КЛЮЧИ

IV. Прочитайте следующие фрагменты и переведите словосочетания на русский язык.

фрагмент 1

1. полном закрытии границ
2. введении комендантского часа
3. способствовать политическим реформам
4. стремимся к власти
5. в согласованные разумные сроки
6. своими частыми военными переворотами

фрагмент 2

1. активным участником
2. нелегитимным лидером
3. согласиться на диалог
4. под давлением
5. финансовую помощь
6. в ближайшие дни

фрагмент 3

1. потенциальных противников
2. дестабилизировать обстановку
3. террористических актов
4. в вооруженном конфликте
5. на уровне президентов

фрагмент 4

1. финансового ущерба
2. Пожертвования от корпораций
3. партийной казны
4. финансовых поступлений

5. предвыборной гонке

6. борьбе за место

V. Прочитайте следующие фрагменты и поставьте слова в скобках в нужной форме.

фрагмент 1

1. последний раз
2. новым стратегическим оружием
3. зашла в тупик
4. международных санкций
5. грядущих экономических сложностях

фрагмент 2

1. абсолютным рекордсменом
2. делам образования и культуры Госдепа
3. годах
4. принесло бюджету
5. за обучение иностранцев

фрагмент 3

1. свою долгую политическую карьеу
2. Последнюю должность
3. от своего долга
4. отставки президента
5. нескольких километрах
6. местом военного переворота

拓展阅读

苏联及后苏联时代俄罗斯报刊的发展

在二月革命之后，为沙皇政权服务的报纸，如 «Русское знамя» «Земщина» 等报纸被关闭，资产阶级（特别是立宪民主党）的出版物比社会革命党的孟什维克和布尔什维克的报纸和杂志多很多，而且它们的发行数量比社会主义报刊多得多。资产阶级出版物中，发行量最大的是 «Русское слово» «Биржевые ведомости» 以及立宪民主党中央机关报 «Речь»。沙皇垮台后，新闻界开始进行改组，首先是官方出版物更名，«Правительственный вестник» 于1917年3月5日改为 «Вестник Временного правительства»，«Сельский вестник» 于4月21日改为 «Народная газета»。固定栏目 «Постановления Временного правительства» «Административные известия» «Война» «По России» 的观点决定了 «Вестник Временного правительства» 的报导倾向。

社会革命党的舆论领导机构是政治和文学日报 «Дело Народа»，从1917年3月28日起出版，7月1日起成为社会革命党中央委员会机关报。«Из жизни партии эсеров» «В совете рабочих и крестьянских депутатов» «Рабочая жизнь» «Война» «Телеграммы» «Хроника» 等专栏都发挥了非常重要的作用。临时政府于1917年4月27日通过的《新闻法》规定了所有政党出版活动合法。该法令宣布，所有政治派别的印刷品的出版、分发和买卖均不受限制。布尔什维克在二月革命后的最初几个月里展开了最活跃的出版活动，其出版活动始于 «Правда» 的复兴。

七月事件后，临时政府在彼得格勒枪决示威者，对布尔什维克进行了坚决的进攻。«Правда» 编辑部遭到破坏，其他印刷厂也遭到破坏，其中一半的报纸几乎无法印刷。«Рабочий и солдат» 取代了 «Правда» 的作用。与此同时，临时政府对二月份宣布的政治自由、四月份宣布的新闻自由进行了反拨。8月22日，«Вестник Временного правительства» 发表了《特别军事审查暂行规则》，并由政府批准了《新闻军事审查条例》。这些文件规定，"不向军事审查委员会提供定期和非定期出版物的副本，出版者将被监禁8个月至1年4个月，或拘捕3周至3个月，或罚款300至10000卢布"。

十月革命胜利后，将俄罗斯带出帝国主义战争成为第一优先要解决的问题。1918年3月14日至16日举行的第四次全俄苏维埃代表大会批准了苏维埃政府与德国政府的和平条约。在坚持解释大会决定的同时，新闻界每天都在呼吁利用和平调整的时机来发展本国的经济。报刊反复声明，在资本主义向社会主义的过渡中，新闻舆论可以变成"纯粹的党的事业"。

在布尔什维克于1917年10月夺取政权后的第三天，彼得格勒人民委员会就开始出版 «Газета Временного рабочего и крестьянского правительства»。报纸的主要部分是 «Действия правительства»（最初称为 «Постановления рабочего и крестьянского правительства»），刊载地方当局、人民委员会发布的法令。第一期是《土地法令》《和平法令》《新闻法令》。在 «Вести из провинции» 标题下有关于地方苏维埃政权确认批准的新闻报导。在 «Суд» 专栏中公布了革命法庭关于关闭反对派报纸的决定。«Голос трудового крестьянства» 和 «Гудок» 在苏维埃时期具有重要意义。中央选举委员会农民部周报 «Голос трудового крестьянства» 成立于1917年12月3日，是彼得格勒全俄彼得格勒农民代表苏维埃左派社会党机关。为了吸引尽可能多的读者，«Деревенская жизнь» «Народная медицина и ветеринария» «Женская страничка» «Сельское хозяйство» 等专刊以免费形式出版。

1918年3月 «Беднота» 创刊。该报针对的是半文盲和完全文盲的读者，其中多半是农民。«Беднота» 与其他中央报刊排版和选材方式大不相同，叙述简短，很受欢迎。报纸编辑部从一开始就努力与读者建立密切的联系。读者来信全部刊登在报纸第二页专栏 «Как живется в нашей деревне» «Советская власть в деревне» 下。专栏 «Вопросы и ответы»、附页专题 «Новое земледелие» «Лицо земледельца» 都很大提高了该报的知名度。苏维埃时期第一份晚报是 «Вечерняя Красная газета»。编辑部明确报纸的定位为：定价便宜的晚报，内容生动，图文并茂，刊登时效性强的新闻和生活信息。栏目 «В последний миг» «В последнюю минуту» «Телеграмма» 下的简讯能够吸引读者的注意，«Черная доска» 板块中发表的作品也引起普遍关注。

在布尔什维克的领导下,越来越多的大众媒体在全国范围内开展社会主义宣传工作。1918年11月13日至16日在莫斯科举行了第一次俄罗斯记者代表大会,代表们集中讨论了新闻类型问题。索斯诺夫斯基(Л.Сосновский)和斯捷克洛夫(Ю.Стеклов)的报告对这一重要问题采取了不同角度的论述。斯捷克洛夫坚持应聚焦于出版 «Известия» 类型的指导性报纸和 «Беднота» 类型的流行信息类报纸。索斯诺夫斯基(Л.Сосновский)对此表示强烈反对,并对普通工人阅读 «Известия» 表示怀疑,认为固定两种类型的报纸是一种危险的想法,应努力出版各种类型的报纸。大会通过了题为 «О задачах советской печати» 的决议,通过了斯捷克洛夫提出的方案,并对索斯诺夫斯基的提案作了单独的补充。

在1918—1920年苏维埃新闻业发展过程中,俄罗斯电报通讯社(РОСТА)起到特殊作用。正是由于俄罗斯电报通讯社,才出现了像"墙报"这样类型的报刊。1918年10月28日,莫斯科街头张贴了一种单面印刷的报纸,这种出版物在人群密集公共场所被张贴,被称为"墙报"。"墙报"内容和排版的主要特点为:在醒目的标题下刊登关于前线局势的信息以及关于地方性事件的报导。俄罗斯电报通讯社另一种印刷出版物是 «ЛитагитРОСТА» 或称 «АгитРОСТА»。通讯社帮助州、县的报纸,出版4—6版的大版面,把每一版与另一版分开,以便能够把它们剪掉放在橱窗里,这些版面由各种不同的题材组成,涉及各种各样的国内和国际社会生活问题。在 «ЛитагитРОСТА» 工作的不仅有宣传家,还有作家、诗人和艺术家。这已经不是一个部门的机构,而是一个整体的俄罗斯电报通讯社,新出版物的目的是向各州报纸编辑部提供宣传材料。

在内战结束和向新经济政策过渡后,俄罗斯新闻业陷入了严重的危机。纸张、人员都严重短缺,各县报纸的情况尤其突出。«Однолошадное хозяйство» 这一术语适用于许多县级报纸,指的是一名编辑完成了从材料收集到印刷和发行的所有工作。在一些共和国,没有一份报纸能够出版。尽管出现了最严重的危机,20世纪20年代上半期苏维埃新闻工作制度还是形成了,这种制度一直延续到苏联时期。除了 «Правда» «Известия» «Беднота»,在中央报纸中还出现了 «Труд» «Рабочая газета» «Красная Звезда» «Комсомольская правда»。在20年代上半期的新闻刊物分化过程中,出现了许多报纸的附刊。1923年2月15日带插图的文学艺术杂志 «Прожектор» 出版了,该杂志附属于 «Правда»。大多数附刊具有讽刺性质。第一个带插图的讽刺附刊出现在 «Рабочая газета» 上。

20年代初也是工厂报刊的创立和发展时期。工厂的印刷品一般来自手写的墙报。在这方面,«Мартеновка» 是典型的报纸,它是莫斯科钢铁厂炼钢工人的印刷出版物。1928年,苏共中央通过了决议,始终强调,大众媒体的主要任务是对工人的共产主义教育、向读者介绍布尔什维克党的战斗传统，其认为媒体是布尔什维克运动、意识形态战线最有力的工具。

中央行业性报纸在30年代蓬勃发展，涌现出«Техника»«Нефть»«Архитектурная газета»等报纸。卫国战争是对苏联最艰难的考验，从一开始，它就是为争取人民的自由而进行的全民斗争。将近四年的战争取得了胜利，其中苏联新闻工作的作用是不可埋没的。战争很快改变了苏联报刊的整体情况：中央报刊的数量减少了一半多，战前有39家，而后只有18家。许多中央部门的报纸停刊，一些专门的中央报纸也已合并。当然，改组新闻界的措施是迫不得已的：这些措施在很大程度上克服了在前线组织新闻宣传的困难。1942年底，武装部队中按照战时要求开始建立大众媒体，有4个中央军、13条前线、60支陆军、33个军团开始出版师部和旅部的报纸。也有大量的报纸和传单在敌人后方印发。在被占领土上的秘密出版物中，最有名的是«За Советскую Украину»。除了«Красная звезда»和«Красный флот»，新出现了1941年8月开始出版的«Сталинский сокол»和1942年10月开始出版的«Красный сокол»两份中央军报。除此之外，苏联陆军总政治部出版了一份印量达150万册的«Вести с Советской Родины»传单。这种传单不断向苏联人民介绍前线和后方的情况。

在军事考验最严峻的时候，以«Красная звезда»为首的武装部队报纸是鼓舞祖国保卫者的英雄们的重要的手段，在整个战争中，该报的口号是«Смерть немецким окупантам!»，这句口号表达的是苏联时期报纸的主旨导向。当战斗转移到敌方的领土，当务之急是更加积极地开展国际主义教育工作，宣传红军解放使命。在这方面，白俄罗斯第3方面军的报纸«Красноармейская правда»成功地发挥了作用。

改善共和国、州、边疆区报纸的质量是战后苏联报刊发展的主要任务之一。新的中央报刊中最值得注意的，是成立于1956年6月1日的«Советская Россия»；«Рабочая газета»1957年以来在基辅以乌克兰语和俄语出版；«Литература и жизнь»是俄罗斯联邦作家协会的一份出版物，创立于1958年初，后又改名为«Литературная Россия»，以周刊出版。卫国战争年代除了列宁格勒的«Смена»外，州共青团报纸都停止了发行，从战后开始，青年出版物的重建工作开始进行。

卫国战争还没有结束时，苏维埃的报刊和广播电台就开始报导被解放地区和城市的重建进程，讲述了为重建被破坏的经济而进行的顽强艰苦的劳动。当时报纸上有这样一些固定栏目：«На стройках пятилетки»«Стройки новой пятилетки»«пятилетки союзных республик»。像战前一样，报刊上广泛报导提前完成五年计划的任务，出现了专栏“五年计划——四年完成！”。这一呼吁在几乎所有报纸上都占有头条位置。

战后，苏联媒体曾在很多方面致力于巩固和平，消除人民对新战争威胁的恐惧。纽伦堡审判后，苏联中央和地方报纸对此进行了一系列广泛的报导。在整个审判期间，每天都有来自法庭的新闻报导。除了官方消息外，报纸还刊登抨击性文章、漫画。在«Правда»中，“纽伦堡审判及其肖像”这一标题已成为固定性的栏目。读者们还记得在报纸上发表的文章诸如列昂诺夫(Л. Леонов)的«Тень Барбароссы»«Гномы науки»、扎斯拉夫斯基(Д. Заславский)的«Каннибалы»、康诺年科(Е. Кононенко)的«Суд матерей»等。

战后出版物的机构数量和发行量都不断增加。1956年发行了7246种报纸，发行量共计4870万份。

到1985年，苏联共有13500份期刊。其中包括40家全国性报纸、160家共和国报纸、329家州报纸、711家城市报纸、3020家地区报纸、3317家基层报纸、97家自治共和国和州报纸。报纸以55种苏联民族语言和9种外国语言出版。

苏联时期新的中央报刊的一个典范是«Советская Россия»，该报一开始是报导俄罗斯联邦各州、地区和自治共和国的生活，展示俄罗斯苏维埃联邦社会主义共和国经济和文化的发展以及共和国劳动人民的劳动成就。编辑团队成功地吸引了读者的注意力，传统的栏目«Любовь моя、Россия»«С блокнотом по России»«По автономным республикам и областям РСФСР»«Таланты России»以及在«В субботний вечер»开辟的家庭阅读专页，都十分成功。

在此期间，苏联不仅出现了新的报纸，而且出现了新的印刷形式——集体农庄的内部报刊。1966年，已经出现了1400多种该类出版物。

20世纪下半叶，苏联日益陷入停滞状态。影子经济达到了前所未有的规模。民众对社会生活的消极态度和冷漠在增加，出现了异端思想，产生了非法出版的不合乎书刊检查要求的刊物，而一些反对当局的文本开始在西方发表（侨民出版物）。

1985年4月，戈尔巴乔夫(М.С. Горбачев)开始执政，他试图革新社会主义。转变尝试没有成功，革新社会主义没有实现。1985—1991年间，整个媒体系统发生了很大的变化。地下出版物流行起来，1989年共出版了1000多份这种性质的期刊。其中333个是普通政治类，89个是文学艺术类，36个是基督教类，16个是环境类。和平主义、幽默、儿童等主题出版物也出现了。各地人民阵线注册的出版物发行量很大，例如，拉脱维亚人民阵线报纸«Атмода»发行量为10万份。1990年7月12日通过了《苏维埃社会主义共和国联盟社会组织法》，新成立的立宪民主党开始出版«Конституционный демократ»，俄罗斯联邦共和党开始出版«Новая жизнь»和«Социал-демократ»，俄罗斯民主党开始出版«Демократическая газета»。

1990年6月苏联通过了本国新闻史上第一部《新闻媒体法》。这项法律执行了将近一年半。1991年12月初，白俄罗斯、俄罗斯、乌克兰的领导人签署了关于建立独立国家联合体的协定，这意味着苏联的解体，同时苏联新闻的历史也结束了。

在千年之交，媒体在社会建设方面的作用大大增加，俄罗斯国内新闻业进入了苏联解体后的新时期。苏联通过的《新闻媒体法》，俄罗斯联邦1991年通过的取消了新闻检查的《大众传媒法》，总是强调出版权不仅仅是社会组织、政党组织、商业组织的权利，也是公民的权利，各色报纸杂志的数量出现了前所未有的增长。

在后苏联时期，俄罗斯报业发生了重大的类型变化。与之前单一的党报不同，大量大众性、商业化的出版物出现。1990年代初，出现了1000多家不同政治派别的报纸、杂志。俄罗斯共产党的 «Народная правда» 从1995年3月开始出版，后来俄共又相继出版有 «Правда» «Советская Россия»。自由民主党也开展了大量的出版活动，除了 «Правда Жириновского» «Сокол» 外，还有一些地方性出版物，如 «Либерально-правовая газета» «Елецкие вести» 等。后苏联时期最受欢迎和发行量最大的报纸是以客观性、独立性著称的 «Аргументы и факты» «Коммерсант» «Комсомольская правда» «Труд»。

同苏联时期一样，农业、妇女、青年主题的报刊是具有相当发行量的出版物。除了以前出版的 «Сельская жизнь» 外，还出现了 «Крестьянские ведомости» «Крестьянская Россия» «Нива России» 等。新报纸 «Сударушка» «Москвичка» «Натали» «Женские игры» 等都增加了女性报纸的数量。儿童和青少年刊物发生了最明显的变化，除了苏联时期的 «Пионерская правда»，值得一提的还有 «Детская деловая газета» «Школьная роман-газета»（该报供6—10年级学生进行课外阅读）。在俄罗斯新闻界，宗教出版物的发行量越来越大，非常受欢迎的有 «Семейная православная газета» «Благовест» «Утоли моя печали» «Татьянин день»。一些教会杂志如 «Духовный христианин» «Христианин» 恢复出版。

在千年之交，互联网媒体日益成为纸质报纸和杂志的竞争对手。1997年初只有0.15%的俄罗斯人使用互联网，到2000年达到6.3%，约900万人。1990年代中期，报纸 «Известия» «Аргументы и факты» «Экономика и жизнь» 及杂志 «Огонёк»，都已经出现电子出版物。1998年，俄文互联网上有700多份期刊，到2000年，几乎所有的期刊电子版都已出版。广播电台和电视频道在互联网上有了自己的网站。互联网媒体群也在增加，通过互联网，不仅可以访问中央和地方的报纸，还可以访问各种图书馆、美术馆、博物馆。每个人都可以直接参与信息交流。

第五章　科学 наука

1. Прочитайте следующие фрагменты и обратите внимание на употребление выделенных слов и словосочетаний.

фрагмент 1

Ученые выяснили, какие именно продукты позволят не поправиться в новогодние каникулы и ***восполнить карантинный дефицит серотонина***. Достаточно ***включить в меню белковую пищу***, богатую триптофаном, магнием, марганцем и калием, сообщили «Известиям» ведущие специалисты-биотехнологи.

Как пояснили эксперты, ***восполнить нехватку гормона счастья серотонина*** возможно ***путем поступления триптофана*** – аминокислоты, которой много в сыре, мясе, рыбе и орехах. Важно ***употреблять*** такую белковую пищу ***в сочетании с овощами***.

– Не нужно ***увеличивать порцию мясного, рыбного или блюд из яиц***. Следует ***грамотно распределить их в течение дня в пределах обычных порций***, – пояснила «Известиям» доцент кафедры товароведения и экспертизы товаров Института торговли и сферы услуг Сибирского федерального университета Галина Рыбакова.

Также эксперт ***рекомендует отказаться от хлеба***, макарон и круп.

фрагмент 2

Австралийский эксперт Шейн Саттерли ***назвал возможную причину исчезновения пяти самолетов и их экипажей*** в Бермудском треугольнике, которое произошло 75 лет назад. Об этом сообщил в субботу, 5 декабря, портал Nine.com.au.

В декабре 1945 года пять торпедоносцев ВМС США «Рейс 19» вылетели из Флориды на учебное задание ***в составе звена под командованием лейтенанта*** Чарльза Тейлора. Экипаж состоял из 14 человек, большинство из них были стажерами.

Самолеты исчезли после ***входа в Бермудский треугольник*** – ***акваторию площадью до 4 млн кв. м.*** Треугольник ***расположен между юго-восточным побережьем США, Бермудскими островами и Пуэрто-Рико***.

Спасательный самолет, который ***отправился на поиск***, также исчез. На его борту находились 13 человек.

«Некоторые люди давали необычные объяснения, утверждая, что происходит что-то паранормальное или сверхъестественное. <…> Тейлор тоже не раз ***терялся во время полета***. Ему дважды приходилось спасаться в Тихом океане. <…> Расследование показало, что когда на улице стемнело и погода изменилась, Тейлор направил самолеты не в то место», – заявил Саттерли.

Он добавил, что самолеты «Рейса 19» затонули, ***сделав посадку на водной поверхности***, менее чем за минуту. В таких случаях не всегда получается найти фрагменты воздушных судов. Этим, по его мнению, и объясняется исчезновение.

фрагмент 3

Самой распространенной проблемой пользователей можно назвать ***медленную работу устройства***. Это может быть ***вызвано: лишними программами в автозагрузке***, большим количеством ***неиспользуемых программ***, которые ***нагру-***

жают систему, большим объемом файлов ***на рабочем столе***, системным мусором – временными файлами, кэш, куки, ***файлами обновлений системы***. В 23% случаев работу системы замедляли конкретные утилиты, так называемые «помощники», работающие в фоновом режиме. Пользователи в основном ничего про них не знали, скачивали их просто ***по рекомендации друзей*** или же их устанавливали им какие-то ***компьютерные мастера***. В итоге программы постоянно подгружали работу процессора (до 70–80%) и очень существенно замедляли работу компьютера.

Каждый пятый компьютер обратившихся в сервис москвичей был подвержен перегреву. Обычно это происходит из-за того, что ***пыль засасывается внутрь устройства кулером***, оседает на нем, замедляя его работу. Чтобы этого избежать, нужно раз в год ***проводить профилактическую чистку*** в условиях ***сервисного центра***. На компьютерах 17% участников акции были обнаружены вирусы. В 16% случаев был выявлен ***износ жесткого диска***. Чаще всего это ***проявляется с возрастом устройства***.

ЧТО НУЖНО ПОМНИТЬ ВЛАДЕЛЬЦАМ ПК:

– регулярно удалять неиспользуемые программы и ***системный мусор***;

– следить за списком автозагрузки;

– не хранить слишком большой объем файлов на столе;

– следить за тем, нет ли постоянного перегрева;

– ***иметь надежную антивирусную защиту***.

фрагмент 4

Новый отечественный ***аппарат магнитно-резонансной томографии***, в который, в отличии от западных аналогов, может поместиться даже очень толстый пациент, представили ученые столичного НИТУ «МИСиС» с владимирским предприятием.

Как сообщили «МК» в университете, ***в основе разработки лежит*** инновационная ***технология производства магнитотвердых магнитных мате-***

риалов и постоянных магнитов ***с низкой себестоимостью***, изготовленных из сплавов отечественных редкоземельных металлов и их соединений.

Увеличилить пространство внутри аппарата удалось ***за счет снижения объема и веса магнитной системы***. Это позволит обследовать ***на 15% больше объема тела пациента***. Увеличилась и ***грузоподъемность аппарата***, в который можно ***помещать человека весом до 250 килограммов*** (сейчас подобные устройстве берут «на борт» 120-150 кг). Также это позволит на 12% ***увеличить площадь передаваемого изображения***, что снизит продолжительность самого процесса томографии.

Использование именно постоянного, а не сверхпроводящего магнита, как в большинстве современных аппаратов МРТ, также ***дает возможность снизить затраты на эксплуатацию прибора*** почти на 1,5 млн рублей в год, а ***проведение одного анализа*** станет дешевле на 50%.

Для ***эксплуатации новой установки МРТ*** не потребуется криогенная техника, жидкий азот, жидкий гелий и вода для охлаждения (как в случае с МРТ на сверхпроводящих магнитах или электромагнитах). ***Потребляемая мощность*** этого уникального томографа составит менее 1 кВт, поэтому его можно будет ***подпитывать*** даже ***от возобновляемых источников энергии***, таких как ***солнечные батареи*** и ветрогенераторы.

Пока существует лишь один опытный образец устройства на заводе во Владимире. ***В массовое производство*** первый МРТ, полностью созданный из российских материалов, по примерным расчетам создателей, будет запущен через 2-3 года.

II. Прочитайте следующие фрагменты и ответьте на вопросы.

фрагмент 1

Чтобы спрогнозировать, как применение ядерного оружия отразится на окружающем мире, исследователи смоделировали шесть вариантов развития боевых действий. Внимание ученые уделили экваториальной части Тихого океана, а также рассмотрели вариант начала ядерной войны между США и Россией и конфликт между Индией и Пакистаном. По оценкам специалистов, использование ядерного оружия спровоцирует огромные пожары, из-за которых в верхние слои атмосферы попадут миллионы тонн сажи, блокирующей солнечный свет.

Исследователи предупреждают, что самым катастрофичным может оказаться климатическое явление, которое будет длиться семь лет. Так называемое ядерное Ниньо приведет к тому, что осадки между Индийским и Тихим океанами не будут выпадать, более того, начнется похолодание.

Вдоль экватора в Тихом океане остановится подъем глубоких холодных вод, количество питательных веществ, которыми питается планктон, заметно снизится – это погубит пищевые цепочки, указали ученые.

В мае научный руководитель Института США и Канады РАН, академик Сергей Рогов заявил о риске начала ядерной войны из-за действий США. По его словам, Вашингтон разрушил часть международных договоров о разоружении, под вопросом оказалось продление соглашения о сокращении стратегических вооружения (СНВ-3). Кроме того, обострились американо-китайские отношения.

Ответьте на вопросы:

1. Как вы понимаете слово “спрогнозировать”? Назовите его синонимы.
2. Что является объектом исследования учёных?
3. Как специалисты оценивают использование ядерного оружия?
4. К какому результату может привести ядерное Ниньо?

фрагмент 2

Болезнь Тея–Сакса (ранняя детская амавротическая идиотия) – редкое генетическое заболевание, при котором в организме ребенка перестает вырабатываться фермент гексозаминидаза A. Его нехватка приводит к разрушению головного и спинного мозга. Новорожденные в первые месяцы жизни развиваются нормально, однако в возрасте полугода начинают терять навыки, у них возникает регресс в психическом и физическом развитии. Младенцы перестают видеть, слышать, глотать, у них атрофируются мышцы и наступает паралич. Дети с Тея–Сакса редко доживают до четырех лет.

Российские ученые предлагают использовать для лечения этой болезни модифицированные стволовые клетки.

По словам ученого, применение этого способа – единственно возможный вариант доставки необходимого вещества к пораженным участкам головного мозга. Это объясняется тем, что стволовые клетки способны преодолевать так называемый гематоэнцефалический барьер, который отделяет центральную нервную систему от общего кровотока и блокирует прямое проникновение фермента из крови в мозг. Кроме того, целевой доставке лекарства способствует свойство стволовых клеток мигрировать в те участки организма, которые получают повреждения.

В настоящее время новое лекарство уже прошло необходимые испытания на лабораторных животных, которые доказали его работоспособность и безопасность.

Ответьте на вопросы:

1. Какую роль играет фермент гексозаминидаза А ?
2. Как появляются симптомы у детей с Тея–Сакса?
3. Какой способ российские ученые предлагают использовать для лечения этой болезни?
4. Есть ли еще другой способ лечения этой болезни?

фрагмент 3

Руководитель Hi-Tech Mail.ru Дмитрий Рябинин перечислил способы продлить срок службы ноутбука. Об этом сообщает радио Sputnik.

По словам Рябинина, на длительность службы компьютера влияет дополнительный износ аккумулятора, поэтому следует избегать ситуаций, когда это происходит. Прежде всего необходимо настроить электропотребление ноутбука. Некоторые операционные системы имеют функцию, которая при определенном уровне заряда включает режим экономного питания. В этом режиме, например, блокируется работа фоновых приложений, снижается яркость экрана.

Рябинин напомнил, что аккумуляторы в гаджетах имеют ограниченное количество циклов заряда. Однако если не давать ноутбуку разряжаться ниже 20%, то характеристики его аккумулятора сохранятся дольше.

«Лучше всего дать батарее разрядиться, не доводя ниже 20%, затем зарядить, когда понадобится, но избегать полной разрядки и зарядки», - посоветовал эксперт.

Также не стоит оставлять компьютер на постоянной зарядке от сети, а в ситуациях, когда ноутбук не используется долгое время, заряд батареи следует держать на уровне 40-50%

На износ аккумулятора влияет такой фактор как температура. Желательно избегать ее перепадов, особенно тех случаев, когда аккумулятор сильно нагревается. Держать ноутбук на морозе и включать его сразу с холода тоже нельзя.

«Работа при температуре ниже минус 10 градусов снизит срок службы аккумулятора, при этом умеренно прохладное место для любой батареи – это плюс», - отметил Рябинин.

Ответьте на вопросы:

1. Что влияет на длительность службы компьютера?
2. Какие факторы влияют на износ аккумулятора?
3. Что нужно делать для того, чтобы продлить срок службы ноутбука?

фрагмент 4

Британские и китайские ученые разработали платформу для лечения рака поджелудочной железы на основе модифицированного вируса оспы. Такие данные представлены в их исследовании, опубликованном в журнале Journal for ImmunoTherapy of Cancer.

Как говорится в материале, вирусы, которые могут избирательно инфицировать и уничтожать раковые клетки, известные как онколитические вирусы, представляют собой многообещающий новый класс терапевтических средств от рака. Посредством различных механизмов они убивают раковые клетки и вызывают сильные противоопухолевые иммунные ответы. Однако на данном этапе данные методы пока не способны обеспечить долгосрочное излечение.

Исследователи из Лондонского университета Королевы Марии и Университета Чжэнчжоу разработали мощную терапевтическую платформу, использующую модифицированный вирус оспы для лечения рака поджелудочной железы.

Авторы модифицировали онколитический вирус осповакцины для повышения его безопасности, а также изменили генетический код вируса, дополнив его дополнительной копией белка, который влияет на способность вируса распространяться внутри опухоли и между метастазами.

Кроме того, для улучшения способности вируса вызывать иммунный ответ против рака исследователи вооружили его белком интерлейкина IL-21. В ходе доклинических испытаний после введения нового онколитического вируса, названного VVL-21, ученые наблюдали сильный противоопухолевый иммунный ответ. Применение VVL-21 также повысило чувствительность опухолей к лечению с помощью иммунотерапии, известной как ингибирование иммунных контрольных точек.

Ответьте на вопросы:

1. На какой основе британские и китайские ученые разработали платформу для лечения рака поджелудочной железы?
2. Что такое “онколитические вирусы”?
3. Что исследователи делали, чтобы улучшить способности вируса вызывать иммунный ответ против рака?

III. Прочитайте следующие фрагменты и переведите словосочетания на китайский язык.

фрагмент 1

Некоторые специалисты уже сравнивали коронавирус нового типа с ВИЧ и даже говорили об их сходстве. В частности, лауреат Нобелевской премии 2008 года, французский вирусолог Люк Монтанье заявлял о лабораторном происхождении COVID-19 и о том, что его геном содержит в себе элементы ВИЧ. Однако позже эти идеи подверглись жесткой критике со стороны научного сообщества.

– При ВИЧ-инфекции поражаются клетки иммунной системы. Причем их инфицирование является основным способом репликации вируса иммунодефицита человека, – сказала «Известиям» сотрудник научно-клинического отдела МГЦ СПИД и Международного центра вирусологии РУДН Елена Белова.

Для коронавируса такая возможность не доказана. Поэтому COVID-19 и ВИЧ – это принципиально разные патогены.

– COVID-19 – это вирус, вызывающий острую, а значит, краткосрочную инфекцию, – пояснил Павел Волчков. – На сегодняшний день нет ни одного случая коронавируса, который бы перешел из острой фазы в хроническую, то есть стал жить в организме человека. Данный патоген поражает фактически все органы и ткани, в силу того что рецепторы на поверхности клеток, за которые он цепляется, находятся практически на всех типах тканей. По этой причине он теоретически может инфицировать и клетки иммунной системы, что действительно может вызывать их гибель.

Переведите следующие словообразования:

1. коронавирус нового типа
2. лауреат Нобелевской премии 2008 года
3. подвергаться жесткой критике со стороны научного сообщества
4. основной способ репликации вируса иммунодефицита человека
5. принципиально разные патогены
6. поражать фактически все органы и ткани

фрагмент 2

Роспотребнадзор РФ дает простые советы, как повысить выработку мелатонина в организме:

1. Придерживайтесь графика сна с регулярным временем сна и бодрствования, так вы усилите свои циркадные ритмы.

2. Избегайте воздействия искусственного света ночью. Низкая освещенность позволяет организму вырабатывать больше мелатонина. Очки, блокирующие синий свет, помогут вам избежать подавления выработки мелатонина, вызванного воздействием ночного света - без необходимости сидеть в темноте или отказа от сериалов в конце долгого дня.

3. Создайте комфортную среду для вашего сна, в вашей спальне должно быть прохладно, темно и максимально тихо.

4. Не тренируйтесь и не принимайте пищу непосредственно перед сном, избегайте ситуаций и разговоров, которые могут вывести вас из равновесия.

5. Выделите время для себя: примите ванну, медитируйте, слушайте расслабляющую музыку, используйте успокаивающие и расслабляющие дыхательные техники.

Переведите следующие словообразования:

1. повысить выработку мелатонина в организме
2. избегать воздействия искусственного света
3. очки, блокирующие синий свет
4. создать комфортную среду для сна
5. вывести кого из равновесия
6. слушать расслабляющую музыку

фрагмент 3

Ракета-носитель «Протон-М» со спутниками «Экспресс-80» и «Экспресс-103» в ночь на 31 июля стартовала с космодрома Байконур. Трансляция велась на сайте «Роскосмоса».

Пуск состоялся в 00:25 мск. Выведение спутников на расчетную орбиту состоится: «Экспресс-80» – в 18:24 мск, а «Экспресс-103» отделится от разгонного блока в 18:41 мск. Таким образом, это будет самый продолжительный в истории полет «Протона» – около 18 часов 16 минут.

Старт был запланирован на 30 июля, но из-за дополнительных проверок узлов и агрегатов «Роскосмос» отложил его на 31 июля. Позднее источник сообщил, что специалисты успешно проверили работу прибора, который отвечает за работу двигателя разгонного блока «Бриз-М» и из-за проблем с которым запуск перенесли.

Тогда руководитель пресс-службы «Роскосмоса» Владимир Устименко заявил, что дополнительные технические работы с ракетой-носителем продлятся до полудня 30 июля.

Спутники планируется ввести в эксплуатацию в январе-феврале 2021 года.

Переведите следующие словообразования:

1. выведение спутников на расчетную орбиту
2. отделится от разгонного блока
3. самый продолжительный в истории полет
4. отложилчто на 31 июля
5. отвечать за работу двигателя
6. ввести в эксплуатацию

фрагмент 4

К сожалению, наши оранжереи перестали функционировать на борту МКС почти пять лет назад. В 2016 году на смену устаревшего образца была отправлена модернизированная оранжерея «Лада-2», но потерпевший аварию космический грузовик «Прогресс МС-04» приостановил на несколько лет развитие растениеводства в космосе.

Однако на земле работы продолжались. В ИМБП РАН специалисты разработали принципиально новый вариант космической «грядки» - оранжерею «Витацикл» для российского сегмента МКС.

– Этой разработке уже 15 лет, - рассказывает Юлий Беркович. – Принцип работы нашей оранжереи – конвейерный. Такого в космосе еще не было: представьте стандартную оранжерею-камеру, которую мы ужали в размерах, «скрутив» в цилиндр и оборудовав внутри барабаном с шестью корневыми модулями. Сначала засевается один модуль, через четыре дня – следующий и так далее, пока семена не будут посажены во все ячейки барабана. Первый урожай снимаем через 24 дня, последующие, соответственно – через каждые четыре.

За счёт технических особенностей оранжерея обладает большей эффективностью, чем американская оранжерея, которая работает сейчас на МКС. Во-первых, на ней можно выращивать тот же объем растений при меньших размерах, во-вторых, экономия электроэнергии составляет 30 процентов на единицу массы.

Опытный прототип «Витацикла» – «Витацикл-Т» специалисты надеются получить к концу 2021 года и в начале 2022-го уже начать испытания в ИМБП РАН. На орбиту оранжерея отправится, предположительно, в 2023-24 годах.

Переведите следующие словообразования:

1. была отправлена на смену устаревшего образца
2. потерпевший аварию космический грузовик
3. разработали принципиально новый вариант космической «грядки»
4. за счёт технических особенностей

5. обладать большей эффективностью
6. экономия электроэнергии

IV. Прочитайте следующие фрагменты и переведите словосочетания на русский язык.

фрагмент 1

Согласно новому анализу, 1（每 8 个人中有 1 人）, переболевший COVID-19, сталкивается впервые с психиатрическим или неврологическим заболевание 2（在 6 个月内）после 3（病毒检测呈阳性）, что добавляет веса свидетельствам, подчеркивающим, что при оценке 4（冠状病毒的损害）нельзя игнорировать психическое здоровье и расстройства мозга.

Как сообщает The Guardian, было также обнаружено, что у каждого девятого пациента также были диагностированы такие вещи, как депрессия или инсульт, 5（尽管）они не попали в больницу, когда у них был COVID-19, что, по словам ведущего автора исследования, доктора Макса Такета из отдела психиатрии Оксфордского университета, было удивительно.

фрагмент 2

Специалисты 1（进行研究）, используя 2（患病的转基因老鼠）Альцгеймера и Паркинсона. Одним животным давали зерно обычной пшеницы, другим – зерна, 3（含有大量花青素的）(пигментов с высокой биологической активностью). Еще одной группе мышей предлагался стандартный комбикорм.

4（结果表明）, что у крыс, питавшихся зерном с анотоцианами, улучшилась пространственная память, 5（学习能力）и ряд биохимических процессов в мозге.

фрагмент 3

Ученые из КНР 1（警告，提醒）: многие переболевшие коронавирусом пациенты могут 2（在恢复抵抗力方面遇到困难）. У части из них наблюдается 3（血液中淋巴细胞水平下降）, число которых не достигает нормы даже через 11 недель после выздоровления. Хроническое повреждение этих иммунных клеток чаще всего вызывает ВИЧ. Однако российские специалисты говорят, что, 4（与……不同）вируса иммунодефицита человека, SARS-CoV-2 не способен размножаться в лимфоцитах. Поэтому описанные нарушения работы защитной системы организма могут носить длительный, но не перманентный характер.

5（武汉病毒研究所的专家）опубликовали препринт научной статьи, в которой говорится о проведенном исследовании воздействия коронавируса на лимфоциты, – клетки крови, отвечающие за иммунитет.

Фрагмент 4

Окончательная дата запуска китайского марсианского зонда будет 1（取决于环境因素）, включая погодные условия, расстояние между Землей и Марсом и общее состояние стартовой площадки. Также будет 2（起决定性作用）проверка технической готовности перед запуском.

В день запуска должно быть 3（满足一系列条件）: не должно быть осадков, 4（风速不超过 8 米 / 秒）и зона видимости должна быть 20 километров, сказал Пекинский космический эксперт Пан Чжихао.

Кроме того, за восемь часов до запуска и через одного часа после запуска 5（方圆 30-40 千米内）не должны быть грозовой активности, а скорость ветра должна быть слабее 70 метров в секунду в небе от 3 до 18 километров над районом запуска, говорит Пан Чжихао. Ученый отмечает, что ветер на высоте от 8 до 15 километров над землей может повлиять на весь полет ракеты.

V. Прочитайте следующие фрагменты и поставьте слова в скобках в нужной форме.

фрагмент 1

В ходе эксперимента специалисты протестировали 2,2 тыс. жителей Китая старше 60 лет. Все участники в целом были здоровы и не страдали 1.________(когнитивные расстройства). Из них более 1,5 тыс. регулярно спали днем, а 680 – нет. Средняя продолжительность ночного сна в 2.________(обе группы) составляла около 6,5 часа, а дневной сон, у тех, кто его практиковал, – от пяти минут до двух часов.

Все участники прошли серию медицинских осмотров и когнитивных экзаменов, включая тест на наличие деменции. Выяснилось, что показатели когнитивных способностей оказались значительно 3.________(высокий) у тех, кто регулярно спал днем.

Результаты эксперимента авторы объяснили 4.________(то), что сон регулирует иммунный ответ организма, являясь эволюционной реакцией на воспаление. Известно, что люди с более высоким уровнем воспаления чаще спят, а также то, что воспалительные химические вещества играют важную роль в нарушениях сна. С возрастом же уровень воспаления в организме в целом и в мозге в частности повышается. А дневной сон помогает предотвратить это воспаление, что благотворно 5.________(сказываться на работа) мозга.

фрагмент 2

Первый радиосигнал, который 1.________(получить) от планеты, находящейся 2. __________(за предел) Солнечной системы, поймала международная группа специалистов, работающая на базе Корнелльского университета (США) и 3.________(заниматься) исследованием далеких звездных систем. Феномен нам прокомментировали российские астрономы.

Сигнал был зафиксирован при помощи низкочастотного радиотелескопа

LOFAR в Нидерландах. Он пришел от планеты, находящейся 4.___________(в 50 световой год) от Земли в созвездии Волопаса. Точнее, из звездной системы Тау Волопаса (Tau Boötis), которая представляет собой двойную звезду с вращающейся вокруг нее планетой.

Полученный сигнал не обладает большой мощностью, что вселяет долю неуверенности в совершенном открытии, требующем подтверждения при помощи других телескопов. Не исключено, что его просто могли спутать с сигналом, связанным со вспышкой на 5.__________(сама двойная звезда). Если же будет доказано, что «привет» поступил именно с экзопланеты, это наверняка, положит начало дальнейшим серьезным исследованиям.

фрагмент 3

Из-за частых случаев бессимптомного течения болезни «гипертрофическую кардиомиопатию» (ГКМП) трудно выявить, часто 1.__________(причина ее возникновения) становятся дефекты генов. Исследователи сравнили ДНК почти 3 тыс. человек с ГКМП и 47 486 человек без заболевания. В результате были выявлены различные типы 2._________(генетические изменение) у пациентов с ГКМП. Ученые сделали вывод, что вызывать ее могут наследственные мутации генов и общие мутации, которые не 3._________(передаваться из поколение в поколение) и являются наименее опасными для носителя.

Специалист сказал, что с появлением генетического инструмента можно будет предсказать форму течения болезни, которая возникнет у того или иного пациента, и в зависимости от этого оказать необходимую помощь. Также во многих семьях люди смогут не проходить генетическое тестирование и отказаться от регулярных наблюдений, поскольку врачи расскажут, 4.________(способный) ли они передать дефективные гены 5.________(другие поколения).

фрагмент 4

Специализирующаяся 1._________(на антивирусный софт) компания Avast перечислила приложения, которые увеличивают количество рекламы на смартфонах.

Как пишет «Российская газета», речь идет о гаджетах, 2.________(работать) на Android.

Эти приложения скачали из Google Play свыше 8 млн раз. Как утверждают в Avast, истинная цель этих приложений – отображение большого количества рекламы по всему смартфону. При этом на 3._______(заразить) устройстве они могут скрываться, отчего их сложно найти и удалить.

Ранее эксперт рассказал о правильной обработке смартфона во время пандемии. Человек все время носит с собой телефон, который оставляет в самых разных местах. На поверхности смартфона могут быть возбудители инфекционных заболеваний, в частности – коронавируса. «Обрабатывать телефон лучше всего 4._________(спиртосодержащие салфетки), это не повредит сам телефон. Можно также использовать любой санитайзер – нанести его 5._______(на салфетка) и протереть гаджет», - сказал эксперт.

VI. Прочитайте следующие фрагменты и выучите наизусть выделенные предложения.

фрагмент 1

Премьер-министр России Михаил Мишустин подписал постановление о создании в Тульской области Инновационного научно-технологического центра (ИНТЦ) «Композитная долина».

Создание центра поможет воплотить новые научно-технологические программы, привлечет инвестиции для реализации инновационных проектов.

Минэкономразвития поручено совместно с Минфином и Минобрнауки проработать вопрос о выделении бюджетных средств на создание и функционирование ИНТЦ. ***Минобрнауки должно представить в правительство «дорожную карту» по перспективному развитию центра***.

Отмечается, что закон об ИНТЦ приняли в России в 2017 году. ***Они создаются для организации трансфера научных компетенций вузов в коммерческий оборот, вовлечения студентов и ученых в разработку технологий, востребованных на рынке, для помощи технологическим компаниям и стартапам***. В ближайшие годы в стране должны создать сеть таких центров.

В сентябре 2019 года стало известно, что на острове Октябрьский в Калининграде планируется разместить ИНТЦ «Балтийская долина». ***Стоимость проекта оценивалась в 10 млрд рублей***, отмечал президент Балтийского федерального университета им. Канта Андрей Клемешев.

В марте 2020-го калининградский губернатор Антон Алиханов сообщил ТАСС, что ИНТЦ может быть построен в течение четырех лет. ***Под проект выделяется почти 8 га земли на острове Октябрьский, еще 6,5 га имеют статус экспериментальной площадки.***

фрагмент 2

Россия планирует инициировать проведение дискуссии об истории и перспективах развития пилотируемых программ в комитете ООН по космосу. Об этом 19 января сообщило ТАСС со ссылкой на план основных мероприятий по подготовке и проведению празднования в 2021 году 60-летия полета в космос Юрия Гагарина.

«Проведение в комитете ООН по космосу тематической дискуссии с участием космонавтов (астронавтов) об исторических аспектах и перспективах развития пилотируемых программ», – говорится в документе.

На проведение мероприятия планируется выделить 100 млн рублей из средств «Роскосмоса».

Ранее, 14 января, стало известно, что в 2021 году РФ запустит к

Международной космической станции (МКС) пилотируемый корабль серии «Союз», который назван в честь Юрия Гагарина.

12 апреля 1961 года советский космонавт Юрий Гагарин на космическом корабле «Восток-1» стартовал с космодрома Байконур и впервые в мире совершил орбитальный облет планеты Земля. Полет в околоземном космическом пространстве продлился 1 час 48 минут.

фрагмент 3

На время пандемии коронавируса рекомендуется воздержаться от планирования беременности из-за риска заболеть COVID-19 и вакцинации. Об этом 24 января рассказала эксперт ВОЗ, специалист общественного здравоохранения Любовь Ерофеева.

Она объяснила, что ***в течение полугода с момента вакцинации рекомендуется не беременеть, а в том, случае, если женщина уже ждет ребенка, то ей нужно отказаться от прививки***. Ерофеева подчеркнула, что беременных женщин не прививают, поскольку это риск для жизни как матери, так и малыша. Кроме того, даже тем, кто уже переболел коронавирусом, необходимо сдать анализы и проконсультироваться со специалистом.

«***Подавляющее большинство переболевает коронавирусом в достаточно легкой форме***, то есть иммунитет не будет очень напряженным, его может хватить всего на 3–6 месяцев, в то время как прививка дает иммунитет до двух лет. Моя рекомендация такова: ***непременно перед планированием зачатия сделать анализ на антитела, посмотреть, насколько напряжен иммунитет, достаточно ли количество там антител***», – цитирует Ерофееву радио Sputnik.

Если женщина уже забеременела, ей необходимо максимально оградить себя от различных внешних контактов, в частности, минимизировать посещения общественных мест и лечебных учреждений. При этом находиться под наблюдением акушера-гинеколога «нужно быть с самых ранних сроков беременности».

23 января стало известно о том, что подмосковные врачи запатентовали метод лечения беременных с COVID-19.

фрагмент 4

На днях группа ученых из специализирующейся на нейротехнологии американской компании Kernel объявили о том, что разработали шлем, который может видеть и записывать мозговую активность, рассказывает британское издание Daily Mail.

Ученые сообщили, что из первое из двух устройств мониторинга мозга контролирует его электромагнитную активность (это устройство называется - которое называется «Flux»). А второе – «Flow» – измеряет движение крови, пульсируя светом в мозгу.

В сочетании оба они позволят ученым исследовать нейроны, которые передают нервные импульсы.

До сих пор ***машины, способные на это, не были ни портативными, ни дешевыми***. Они даже не помещались в комнату, стоили около 1 миллиона долларов и требовали для своей эксплуатации постоянного присутствия высококвалифицированных техников.

Кроме того, ***желающего опробовать это «чудо техники», пристегивали специальными ремнями к машине, внутри которой было довольно непросто находиться из-за очень низкой температуры.***

Изобретенный же калифорнийскими специалистами из Kernel ***головной убор размером с велосипедный шлем с сетью датчиков, расположенных вокруг черепа, будет стоить примерно 5000 долларов***. Его можно будет надевать, даже когда человек занимается своими привычными делами, что также обеспечит гораздо большее понимание мыслительных процессов.

VII. Прочитайте самостоятельно следующие фрагменты.

фрагмент 1

Китайский зонд «Тяньвэнь-1» достигнет орбиты Марса в феврале

Китайский зонд для изучения Марса «Тяньвэнь-1» преодолел около 400 млн км за 163 дня полета и достигнет орбиты планеты в феврале, сообщает в воскресенье, 3 января, агентство Синьхуа.

Отмечается, что зонд находится в 130 млн км от Земли и 8,3 млн км от Марса.

Согласно плану полета, примерно через месяц он приблизится к Марсу и начнет гасить скорость.

«Тяньвэнь-1» был запущен 23 июля 2020 года с помощью ракеты-носителя «Чанчжэн-5» с космодрома Вэньчан.

Зонд проработает на орбите Марса почти три месяца, после чего от него отделится модуль, который совершит посадку на территории низменности Утопия, а после проверки всех систем марсоход покинет платформу и начнет изучение планеты, передает ТАСС.

В октябре сообщалось, что Государственный ракетный центр имени академика В.П. Макеева (ГРЦ) начал работу над концепцией сверхтяжелой ракеты «Лидер», предназначенной для полетов к Луне и Марсу.

Согласно проекту ГРЦ, первая и вторая ступени ракеты должны состоять из трех центральных и шести боковых блоков.

фрагмент 2

Эффект удаленки: дети на карантине теряют зрение в 1,5 раза быстрее

На дистанционном обучении у детей в полтора раза быстрее развивается близорукость. К такому выводу пришли офтальмологи из Китая, исследовав состояние зрения более 1 млн школьников. Близкий контакт с экраном, отсутствие прогулок на свежем воздухе, чтение книг и просмотр телевизора на самоизоляции вредят глазам, согласны российские ученые. Специалисты советуют время от времени отдыхать от гаджетов: совсем не использовать их после уроков и делать перерывы во время учебы, чтобы просто посмотреть в окно.

Ученые в Китае проводят исследование остроты зрения среди детей и изучают влияние дистанционной учебы на развитие миопии (близорукости). Специалисты изучили миопию средней и высокой степени в двух основных группах: среди младшеклассников и учеников средней и старшей школы. Выяснилось, что значительно больше других проблемам со зрением подвержены дети, которые ходят в 1–6-е классы.

Человеческий глаз находится в состоянии покоя, когда смотрит вдаль, так как эволюционно зрение предназначено человеку для охоты и защиты от хищников, добавил профессор. Современные же дети, особенно в условиях карантина, более 90% времени проводят перед экраном. Это чревато ускоренным развитием миопии, пояснил он.

Новые формы обучения детей могут привести к значительному увеличению общей распространенности миопии в популяции, полагают китайские ученые. Они объясняют это воздействием длительного контакта с экранами гаджетов и уменьшением общей активности на открытом воздухе.

фрагмент 3

Названы способствующие долголетию продукты

Ученые из Кливлендской клиники в США выяснили, что употребление крестоцветных овощей может способствовать долголетию, пишет 4 января издание Express.

Речь, в частности, идет о брокколи, брюссельской, цветной и белокочанной капусте, рукколе, редисе, брюкве, васаби, кольраби и мангольде.

Исследование показало, что такие продукты активизируют в организме естественную систему детоксикации, а также подавляют развитие раковых клеток, предотвращая тем самым раннюю смерть.

«Также было обнаружено, что крестоцветный фитохимический сульфорафан защищает стенку кровеносных сосудов от воспалительных сигналов, которые могут привести к сердечным заболеваниям», – сказано в тексте.

фрагмент 4

Российские ученые запустят в канализацию водоросли, чтобы очистить воду

Сделать сточные воды и воздух в столице гораздо чище при помощи бактерий. Как сообщил «МК» старший научный сотрудник Кирилл Горин, фотосинтезирующие микроорганизмы используют сейчас во всем мире для очистки воздуха, потому что они, получая энергию от Солнца, очень эффективно поглощают из воздуха углекислый газ.

Вместе с тем большая часть сточных ливневых и талых вод, которые в непогоду текут по улицам, толком не очищаются и со всеми вредными примесями стекают в реки и озера. Если же установить в городе фотобиореакторы с эвгленой или хлореллой, то они смогут очистить воду от органического углерода до 39%. Этот результат ученые получили в своей лаборатории, выращивая фототрофные микроорганизмы в талой воде, взятой со столичных улиц. Степень очистки столь высокая, что позволяет использовать такую очищенную талую и ливневую воду повторно, к примеру, для полива зеленых насаждений и дорог, мытья полов и прочих технических нужд.

Если обратиться за опытом к немецким ученым, можно создавать даже оригинальный дизайн зданий при помощи фотобиореакторов. К примеру, в Гамбурге весь фасад одного из многоэтажных зданий выложили прозрачными фотобиореакторами. В них растут фотосинтезирующие микроорганизмы, используя свет и поглощая углекислый газ. Из выросшей биомассы получают биогаз и удобрения. Кроме того, за счет больших объемов воды, фотобиореакторы также используются в системе терморегулирования здания.

КЛЮЧИ

IV. Прочитайте следующие фрагменты и переведите словосочетания на русский язык.

фрагмент 1

1. каждый восьмой человек
2. в течение шести месяцев
3. положительного результата теста на вирус
4. ущерба от коронавируса
5. несмотря на то, что

фрагмент 2

1. провели исследование
2. трансгенных мышей с болезнями
3. содержащие большее количество антоцианов
4. В результате выяснилось
5. способности к обучению

фрагмент 3

1. предупреждают
2. столкнуться с проблемами восстановления иммунитета
3. снижение уровня лимфоцитов в крови
4. в отличие от
5. Ученые из Института вирусологии Уханя

фрагмент 4

1. определяться факторами окружающей среды
2. играть решающую роль
3. соблюдено несколько условий
4. скорость ветра – не выше 8 метров в секунду
5. на прилегающих 30-40 километрах

V. Прочитайте следующие фрагменты и поставьте слова в скобках в нужной форме.

фрагмент 1

1. когнитивными расстройствами
2. обеих группах
3. выше
4. тем
5. сказывается на работе

фрагмент 2

1. получен
2. за пределами
3. занимающаяся
4. в 50 световых годах
5. самой двойной звезде

фрагмент 3

1. причиной ее возникновения
2. генетических изменений
3. передаются из поколения в поколение
4. способны
5. другим поколениям

фрагмент 4

1. на антивирусном софте
2. работающих
3. зараженном
4. спиртосодержащими салфетками
5. на салфетку

第六章 文化 культура

I. Прочитайте следующие фрагменты и обратите внимание на употребление выделенных слов и словосочетаний.

фрагмент 1

Сеть книжных магазинов «Республика» планирует ***подать заявление о банкротстве***. Об этом говорится в сообщении пресс-службы, передает «Интерфакс» в среду, 28 октября.

Поясняется, что компания ООО «Республика» не смогла ***погасить задолженность*** перед кредиторами и ***компенсировать потери***, которые возникли из-за пандемии коронавируса. «***Денежный поток компании*** в условиях пандемии уже не позволит исполнить обязательства и погасить задолженность перед кредиторами. Мы ***не видим других выходов из сложившейся ситуации*** и намерены подать заявление о банкротстве ООО «Республика». Соответствующее сообщение появится на сайте «Федресурс» в ближайшее время», – привели сообщение пресс-службы «Республики» в агентстве.

В компании рассказали, что уже в марте 2020 года началось ***сильное снижение трафика в магазинах***, особенно тех, которые были расположены в торговых центрах, а ***онлайн-продажи*** не смогли ***покрыть убытки***. «Онлайн-канал не мог компенсировать потерь, поскольку по понятным причинам в условиях кризиса и неопределенности для российского покупателя бумажные книги, которые и в нормальных условиях не являются ***товаром первой необходимости***, уступили приоритет другим ***потребительским товарам***», – процитировали сообщение компании в агентстве.

фрагмент 2

Учреждения культуры исчерпали накопленные ранее внебюджетные ресурсы. Об этом 27 октября на заседании совета при президенте РФ по культуре и искусству заявил советник президента России по вопросам культуры Владимир Толстой.

«За время полного карантина (из-за коронавируса) даже наши самые крупные театры – и Большой театр этому конкретный пример – и музеи исчерпали все накопленные ранее внебюджетные ресурсы. ***Субсидия из бюджета на 2020 год*** заведомо не ***покрыла всех необходимых расходов***», – сказал он.

Кроме того, доходы кинотеатров по итогам 2020 года сократятся на 60%, подчеркнул Толстой. По его мнению, ***относительная стабильность работы*** учреждений культуры может восстановиться лишь к середине 2021 года, а ***полноценное восстановление данной сферы*** может произойти «еще позже». В свою очередь, президент России Владимир Путин поручил Толстому ***подготовить меры по поддержке учреждений культуры***. «Вы, ***как никто другой***, можете всё это систематизировать. И соответствующую записку подготовьте мне, пожалуйста. Мы подумаем о дополнительных мерах и возможном продлении льготного периода по тем мерам, которые функционируют, которые есть, и о распространении ряда из них на субъекты Российской Федерации <…> ***Надо всё взвесить***, посмотреть. Бюджет практически уже сверстан. Но тем не менее, я понимаю, вопросы очень важны, наверняка еще будут звучать подобного рода. Пожалуйста, подготовьте соответствующую записку», – сказал Путин.

фрагмент 3

Исполнители из 41 страны примут участие в международном песенном конкурсе «Евровидение» в 2021 году. Об этом в понедельник, 26 октября, сообщается на сайте организаторов мероприятия.

«Мы благодарны 41 участвующей телерадиовещательной компании за то, что они помогли нам вернуть Евровидение в 2021 году», – подчеркнул ***исполнительный директор конкурса*** Мартин Остердаль.

Российского участника на конкурс отправит Первый канал. 65-й международный музыкальный конкурс «Евровидение-2020» должен был пройти с 12 по 16 мая в концертном зале Ahoy в Роттердаме в Нидерландах, но ***был отменен из-за пандемии коронавируса***. Вместо него 16 мая ***было проведено онлайн-шоу со всеми участниками*** отмененного «Евровидения-2020». Сообщалось, что участники смогут выступить в следующем году, но с условием, что им нужно будет ***написать новую песню***. Группа Little Big, которая должна была представить Россию, ранее заявила о готовности представить Россию на «Евровидении-2021».

фрагмент 4

Российский актер Сергей Жигунов ***опубликовал на своей странице в Instagram*** в воскресенье, 25 октября, ***фотографию свидетельства о разводе со своей женой***, актрисой Верой Новиковой.

«***Пусть полежит здесь***», – подписал он снимок, на котором замазал год рождения бывшей супруги.

Когда именно ***был оформлен развод***, неизвестно. Как отмечает телеканал «360», Сергей Жигунов и Вера Новикова уже разводились в 2007 году ***на фоне слухов о романе актера со звездой сериала*** «Моя прекрасная няня» Анастасией Заворотнюк. Спустя два года ***актеры вновь сошлись***. Возможной причиной нового развода называют роман Жигунова с журналисткой Викторией Ворожбит, с которой он познакомился в 2018 году, пишет сайт kp.ru. 57-летний Жигунов известен своими ролями в таких фильмах, как: «Гардемарины, вперед!», «Виват, гардемарины!», «Сердца трех», «Принцесса на бобах», а также по сериалам «Королева Марго» и «Моя прекрасная няня». В 2013 году Жигунов ***выступил режиссером фильма*** «Три мушкетера». В конце сентября Жигунов ***на своей странице в соцсети*** Instagram рассказал, что ***стюардесса удалила ему зуб*** прямо во время перелета.

II. Прочитайте следующие фрагменты и ответьте на вопросы.

фрагмент 1

Субъекты РФ предложили более 150 мероприятий для включения в план мероприятий Года народного искусства, который планируется провести в 2022 году.

Статс-секретарь – заместитель министра культуры РФ Алла Манилова заявила, что сохранению народного искусства и нематериального наследия способствует реализация ряда дополнительных профильных проектов и программ в ходе нацпроекта «Культура» и его федерального проекта «Творческие люди».

При этом при составлении плана Года народного искусства приоритет будет отдаваться региональной составляющей. Она также поддержала идею о проведении открытия Года народного искусства в Рязанской области Всероссийским конгрессом фольклористов.

«Роскошное предложение. Рязань абсолютно готова к проведению крупных всероссийских и международных форумов и мероприятий», – сказала Манилова.

По данным правительства Рязанской области, народное искусство станет главной темой V Международного форума древних городов в 2022 году.

Ранее президент России Владимир Путин поддержал идею о проведении Года народного искусства и нематериального культурного наследия народов Российской Федерации в 2022 году. Это следует из перечня поручений, которые российский лидер подписал по итогам заседания Совета по межнациональным отношениям в ноябре 2019 года. Путин призвал содержательно наполнить программу и учесть особенности каждого российского региона.

Ответьте на вопросы:

1. Когда планируется провести Год народного искусства?
2. Чему приоритет будет отдаваться при составлении плана Года народного искусства?
3. Что станет главной темой V Международного форума древних городов в 2022 году по данным правительства Рязанской области?

фрагмент 2

Музей восковых фигур мадам Тюссо в Лондоне переодел фигуру президента США Дональда Трампа в костюм для гольфа. Об этом сообщается на странице музея в Twitter.

Фотографии работники музея сопроводили обращением, в котором отметили, что хоть кампания Трампа не была такой успешной, как попадание мяча в лунку с первого раза, но «теперь Дональд Трамп на пути к посвящению больше времени своему любимому спорту».

Таким образом музей хотел прокомментировать сообщения о победе кандидата на пост президента США от Демократической партии Джозефа Байдена и «отразить возможный гардероб Дональда Трампа в 2021 году».

Ранее сообщалось, что Трамп играл в гольф, когда узнал о победе на выборах главы государства своего оппонента, демократа Джо Байдена. После полученных новостей он немедленно отправился в Белый дом.

Вечером 7 ноября по московскому времени крупнейшие американские СМИ засчитали в актив Джо Байдену Пенсильванию и Неваду, которые увеличили копилку демократа до 290 выборщиков. Для победы необходимо было заручиться поддержкой минимум 270. Джо Байден уже заявил о своем триумфе. Дональд Трамп назвал победителем себя. Действующий глава Белого дома намерен добиться пересмотра результатов в суде.

При этом многие мировые лидеры уже направили свои поздравления Байдену. В их числе – главы европейских государств, а также президенты Украины, Казахстана, Египта, Аргентины и Венесуэлы.

Избирательная система США предполагает, что набравший большее число голосов американцев кандидат не всегда может оказаться победителем. Дело в том, что выбор главы страны возлагается на коллегию выборщиков из 538 человек, представляющих свои штаты. Число выборщиков от каждого штата равно числу представителей штата в конгрессе. На выборах выборщики должны голосовать за кандидата, ранее победившего в их штате, но обязывающего их к этому закона нет.

Ответьте на вопросы:

1. Что отметили в обращении, которым работники музея сопроводили фотографии?
2. Что делал Трамп, когда узнал о победе на выборах главы государства своего оппонента, демократа Джо Байдена.
3. Почему избирательная система США предполагает, что набравший большее число голосов американцев кандидат не всегда может оказаться победителем?

фрагмент 3

Один из множества призов, которыми отмечен творческий путь Олега Меньшикова, сопровождается формулировкой «универсальному актеру», и это вовсе не расхожий комплимент.Ощущение универсальности своего таланта нередко оборачивается ловушкой – стремясь максимально продемонстрировать широту своего диапазона, артист становится чрезмерно востребованным и мелькает в бесчисленном количестве ролей. Однако Меньшиков оказался достаточно хитер, чтобы не попасться в эту ловушку, начав проявлять разборчивость на самом старте своей карьеры.

Впрочем, сам он считает, что никакой карьеры у него не было, как нет и внятного объяснения, почему он стал артистом. По словам Меньшикова, это произошло как-то само собой после того, как в школе кто-то подложил ему на парту условия поступления в Высшее театральное училище им. М.С. Щепкина. Однако и это неточно – любимая присказка Меньшикова, ускользающего от попыток загнать его в рамки скучной определенности, когда интервьюеры расспрашивают его о каких-то давних впечатлениях: «Я не знаю, может быть, это мне просто приснилось».

Не выстраивая никакой карьерной стратегии, Олег Меньшиков интуитивно свел ее к одному принципу, при всей своей простоте мало кому доступному – не делать того, что не хочется. При таком подходе уметь отказываться важнее, чем упорно добиваться своей мечты, натыкаясь на разочарования и ища виноватых. Единственной своей актерской мечтой Меньшиков называет роль Калигулы в пьесе Альбера Камю, которую блестяще осуществил в спектакле Петра Фоменко 1990 года – за билетами на него в Театр имени Моссовета очереди выстраивались с шести утра.

Ответьте на вопросы:

1. Чем сопровождается один из множества призов, которыми отмечен творческий путь Олега Меньшикова?
2. Есть ли у Олега Меньшикова внятное объяснение, почему он стал артистом?
3. ЧтоМеньшиков называет единственной своей актерской мечтой?

фрагмент 4

«Трудные подростки» стали первым оригинальным сериалом more.tv и неожиданно для всех «выстрелили» очень громко, получили премию Digital Reporter, нагнали сервису аудиторию. Микробюджетный рассказ об интернате для детей с непростым характером отличался крепким сюжетом и рядом характерных для веб-сериалов признаков: в отличие от ТВ здесь были мат, секс, много курения и насилия, органичных для молодежной среды.

Второй сезон выглядит значительно дороже, но все приметы оригинала он сохранил. Чего стоит один только вступительный титр, который анонсирует все перечисленные выше атрибуты сериала, а потом предлагает тем, кого это коробит, держаться подальше. В центрс повествования опять бывший профессиональный футболист Антон, которому всё неймется проявить свои амбиции в спорте. Он решает превратить банду воспитанников детского центра в суперкоманду, которая сначала победит на городских соревнованиях, а там, глядишь, прорвется и на национальный уровень. Если не осядет в тюрьме или на больничных койках после очередного «махача».

Ответьте на вопросы:

1. Чем отличался микробюджетный рассказ об интернате для детей с непростым характером?
2. Какие признаки были в веб-сериалах в отличие от ТВ?
3. Кто в центре повествования ?

III. Прочитайте следующие фрагменты и переведите словосочетания на китайский язык.

фрагмент 1

Один из лучших российский пианистов Борис Березовский предпочитает работать с большими дирижерами. Или – вовсе без дирижеров. Его вечер в Концертном зале Чайковского – как раз пример того, как можно обойтись без, казалось бы, важнейшей фигуры симфонического исполнения. Вместе с Государственным академическим симфоническим оркестром России имени Светланова лауреат конкурса Чайковского исполнил три великих фортепианных концерта – Скрябина, Равеля (Первый) и Прокофьева (тоже Первый).

В принципе для пианиста сыграть все эти виртуозные шедевры за один присест – уже подвиг. Но Березовский еще усложнил задачу, взяв на себя и функции дирижера. Если, конечно, так можно назвать редкие кивки головой и едва заметные движения корпусом тела, сигнализирующие оркестру о вступлениях. Фактически ГАСО играет сам, ориентируясь по фортепианной партии, и получается у него на удивление здорово.

Можно долго рассуждать, что было бы, встань у руля, например, Владимир Юровский. Скорее всего, интерпретации обрели бы цельность, неординарность и философскую глубину. А может, коллектив бы заиграл просто чуть увереннее, рельефнее. Но, так или иначе, экзамен этот все присутствовавшие на сцене выдержали с честью, и одно удовольствие смотреть на ледяное спокойствие солиста и оркестрантов, за которыми – буря эмоций и превосходное мастерство.

Переведите следующие словосочетания:

1. симфоническое исполнение
2. лауреат конкурса Чайковского
3. взять на себя и функции дирижера
4. философская глубина
5. так или иначе
6. с честью выдержать экзамен

фрагмент 2

Российский фантастический триллер «Спутник» режиссера Егора Абраменко стал участником международной программы фестиваля научно-фантастического кино в итальянском Триесте (Trieste Science+Fiction Festival), где получил награду «Астероид».

Фестиваль в этом году отметил свое 20-летие. Мероприятие проходило с 29 октября по 3 ноября. В связи с пандемией коронавируса фильмы показывали не только в традиционных кинозалах, но и одновременно в онлайн-кинотеатре главного итальянского интернет-сервиса о кино MYmovies.it.

Премьера «Спутника» состоялась в апреле 2020 года. Впервые в России полнометражный крупнобюджетный фильм вышел в онлайн-прокат, минуя кинотеатры, которые приостановили свою работу из-за пандемии. Картина стала доступна для просмотра сразу в трех онлайн-сервисах. Среди них « more.tv. До настоящего времени проект является самым успешным и просматриваемым кинорелизом года на сервисе.

«Спутник» – дебютный фильм Егора Абраменко, снятый по сценарию Олега Маловичко и Андрея Золотарева. Действие разворачивается в СССР в 1983 году. На Землю возвращается советский космический аппарат, с которым за день до этого пропала связь. От людей скрывают, что из двух космонавтов живым можно считать только одного. Его помещают в секретную лабораторию, потому что из космоса он вернулся все же не один, а с пришельцем.

Картина снята при участии кинокомпании «Водород», Art Pictures Studio, Hype Film, «НМГ студии», СТС и при поддержке Фонда кино.

Переведите следующие словосочетания:

1. фантастический триллер
2. показывать в онлайн-кинотеатре
3. самый успешный и просматриваемый кинорелиз года на сервисе
4. дебютный фильм
5. помещают в секретную лабораторию
6. при поддержке Фонда кино.

фрагмент 3

Южнокорейский бойз-бенд BTS стал главным триумфатором музыкальной премии MTV European Music Awards (EMA) в 2020 году. Об этом в понедельник, 9 ноября, сообщает пресс-служба премии.

Группа получила награды в четырех номинациях: «Лучшая песня» за композицию Dynamite, «Лучшая группа», «Лучший онлайн-концерт» и «Самая большая фанатская база». Кроме того, «Лучшей рок-группой», по версии премии, были признаны музыканты Coldplay, «Лучшим исполнителем» – Леди Гага, «Лучшим альтернативным исполнителем» – Хейли Уильямс, пишет «Газета.ру».

Церемония MTV EMA в 2020 году из-за пандемии коронавируса проходила в онлайн-режиме. Планируется, что в следующем году вручение наград пройдет в Венгрии. Ежегодная премия была учреждена музыкальным телеканалом MTV Europe в 1994 году. Победители MTV EMA определяются по результатам интернет-голосования. В конце августа BTS получили премию MTV Video Music Awards в категория «Лучшая группа», «Лучшая песня» и «Лучшая песня в жанре k-pop» с композицией «On». Кроме того, музыкальный сервис Spotify 20 августа назвал самых популярных исполнителей у российских подписчиков. Поклонники BTS вывели их на первое место.

Переведите следующие словосочетания:

1. главный триумфатор музыкальной премии
2. получить награды в четырех номинациях
3. вручение наград
4. определяться по результатам интернет-голосования.
5. назвать самых популярных исполнителей у российских подписчиков
6. вывести их на первое место

фрагмент 4

Министр культуры и информационной политики Украины (МКИП) Александр Ткаченко в воскресенье, 8 ноября, предложил внести несколько объектов из чернобыльской зоны отчуждения в список Всемирного наследия ЮНЕСКО.

«Задача МКИП и государственного агентства развития туризма — развитие зоны отчуждения как туристического места и внесение отдельных объектов в список Всемирного наследия ЮНЕСКО. Этому будут предшествовать много шагов», – написал он на своей странице в Facebook. Ткаченко добавил, что властям нужно разработать самостоятельный туристический бренд чернобыльской зоны. Кроме того, он отметил, что нужно будет в ближайшее время разработать экскурсионные маршруты в этой местности, обучить гидов, а также упорядочить процедуру посещения Чернобыля и обеспечить базовую качественную инфраструктуру.

Ранее, 26 апреля, стало известно, что президент Украины Владимир Зеленский предложил главе госагентства по управлению зоной отчуждения Сергею Калашнику разработать план развития территории Чернобыля для привлечения туристов. Авария на Чернобыльской атомной электростанции произошла 34 года назад – в ночь на 26 апреля 1986 года. Взорвался реактор четвертого энергоблока, из-за чего в воздух было выброшено огромное количество радиоактивных веществ, уточняет НСН. Причиной взрыва послужил ряд грубых ошибок, которые допустили сотрудники, а также неправильная конструкция самого реактора.

Переведите следующие словосочетания:

1. чернобыльской зоны отчуждения
2. внести в список Всемирного наследия ЮНЕСКО.
3. написать на своей странице в Facebook.
4. разработать экскурсионные маршруты
5. обучить гидов
6. обеспечить базовую качественную инфраструктуру

IV. Прочитайте следующие фрагменты и переведите словосочетания на русский язык.

фрагмент 1

Картина режиссера Андрея Кончаловского «Дорогие товарищи!» выдвинута от России 1（参加美国奥斯卡电影奖评审）. Об этом сообщил в пятницу, 13 ноября, председатель Российского оскаровского комитета Владимир Меньшов. «От России выбрали фильм Кончаловского «Дорогие товарищи!», – сказал он ТАСС.

Картина 2（在俄罗斯上映）с 12 ноября. Драма повествует о забастовке 1962 года в советском Новочеркасске на главном городском заводе, где люди 3（要求降低食品价格和提高工资）.

Главную роль в фильме исполнила жена Кончаловского – Юлия Высоцкая. 4(奥斯卡电影奖颁奖仪式）в 2021 году пройдет 25 апреля. Номинантов объявят 15 марта. Ранее церемония была запланирована на 28 февраля, однако в конце мая стало известно о возможном переносе.

фрагмент 2

Поклонники творчества голливудского актера Джонни Деппа потребовали вернуть его в работу над третьей частью франшизы «Фантастические твари».

Петицию, которая размещена на платформе Change.org, уже подписали более 140 тыс. человек. «Мы хотим, чтобы он вернулся! Warner Bros. должны 1(倾听舆论), иначе мы 2（抵制电影）!» – сказано в тексте петиции.

Решение суда по делу Деппа против британского таблоида The Sun поклонники артиста назвали несправедливым, и кинокомпания Warner Bros. не должна была из-за этого лишать его роли. Голливудского актера попросили отказаться от роли волшебника Грин-де-Вальда после нового витка скандала с его экс-супругой, обвинившей его в домашнем насилии. Депп проиграл суд таблоиду The Sun из-за материала, в котором говорилось, что он 3（殴打妻子）. Сам актер намерен 4（对判决提出上诉）.

9 ноября кинокомпания Warner Bros. назвала новую дату премьеры фильма «Фантастические твари 3» – 15 июля 2022 года.

Режиссером третьей части франшизы «Фантастические твари» стал Дэвид Йейтс, который снимал последние четыре фильма о Гарри Поттере. В работе над сценарием будущей ленты работали писательница Джоан Роулинг, а также Стивен Кловз, из-под пера которого вышли все сценарии всех фильмов о мальчике-волшебнике.

фрагмент 3

Редкий случай: сегодня в Женеве Sotheby's проведет торги с единственным лотом. Будет продан самый большой в мире 1（紫玫瑰色钻石）, добытый в России на месторождении Эбелях в Якутии в июле 2017 года. Его вес – 14,83 карата, эстимейт – $23–38 млн (21–35 млн швейцарских франков). Редкость «Призрака розы» 2（不仅取决于大小）, но и оттенком. Более традиционные розовые камни встречаются чаще, и среди них есть экземпляры куда крупнее. Так, в 2017 году 59,6-каратный бриллиант Pink Star был продан за $71,2 млн. Но 3（拍卖行代表）подчеркивают, что только 4% из всех розовых алмазов имеют насыщенный, выраженный цвет, и среди них «Призрак розы» вне конкуренции. Вдобавок выставленный экземпляр отличается исключительной чистотой и прозрачностью.

Свое имя камень получил 4（为了纪念芭蕾舞）дягилевских «Русских сезонов» Le Spectre de la rose («Видение розы», или «Призрак розы»), где блистали Вацлав Нижинский и Тамара Карсавина. Тем самым подчеркивается его происхождение, тем более важное, поскольку большинство розовых бриллиантов добывались в другом месте – на австралийском руднике Аргайл, который в конце этого года планируется закрыть из-за истощения.

фрагмент 4

Несмотря на недавнее возвращение к карантину, COVID-19 продолжает набирать обороты во Франции. Среди главных жертв пандемии – культура и искусство. Закрыты 1（埃菲尔铁塔）, только что отметившая 131-ю годовщину, театры, музеи, концертные залы и книжные магазины. Они пытаются выжить, сохранить связь со зрителями и читателями и упорно борются за свои права. Писатели уже вполне открыто призывают не подчиняться властям, а эксперты говорят о неминуемом повышении цен – господдержки на всех не хватит.

В условиях карантина открыты только такие 2（贸易点）, где можно приобрести жизненно важные вещи: продукты, лекарства, сигареты и другие предметы первой необходимости. Книги в этот список – к великому возмущению деятелей культуры – не попали. Несмотря на то что во время весеннего локдауна, если верить опросам, французы стали заметно больше читать.

300 издателей и писателей во главе с нобелевскими лауреатами Патриком Модиано и Жаном-Мари Гюставом Ле Клезио 3（发表请愿书）: «Месье президент Макрон, давайте поддержим культуру и откроем книжные магазины!» Призыв мгновенно получил поддержку. Впервые за многие десятилетия в Париже 10 ноября отменили вручение Гонкуровской премии – 4（法国最著名的文学奖）.

V. Прочитайте следующие фрагменты и поставьте слова в скобках в нужной форме.

фрагмент 1

Антонова возглавляла Пушкинский музей с февраля 1961-го по июль 2013 года, когда была назначена 1.__________(президент музей). Она является полным кавалером ордена «За заслуги перед Отечеством», имеет знак отличия «За благодеяния» и удостоена 2.______________(почетный звание) «Заслуженный деятель культуры РСФСР», уточняет НСН. Антонова стала лауреатом Государственной премии России в 1995 году, была кавалером ордена Почетного легиона, командором ордена «За заслуги перед Итальянской Республикой», имела множество 3.______________(другие награды). Антонова выступила 4.___________(инициатор) и возглавила 5.__________(рабочая группа) по подготовке концепции развития музея, создания «музейского городка», о котором мечтал основатель заведения Иван Цветаев. По ее предложению к участию в работе по реконструкции музея был привлечен один из крупнейших мировых архитекторов с опытом 6.__________________(в область современный музейный архитектура) сэр Норман Фостер из Великобритании.

7.____________(Быть член Международный совет музей) (ИКОМ), 12 лет исполняла обязанности его вице-президента. С 1992 года – почетный член этой авторитетной международной организации. Антонова вела 8.___________(преподавательская работа), в том числе в России и Институте восточных языков в Париже. Она опубликовала свыше 100 работ – статей, сценариев научно-популярных фильмов и телепередач.

фрагмент 2

Почему в наши дни так неловко 1.______________(признаваться в любовь) и рациональность стала важнее чувств? Почему сегодня так часто и удачно проявляется цеховая (групповая) солидарность – а при этом эмпатия, стремление понять и принять ближнего в его несовершенстве, наоборот, упорно стремится в обществе к нулю? Как Tinder стал новым инструментом патриархата и как по итогам пандемии изменится наша жизнь? 2.____________(Однозначный ответ) на эти и многие другие вопросы не найти. Но сама попытка ответить уже дает немало. Тем и полезны эссе – жанр быстрого реагирования.

Сборник текстов известного социолога и публициста Полины Аронсон, наверное, обречен на споры. В книге есть последовательность и принципиальность научного подхода, ссылки на исследования и научные работы коллег, часть материала автор получила сама 3.__________________(в ход проведенный вместе с коллеги опрос). И всё равно бесспорные умозаключения соперничают с провокационными обобщениями, интересные выводы порой подкрепляет слабая доказательная база. Что-то кажется очень точным, с чем-то невозможно согласиться – но так и выглядит разведка боем неосвоенных территорий.

Прочитать эту книгу и безразлично 4.______________(пожать плечи), наверное, невозможно. Да, вряд ли 5.___________(найтись) такой человек, который с легкостью подпишется под каждым тезисом автора – потому что в вопросах отношений мы все немного специалисты, и никакие доктора философии нам не указ. В то же время не так уж много читателей по прочтении скажут: в этой книге ничего нет 6.___________(про я и про люди из моё окружение).

фрагмент 3

Термина «постмодернизм» я старательно избегаю, потому что так до сих пор и не понял, что именно он означает. Те свойства литературного текста, которые считаются 1.__________(сугубо постмодернистские), – цитатность и аллюзивность – в полной мере явлены уже в «Евгении Онегине» и «Пиковой даме». Но Пушкина постмодернистом никто, кажется, не считает. Впрочем, если слово 2.__________ (существовать) и широко используется, очевидно, оно для чего-нибудь нужно. Что касается моего романа, то, по мысли автора, он должен был получиться подчеркнуто, демонстративно традиционным, если не старомодным, одним из тех романов, над которыми еще Щедрин насмехался: «Как Ванька Таньку полюбил, как родители их полагали этой любви препятствия и какая из этого вышла кутерьма!» Я даже эту цитату хотел первоначально сделать 3.__________(эпиграф).

Является ли мое повествование 4.__________(стопроцентный проза) или я опять не смог избежать 5.______________(привычный я поэтический способ) построения текста – вопрос для меня самого открытый. Во всяком случае, чрезмерное внимание к звучанию и ритму, сильно затрудняющее и замедляющее написание этой книги, характерны все-таки скорее для поэзии. Каждая глава романа – в некотором роде поэма в прозе.

фрагмент 4

Музыкальный сервис Apple Music составил рейтинг самых популярных треков и артистов в России 1.______________(по итоги) 2020 года. Сообщение сервиса в четверг, 3 декабря, оказалось в распоряжении ТАСС. 2.______________(Самый популярный исполнитель) на платформе стал рэпер Скриптонит. Так, в текущем году не было ни одной недели, чтобы его альбом «2004», выпущенный в конце 2019-го, не попал в топ-10 альбомного чарта сервиса.

3.____________(На второе место) оказался исполнитель Morgenstern, третье место заняла певица Zivert. 4.____________(Помимо они) россияне также активно слушают Jony, Artik & Asti, HammAli & Navai, Макса Коржа, Егора Крида, Басту и Элджея.

Самые популярные среди россиян песни года: «Комета» Jony, «Любимка» Niletto, Blinding Lights The Weeknd, «Увезите меня на Дип-хаус» GAYAZOV$ BROTHER$, Credo Zivert, Cadillac Morgenstern и Элджея, Dance Monkey Tones and I, «Девочка, танцуй» Artik & Asti, X.O The Limba & Andro, «Прятки» HammAli & Navai. Днем ранее 5.____________(аналогичный список) составил сервис Spotify. На первом месте среди лучших исполнителей года разместился kizaru (Олег Нечипоренко). 6.____________(След за он в рейтинг) обосновались Morgenstern, Скриптонит, ЛСП и Boulevard Depo.

VI. Прочитайте следующие фрагменты и выучите наизусть выделенные предложения.

фрагмент 1

Россияне назвали лучших зарубежных и отечественных актеров за последнее десятилетие. Список в воскресенье, 6 декабря, опубликовал РБК со ссылкой на SuperJob.

Так, ***Леонардо Ди Каприо возглавил рейтинг лучших актеров за рубежом. На втором месте оказался Джонни Депп***. Также участники опроса отметили Роберта Дауни-младшего, Брэда Питта и Джеки Чана.Говоря об иностранных актрисах, респонденты выделили Анджелину Джоли, которая за последние годы снималась в «Малефисенте» и «Лазурном берегу». Среди российских актеров лидерами оказались Константин Хабенский и Александр Петров. Вторую позицию разделили Сергей Безруков и Данила Козловский.

Первое место среди российских актрис заняла Светлана Ходченкова. Кроме нее россияне выделили Чулпан Хаматову, Екатерину Климову и Елизавету Боярскую.

В сентябре журнал «Бюллетень прокатчика» назвал Козловского главным российским актером десятилетия. Второе место топа занял Петров, а третье – Петр Федоров. ***При этом киноэксперты отметили, что Петров обошел лидера рейтинга по значению медийности***.

фрагмент 2

Аккурат в день рождения композитора – 17 декабря – на сцену Светлановского зала Дома музыки выйдет Национальный филармонический оркестр России и его худрук, главный дирижер Владимир Спиваков. ***Вместе с пианистом Александром Романовским они исполнят два фортепианных концерта Бетховена – Четвертый и Пятый («Император»)***.

Первоначально планировалось, что солировать будет британец Джон Лилл, но ***по понятным причинам от услуг зарубежных гастролеров пришлось отказаться***. Романовский, впрочем, фигура не менее достойная: лауреат Конкурса имени Чайковского, номинант «Грэмми», он выступал на ведущих площадках мира. Да и Бетховен ему близок: на престижном лейбле Decca пианист выпустил запись его «33 вариаций на вальс Диабелли».

Добавим, что фортепианные концерты хоть и хорошо известны, но всё же не столь заезжены, как, например, некоторые симфонии и сонаты. ***Поэтому выбор программы ММДМ для празднования юбилея Бетховена выглядит разумным компромиссом между ожиданиями меломанов и широкой публики***.

фрагмент 3

Самым популярным у россиян треком в 2020 году стал «Девочка, танцуй» в исполнении Artik & Asti. Об этом 15 декабря сообщила пресс-служба сервиса «Яндекс.Музыка».

Лидерами среди исполнителей в уходящем году стали рэпер Морген-

штерн и канадский исполнитель The Weeknd. Предпочтение среди певиц россияне отдали Zivert и Билли Айлиш.

Самым прослушиваемым коллективом оказался поп-дуэт Artik & Asti, а среди групп, поющих на иностранном языке, первое место заняли метал-рокеры из Rammstein.

В ходе подведения итогов учитывались данные прослушивания треков с декабря 2019-го по ноябрь 2020 года. 2 декабря стриминговый сервис Spotify подвел итоги рейтинга музыкальных предпочтений российских пользователей за последние четыре месяца. ***В лидерах оказались хип-хоп и музыка для расслабления***. Сбор данных производился сервисом Spotify с момента запуска в России 15 июля 2020.

фрагмент 4

В немецком городе Дюссельдорф полицейские обнаружили в мусорном баке местного аэропорта картину стоимостью более $330 тыс., сообщили сотрудники ведомства в Facebook.

Авторство полотна принадлежит французскому художнику Иву Танги (1900–1955), который получил известность благодаря абстрактным сюрреалистическим пейзажам.

О пропаже картины стало известно 27 ноября. ***Она была упакована в плоскую картонную коробку, которую бизнесмен забыл на стойке регистрации в аэропорту***. Пропажу он обнаружил, только когда садился на рейс в Тель-Авив.

По прибытии в Израиль мужчина связался с руководством аэропорта и после безуспешных поисков полотна привлек к ним своего племянника из Бельгии, который отправился в Дюссельдорф и написал заявление в местную полицию.

Комиссар полиции, которому было поручено расследование данного дела, связался с клининговой компанией, обслуживающей аэропорт, и присоединился к поискам. Во время осмотров мусорных баков для вторсырья мужчины обнаружили произведение искусства на дне одного из контейнеров. ***Полицейские вернули полотно законному владельцу.***

В декабре 2019 года картину австрийского художника-модерниста Густава Климта «Портрет женщины», украденную в 1997 году, завернутую в мешок, нашли садовники во время чистки плюща в пустоте простенка в той же галерее, где она хранилась до этого. В середине января 2020 года эксперты подтвердили ее подлинность.

VII. Прочитайте самостоятельно следующие фрагменты.

фрагмент 1

Телеканал ТНТ закроет реалити-шоу «Дом-2»

Телеканал ТНТ завершает показ реалити-шоу «Дом-2». Об этом в пятницу, 18 декабря, сообщили ТАСС в пресс-службе канала.

«Завершается самое продолжительное в мире ежедневное реалити-шоу о том, как построить любовь на канале ТНТ», – рассказал собеседник информагентства. Последний эпизод должен выйти 30 декабря 2020 года. В августе на Сейшелах ограбили яхту «Дома-2»: украли видеокамеры, технику и компьютеры. Ущерб оценивался примерно в 30 млн рублей, пишет «Газета.ру». В апреле сообщалось, что бывшего участника «Дома-2» Романа Карамышева осудили за избиение жены и публикацию порно. В январе телеоператор скончался во время съемок телепроекта «Дом-2» в поселке Сосенское в «новой Москве». Реалити-шоу «Дом-2», на котором участники ищут себе пару и параллельно с этим строят дом, стартовало на телеканале в мае 2004 года. За это время в эфир вышло более 6 тыс. выпусков.

фрагмент 2

В России потребовали запретить ряд аниме и песню Моргенштерна

Прокуратура Санкт-Петербурга подала иски в Колпинский районный суд с требованием о запрете в России ряда аниме-сериалов и одной песни рэпера Алишера Валеева (Моргенштерна). Об этом сообщила петербургская объединенная пресс-служба судов в своем Telegram-канале в пятницу, 18 декабря.

«Суд зарегистрировал административные исковые заявления о признании информации, распространяемой посредством сети «Интернет», информацией, распространение которой на территории РФ запрещено: пять исков, сорок девять ссылок», – отметили в пресс-службе. Иск приняли к производству. Под угрозой запрета оказались сериалы «Межвидовые рецензенты», «Токийский террор», «Эльфийская песнь» и фильм «Тетрадь смерти», снятые по мотивам японской манги. «В каждой серии – жестокость, убийства, насилие», – приводит пресс-служба слова прокуратуры. Прокуратура обратила внимание и на песню Моргенштерна «Я съел деда». Суду предстоит послушать трек, чтобы сделать обоснованный вывод о вредоносности всего текста, кроме некорректного названия.

В августе интернет-пользователи обвинили сервис Netflix в сексуализации малолетних за фильм «Милашки» о занимающихся танцами в стиле тверк школьницах. Онлайн-кинотеатр извинился за инцидент в своем Twitter. В октябре газета The *New York Times* писала, что большое жюри округа Тайлер в штате Техас предъявило обвинение Netflix после выхода этого фильма. Сервис обвинили в продвижении непристойных визуальных материалов с изображением детей.

фрагмент 3

В Калининграде построят филиалы Большого театра и Третьяковки

Филиалы Большого театра и Третьяковской галереи на острове Октябрьский в Калининграде будут достроены в 2023 году. Об этом сообщил 18 декабря заместитель министра строительства и жилищно-коммунального хозяйства России Максим Егоров.

Строительство ведется на «западной» и «восточной» площадках Октябрьского. В работах занято более тысячи человек. На «восточной» части возводится образовательный и жилой комплекс, на «западной» – объекты культуры. «Минстрой внимательно следит за ходом выполнения работ. Восточная площадка должна быть завершена уже в следующем [2021] году – у большинства объектов высокие показатели готовности, а западная – к концу 2023 года», – приводит ТАСС слова Егорова. Он подчеркнул, что реализуемый на острове Октябрьский проект – это пример комплексного развития территории. «Здесь будет расположена инфраструктура высочайшего уровня – объекты культуры, образования, спорта, новые жилые дома, коммунальные сети, – и всё это объединено комфортной городской средой. В будущем комплекс станет яркой точкой притяжения для жителей Калининграда и туристов», – добавил чиновник. В конце июля власти Калининградской области сообщили, что готовы потратить 125,75 млн рублей на подготовку проектной и рабочей документации по реконструкции променада с берегоукреплением территории госрезиденции «Янтарь» в Пионерском.

фрагмент 4

Программа консервации памятников может обойтись в 500 млн

Анонсированная Министерством культуры консервация 50 памятников, судя по имеющимся у «Известий» документам, может обойтись в сумму, превышающую 500 млн рублей.

Как сообщили «Известиям» в ведомстве, в число объектов, работы по сохранению которых должны пройти в 2021–2022 годах, входят три деревянных и три каменных церкви, расположенных в Калужской, Тверской, Архангельской, Московской, Кировской и Ленинградской областях. Их консервация, согласно смете, с которой ознакомились «Известия», потребует 76 млн.

Впервые о программе консервации памятников стало известно после декабрьской встречи министра культуры Ольги Любимовой с президентом Владимиром Путиным. «Мы перераспределили средства и нашли возможность 50 крупных объектов культурного наследия консервировать на десятилетия вперед», сообщила глава ведомства в ходе доклада. Консервация отличается от реставрации тем, что памятник не восстанавливается полноценно, а лишь укрепляется в такой степени, чтобы не было угрозы самому его существованию и принципиально важным элементам интерьера (например, фрескам).

КЛЮЧИ

IV. Прочитайте следующие фрагменты и переведите словосочетания на русский язык.

фрагмент 1

1. на американскую кинопремию «Оскар»
2. вышла в прокат в России
3. требовали снижения цен на продукты и повышения зарплат
4. Церемония вручения кинопремии «Оскар»

фрагмент 2

1. прислушаться к общественности
2. бойкотируем фильм
3. избивал жену
4. обжаловать это решение

фрагмент 3

1. бриллиант пурпурно-розового оттенка
2. обусловлена не только размером
3. представители аукционного дома
4. в честь балета

фрагмент 4

1. Эйфелева башня
2. торговые точки
3. опубликовали петицию
4. самой престижной литературной награды Франции

V. Прочитайте следующие фрагменты и поставьте слова в скобках в нужной форме.

фрагмент 1

1. президентом музея
2. почетного звания

3. других наград.

4. инициатором

5. рабочую группу

6. в области современной музейной архитектуры

7. Будучи членом Международного совета музеев

8. преподавательскую работу

фрагмент 2

1. признаваться в любви

2. Однозначного ответа

3. в ходе проведенного вместе с коллегами опроса

4. пожать плечами,

5. найдется

6. про меня и про людей из моего окружения

фрагмент 3

1. сугубо постмодернистскими

2. существует

3. эпиграфом

4. стопроцентной прозой

5. привычного мне поэтического способа

фрагмент 4

1. по итогам

2. Самым популярным исполнителем

3. На втором месте

4. Помимо них

5. аналогичный список

6. Следом за ним в рейтинге

拓展阅读

俄罗斯报刊语体的语言特点

大众传媒和宣传报导是形成和反映民意、形成世界观的重要工具。在大众传媒的报导和宣传方面，所有语言手段最终都发挥说服和宣传鼓动的作用。大众传媒语言集中反映了社会政治、经济和精神生活面貌。研究报纸和杂志的文字，可以清楚地了解某段时间、某一时代、某种语言的特点。大众传媒语言一直广受语言学家、历史学家、文化学家、社会学家、心理学家的关注，是他们不断进行研究的主题。

科斯托马罗夫（В. Г. Костомаров）将报纸语言的风格视为修辞—功能现象的一整套集合，提出了报纸的统一修辞结构原则：报纸是以表现力和程式化为主要特征的辩证结合体，从广义上讲，报纸包含相互对立的评价性要素和百科知识要素。上述特征与报纸的两种主要功能相关。宣传功能和感染功能在各类型的报纸之间分布不均衡，但与报纸的双重性质（告知、说服）相符合。

相关研究表明，在实现这两项功能方面，报导文章与社论文章之间有明显的区别。前者使用的语言手段特点接近于科学语体和公文语体，报导的内容具有事实逻辑性和记录性。后者则具有公开评价性、高度的政论性，旨在宣传、感染和鼓动，在某些方面，与文艺散文更加接近。

报刊政论文体语言的基本特征，是其语言组织具有“公开性”，这是作者“自我”的直接表达。在政论作品中，“我”公开发表观点（“公开程度”受制于叙事的体裁和风格），“我”不是与读者脱离的，不是物化的（不像在文学作品中，主人公应该独立于作者生活）。因此，在政论文中，政论家的人格、个性，其丰富的感情、思想、观念至关重要。作者的立场决定了文艺语言和政论语言之间的区别。

报刊政论文章大量语言手段的使用，在很大程度上，是由于其对大众受众的有效社会感染能力。在其他功能语体中，语言手段的评价性问题并不像在报刊政论语体中这样重要和突出。报刊政论语体中评价手段非常丰富，形式也不尽相同。除了使用纯评价词汇外，报刊政论语体中还使用多种门类的词汇来履行评价职能，如：口语—俗语词汇、书面语词汇、高雅词、古词、特殊词汇的转义意义等。

报刊政论语体中广泛使用具有感情评价色彩的各种构词和语法手段，包括口语结构、接续复合句、感情评价句、情感（修辞）句法手段等等。总体而言，正如形象性之于文艺作品，报刊政论语体的表现力具有系统性，且不囿于使用隐喻、比喻、修饰语等手段。报刊政论语体中的所有语言手段都具有表现力，因为它们都体现了政论理念。因此，选择准确且有力、有效且富有表现力的词汇在报刊政论语体中（就像在文艺作品中一样）至关重要。表达评价性是报刊政论语体表达手段系统性的基础。

作为一个普通语言范畴，评价性是所有语体都具备的，只是在每种语体中以不同的方式呈现出来。例如，在文学语言中，它通常以情感和感性形象的形式出现。报纸一直在不断地寻找评价性表达手段。对陈述给予评价是报纸语言的主要目标之一。

报刊政论语体的鲜明特征——社会评价性、交际普遍性、特殊的表现力特征，是其主要语言学特性，是在语言层面上表现出来的。语言的特征、类型、结构、特点等对于分析报刊政论语体十分重要。

描述报刊政论语体语言的词汇特点难度很大。在研究普通语言学各范畴时，词汇学不会将功能语体的词汇作为研究对象。现代俄语中的纯口语词汇研究才刚刚开始。迄今为止，几乎所有关于该主题的研究都基于词典材料，并依赖于其中标注的口语材料进行。

研究功能语体的词汇需要采取特殊的方法。困难主要在于如何选择所需的语言单位、词汇范畴来分析功能语体词汇。需要强调的是，从本质上讲，词汇学概念与功能语体的深层次特征没有必然联系，它们在分析和研究后者时作用微乎其微。它们具有普通语言学性质，旨在描述标准语发展变化的整个过程。为了解决这一问题，针对各种不同的词汇类型，研究内容应囊括所有修辞色彩接近的词汇。而且，这种分类对于语体的相互作用和标准语的发展也具有相当大的意义。

每种语体的语言，根据其语言外和语言内的特点，根据其在交流领域承担的任务，会根据自身特点和属性对标准语词汇范畴进行再分类和再分配。同时，每种语体所选择的词汇层都与该语体的主要功能相一致。这些功能语体层可能与某些传统词汇类别重合，或兼容几种不同范畴的类别,但无论如何,这些词汇层都应该具有该语体的典型属性。根据功能语体的内部特征,此层中包括的各种传统上不同的词法类别在此进行组合,在语体内部因素的影响下发生变化,并担负相同的交际任务。因此,描述一种功能语体的词汇就意味着首先要确定其词汇结构,即划出与该语体的主要功能相对应的词汇层。

在报刊政论语体中,有两个主要因素决定着报刊政论语体词汇的形成、发展、结构特点:一是消息报导功能,一是宣传和鼓动功能。换言之,报纸需要表达各种各样消息和主题的手段。这就是报纸的词汇范围广泛、词汇类型纷繁庞杂的原因所在。

1. 报刊政论语体的词汇特点

众所周知,报纸语言与报刊政论语体相关,而报刊政论语体是文学语言的功能变体,服务于社会活动的政治思想领域。这种语体广泛应用于报纸的社会政治文章、会议演讲、议会会议发言、电视和广播节目中,此外,还用于面向大众的政治文献和纪录片中。

报刊政论语体的主题范围广泛,可以涉及引起公众关注的任何方面。这当然也影响到了这种语体的语言特点:其内容中,有必要对术语进行解释,展开详细注释。此外,许多公众密切关注的焦点话题,及与这些主题相关的术语,都具有报刊政论色彩。

根据上述因素,可以将报纸词汇划分成几个层次。

社会政治词汇。它的特点与报纸更接近,通俗易懂是它及其所属术语领域词汇的突出特点。报纸词汇的另一个重要特性是其社会评价性质。社会政治术语与其他术语(非社会科学术语)相比的特殊性也正在于此。因此,社会政治词汇包含许多具有评价性质的语言单位,表达基本概念、内容、政论方向,这点与纯政论(报纸)词汇并没有什么区别,它包含于后者,可以被视作政论语体和报纸语言中的独特术语。

社会政治词汇是报纸词汇的核心。无论在质量方面——从社会政治词汇所表达概念的重要性来看,以及从它们表达这些概念的社会评价能力来看;还是在数量方面——社会政治词汇在报纸词汇总数中占有很大比例,它都属于报纸的独特词汇类别之一。

评价词汇。它是报纸词汇中最重要和最具生产能力的一类词汇。其重要性体现在报纸作为集体宣传者和鼓动者,其表达手段中迫切需要将称名和评价功能相融合。报纸评价词汇层由不同的词汇类别组成:书面语、高雅词汇、老旧词汇、口语和俗语词、专业词汇等。上述所有类别的词汇都为报纸提供评价词汇。它们在报刊政论语体独特的内部因素影响下,在功能方面上形成了统一的报纸词汇类别。这些单词中有许多词成为具有典型报纸特征的词汇,获得了“报纸化”特性(以乌沙科夫主编的《俄语详解词典》为代表的一些俄语详解词典,着力研究了此类报纸或报刊政论语体词汇,但研究不彻底,不完全)。有些独特的报纸术语已经在某些言语情境中经常、固定使用,用以命名某些物体、现象或概念。

词汇语义明确表达社会评价是成为报纸词汇的最重要标准。另外,报纸语言自身的发展过程也会使词汇获得评价色彩。报纸似乎在对词汇进行自我分类,重新分配词汇的修辞色彩和意义,而这往往与一般文学词汇的修辞色彩和意义不相符。

非评价性报纸词汇。此类别分为两组。第一组是由表示时间和地点的词,以及常与通知密切相关的语义"何处、何时、何地"(或"谁")组成。在特定条件下,这些词可以被称为信息词汇。这组词还应包括专有名词和数字。除了报纸中典型的信息词汇外,所谓的主题词汇也具有信息化功能。这里所指的是报纸中使用的大量基础词汇,其构成单元是动态的、可变化的,且完全由报纸文章或消息的主题决定。通常,它们是用于称名的非评价性词汇,属于最广泛的词汇类别(就修辞色彩而言,主要是中性词汇和书面语,因为报纸政论语体就是一种书面语体)。这些词汇几乎没有界限,且非报纸语言专用。但是,正是它使报纸词汇在数量上比任何作家的词汇都更加丰富多样。

第二组非评价性词汇是特定词汇,这是报纸语言中广泛使用的词汇,可组成许多非成语化的固定短语。这些词汇和短语使报纸语言典型化和标准化,从而可以轻松快捷地报导任何消息。这些报纸语言的固定材料,从语义角度来看,具有广泛的、相近的意义和高度的兼容性。这些词汇意义寓于报刊政论语言所特有的各种固定短语中。例如:путь мира, идти по пути разрядки, вступить на путь обострения международной обстановки, избрать какой-либо путь 等等。

政论风格的一个突出特点是有独特的词汇搭配,即语义或情感和语体风格色彩不兼容的词汇搭配。这一点也在报刊政论语体中得到长足体现。许多词被用于隐喻意义时,都具有报刊政论色彩。多隐喻也是报刊政论语体的特点之一,它是旨在构建形象、表达评价、表达对于言语对象的情感态度而使用词汇转义意义的一种修辞手段。其目的在于影响受话人,例如:информация как на ладони ; вузы, химичившие со списками студентов。

社会政治词汇,如:公共关系领域词汇、政府批文、财政和物资方面词汇等,被有机地融入政论语体词汇库中。

报刊政论语体文章中常会使用具有负面评价色彩的词汇,在修辞上,它们往往具有贬义色彩,例如:пособник、террорист。这种语体中总会积极地融入新单词和表达形式,例如:разводка продолжается...

报刊政论语体吸收了许多反映社会和政治进程的新概念及其相关的词语和短语,例如:правила размещения в Сети информации об образовательном учреждении。

2. 报刊语体的构词特点

在构词模式方面，报刊政论语体中常使用带后缀 -ость、-ство、-ние、-ие 的抽象名词。

当政论作品具有信息功能时，多数情况下会使用下列词汇：учреждения（机构）、размещение（安置）、поступление（收入）、расходование（支出）、правительство（政府）、наказания за невыполнение（处罚违规行为）；具有感染功能时，则使用其他包含情感或社会评估因素的词汇，如：распоряжение（秩序）、указание（指示）、народность（民族）、справедливость（正义）、достоинство（尊严）。

报刊政论语体中，带后缀 -аци 的构词模式十分常见，如：квалификация（资格，技能）、информация（信息）。

报刊政论语体中有许多表示人的职业、工作所属行业以及党派属性和活动领域的词汇由后缀法组成，如：школьник（中学生）、родитель（父母）、руководитель（领导者）、ректор（大学校长）、директор（中小学校长、经理、主任）。

此外，报刊政论语体中还常见带俄语和古斯拉夫语前缀的表示社会政治概念的构词模式。

在构词方面，报刊政论语体的特点是：

较多地使用外来语前缀构词：нео-（新），анти-（反），а-（不，反，非，乏），про-（亲；稍有；做完），контр-（反对，对抗），квази-（冒牌，伪），ультра-（超，最，极），пост-（后，后期）等。如：неоглобализм（新全球主义），неофашисты（新法西斯主义者），антидемократический（反民主的，不民主的），аполитичный（非政治的），проамериканский（亲美的），контрмеры（对抗措施），постиндустриальный（后工业化的），постперестроечный（改革后的）。

广泛使用外语来源的词汇：нарко-（麻醉，麻醉剂的），теле-（电视），видео-（视频），аудио-（音频），мини-（迷你），макси-（最大化），шоу-（秀，表演）等，如：видеосервис（视频服务），телеиндустрия（电视行业），телешоупродукция（电视文艺节目），аудиокассета（盒式录音磁带）（拉丁语 audio+ 英语 cassette）。

通常，这些词汇都具有社会政治性质。

综上，报刊文体词汇包括以下几类：

1）社会政治词汇；

2）评价性报纸词汇，分为正面评价和负面评价词汇；

3）非评价性报纸词汇，其中包含信息词汇和固定结构词汇两类。

报刊政论语体语言充分完整地反映了一般文学语言中的所有现象，但也有诸多其他语体的文学语言中较少见的词汇、表达形式或结构。因此，很难说哪些词汇、表达形式、结构为报刊政论语体所特有。

3. 报刊语体的句法特点

报刊政论语体具有报导功能，即传达逻辑内容、发挥影响功能，亦即表达意志、感觉、情感。这种面向大众、面向不同受众的交流指向和定位，决定了报刊政论语体的结构特点——使用现成的标准语句、语言公式、惯用句套，充斥各种成语。新闻记者所使用的程式化表达手段，一般出自以前报纸中使用过的某些表达形式。

报刊政论语体中，不同类型的程式化表达手段、谚语和俗语、成语进入各级语义和修辞层面，这一现象十分复杂。Г. О. Винокур 首先对报纸语言中的程式化语言表达现象进行研究。在试图揭示其作用规律时，他指出，报纸严格执行基本的交际任务，它通常没有艺术、诗意的功能，面向的是普罗大众和中立的语言环境，这为它使用程式化结构和成语化句型奠定了基调。这些固定结构发挥了非常重要的作用，借助它们，撰稿人能够达到某种表现力，赋予文本感情表现力色彩。将这些语言手段纳入广泛的上下文，将它们与其他语言手段结合起来，是确定报纸语言独特性的一个重要因素。

В. В. Виноградов 认为："民族语言修辞学中不仅包括不同语体组成的语言系统，而且包括随交流形式而变化的不同语言形式和复合语言结构体系。它不仅包括具有鲜明时代色彩的典型独白和对话性言语形式和言语类型，还包括日常信件、商业文件和其他文件中的固定句式。"报纸综合各种语体元素，成为一种文学现象，涉及文学语言、语言技巧和语言文化等多方面问题。报纸的使命促使各种修辞手段的功能得到激发，其语言系统中的各种修辞手段（包括固定组合）相得益彰。

现代报纸试图借助形象表达的要素（包括口语在内）来破坏语句的"文语化"，以赋予其感情表现色彩。报纸语言的重要结构性原则是将标准句式与感情表达相结合，即将标准句式与成语、谚语、俗语、名言、典故等结合。它们能够提高陈述的表达力、形象性和感染力，同时发挥"标准句式"的作用，充当固定的言语范式使用。由于本身具有一系列功能语体特性，它们在各种体裁中充当固定的"工作语言手段"。新闻记者在使用带有某些修辞目的的成语时，常力求使其打破成规，引起人们的注意。成语不仅能够美化语言，而且能够赋予语言说服力，不经意间被人们所熟记，从而使成语以及整个语句，乃至相关的事件，在人们头脑中留下深刻印象。感情色彩丰富的成语能够影响人们的感觉，唤起人们内心的各种情感。

为寻求更大的表达力，新闻工作者经常会改造成语。在改造过程中，成语往往获得不同寻常的改写，从而达到增加读者关注度的目的。实际上，这是一种措辞转换表达机制，是一种修辞手段，是旨在吸引读者的方式中最简单的一种。在不同环境、不同上下文中，词汇会得到新的语义色彩。但是，在进行改造时，它们必定会保持与原始成语之间的联系。这便会为它们赋予一定的修辞效果。

经过改造的成语被广泛用作标题，如 «Хождение за три “дела”»（试比较：хождение за три моря）、«Мал объект, да дорог»（试比较：мал золотник, да дорог）等。

报纸体裁的独特性由其选择的各种各样成语化词组，以及在使用时赋予成语化词组的新的修辞风格所决定。成语转义所产生的修辞效果本质上不仅是由转义本身的表现力及其在上下文中的功能决定的，也是由于故意违反约定俗成的表达方式，导致所采用的表达方式与原义之间存在矛盾造成的。

报刊政论作品的特点是句子结构正确、清晰、简洁、明了，常使用独白（主要在分析型体裁中）、对话（在采访中）、直接引语等表达形式。

标题以及文本开场白独特的句法结构是实现其语体功能的重要手段。它们还具有宣传功能：读者是否关注某一文章很大程度上取决于标题和文本的开场白。文本的标题和开场白经常使用其他语体中鲜少出现的短语和句法结构。

因此，除词汇和成语外，句法也是最重要的语体表达手段，与表述的内容、言语的体裁、表达的目的密切相关。文学语言中使用的句法结构丰富多样，它们不断发展变化，语言的结构不仅受语言内在规律制约，而且还受到社会因素的长期影响。它特别深刻地影响着报纸语言的发展，其中，句法影响尤为强大。因此，有必要区分“报纸语言”（язык газеты）和“报纸文体”（газетный язык）两个概念。

“报纸语言”从根本上说是多种风格相融合的产物，因为所有的文学语言风格都能够在报纸上得以体现：纪实报导可以以公文语体风格撰写；报纸上发布的政府法令、外交文件等以公文文献语体风格报导；而经济评论、统计分析、科学技术文章，则通常用科学语体撰写。有些类型文章是纯政论性的（如宣传鼓动文章），而有些则是“混合性的”，结合了政论、文艺语体风格的特征（如特写、讽刺小品、讽刺文），还有一些则是“对话性的”（如采访、报导），另外还有虚构的、经过加工的（如故事、诗歌）。报纸语言在实现报导和感染功能时，融入了报导手段和宣传手段，不拘泥于一种文体风格。

“报纸文体”是在上述概念之后确立的，它完全是另一回事。报纸文体意味着要用简单、务实、经济的语言，大量使用程式化句式、司空见惯的表达形式进行写作。这是报纸的报导性要求的。

报纸语言不能与其他书面和口头形式的文学语言脱离，不能孤立存在。报纸语言，更广泛说，是政论文语言，是与其他语体积极协作，彼此深深影响的。

报纸语言的句法融合了书面语与口语句法。在当今时代所特有的、文学语言民主化的过程中，一方面，书面语体中（主要是在报刊政论语体中）口语表达结构得以强化，另一方面，日常口语表达中最初属于书面语体的表达形式得以广泛使用。

报纸语言的句法结构中汲取了书面语体纯书面语言的规范性、精炼性，吸收了口语体特有的表达形式和语言结构。

文学独白不会偏离语言规范，或者很少偏离规范。相反，对话则是口语化的，其中充斥着对规范的改变和反叛。可以说，"独白中所有背离语言规范的表达形式，都是在口语中创造和积累起来的"。报纸上可以看到许多展开的句法结构和非常简明扼要的短语，有许多诸如«Собрание единогласно приняла постановление выдвинуть кандидатом...»（会议一致通过了提名候选人的决议……）（试比较：постановило выдвинуть），принимать участие, вести борьбу, оказывать помощь, давать советы, брать на себя заботу, проявлять интерес, производить осмотр, подвергать анализу, делать предупреждение 等书面语句式与口语句型 удружить так удружить, возить не перевозить, взять да и уехать 等。科斯特马罗夫和什维多娃一再强调，口语对报纸语言，尤其是对报纸语言的句法有着重大影响。

口语是最大众化的一种交流手段。以语言载体用于语言交流的时间占比计算，"口说的"和"听到的"的言语比重明显高于书面语所占比重。平均而言，人们将16%的时间用于阅读，45%用于理解听到的语音，30%用于说话，9%用于书面言语或书写。换言之，有声的言语（在大多数情况下为口语）在时间分配方面占据第二位，在时间上是书面言语或书写的三倍。

口语无疑具有简洁、精炼的优势，这不仅是因为"省力经济准则"（该准则被许多语言学家看作语言整体发展的基本准则）对语言手段进行了"节约"使用，还因为口语广泛使用了非语言手段，例如，在对话中使用面部表情、手势、上下文语境等。总的来说，这些因素使得口语形式简洁，语句容量大，实现了所有大众传媒和宣传的共同追求：单位时间内传递最大的信息量。

口语就像是报纸上书面语言的对立面。报纸的语言在其发展中反映了现代俄语发展的一般规律。可以假设，语言发展在很大程度上是由相互对立的趋势决定的，一方面，它要走向规律性（即更加程式化），而另一方面则向着更具表现力（即打破陈规）迈进。因此，报纸语言的特点之一就是语言定型和语言表现力的二律背反，即努力使语言结构标准化，同时又力求打破语言结构定式，限制使用成为刻板印象的俗套句式和陈词滥调。

口语与书面语元素相结合，对报纸语言句法的影响究竟如何？

报纸材料（其中还包括杂志政论材料）中，经常会出现所谓“切割散文体”（рубленая проза）：它们句子简短，好像只寥寥数笔就构成了整篇文章一样。

许多来自口语的省略句——无动词句都特别简练，富有感情表现力色彩，它们常出现在报纸上，例如，Туризм – для всех；Отряды – в путь；Лыжникам – хорошую базу。

在这些主要用作标题的结构中，突出显示了所有关键内容，去除了从信息内容的角度看来多余的内容：文本中只剩下带有主体、客体、疏状意义的部分，回答了“кто – чему 或 что – кому”（谁对什么？或什么对谁？），“кто – куда 或 что – куда”（谁或什么去哪儿？）“что – как”（什么怎么样？）的问题。类似的双部结构，各部分之间有停顿，无论它们在文本中所处的位置如何（位于文本前的标题，或是包含号召、激励的结尾），均能够凭借简练、富于表现力和“口号”性质博得读者的好感。

有一些很简洁的标题结构与此不同，也分为两部分，但它们之间的关系不同：第一部分指出共性问题，如行为发生的地点、主体，第二部分则叙述第一部分中所指事物的具体内容。例如：Экономическая реформа: опыт, проблемы, трудности; Москва: 1945—1980; «Союз–12»: старт и финиш; Бажов: читатель и книголюб。

表达感情表现力的句法手段还包括称名句，即只有第一格形式（只含有一个词或者带有它的相关词）的句子，句中存在所谓的主格。

在报纸语言中，称名句是包含信息量最少的句子，通常与其他类型句子一起使用。即使句中缺少重要的句子结构要素，如动词谓语，相邻的句子仍常常有赖于称名句。称名句具有独特的交际优势：它们要以一系列其他的句子存在为条件，与其共同构成完整的叙事链条。

不同的报纸体裁中广泛使用所谓的分割结构，或“双重标记”结构，由两部分组成：第一部分（即片段）位于句首或文本的开头，通常以名词主格或以名词主格为首的词组表示（主位名词主格或概念名词主格，以及其他类似结构），用于指称第二部分（下文）中的人或物，而后者在第二部分中以代词形式表示，获得第二个标记。例如：Земля. На ней никто не тронет... Лишь крепче прижимайся к ней (Симонов); Часы – и те здесь были палубные (Казакевич); Инициатива – вот чего нам больше всего не хватает (Нагибин).

如上述示例所示，一个句段可以构成一个独立的句子，也可以是后续句子的一部分，但是在这种情况下，语句被分为两部分，中间加入标点，从而营造出了生动的口语氛围。

为证明分节现象的感情表现力，下面将以同一语句的三种不同形式为例进行分析：

Кто такие индийские йоги?

Кто они, индийские йоги?

Индийские йоги. Кто они?

不难看出，最富有表现力的是最后一种说法：它把句子分成两部分，两部分之间有句号，使其有一段时间间隔，这种说法与整个长句相比更容易理解。

法国学者查尔斯·巴利（Шарль Балли）提出了语句分割的概念，并解释了它与口语相关的特点："实际上，如果一种书面语言以有机的、连贯的句子形式表达思想，那么就要求使用某种表达要素，即以片段形式存在的语言单位来满足迅速沟通的需要，以使其语义能够被迅速消化和理解。"

因此，分割结构在标题中十分常见，如：Телевидение и книга: им рядом жить; Безнадзорность, что это такое?

名词主格形式通常充当片段，代词则充当"第二标记"。但是，也可能恰恰相反，如上述例句（Кто они, индийские йоги?）中，名词充当第三人称代词的语法同位语。如果名词与代词是分离的，那么这种结构的表达方式就是代词被赋予"有内涵的""有趣的"意思。

在名词和代词分离的条件下，这类结构的表现力就在于代词被赋予了"承诺"和"激发兴趣"的意义。例如：Он встает в памяти, этот героический 45-й год; И вот они опять собрались здесь, посланцы стран всех континентов; Откуда она берется, эта неиссякаемая энергия народа?

为使人们更迅速地理解语义，需要将句子的部分内容独立。为了简化句法结构，人们常将语句进行分解。比起最初庞杂的语句结构，被分割的、切断的句子各部分，似乎成为独立语句，更好地服务于大众传播的需要。

各种文学语言语体和政论体裁广泛使用了接续结构。该结构能够直接再现真实的口语。"接续"是指为主体思想增添的附加信息、解释和说明信息，它们不是在意识中与主体思想同时出现的，而是在主体思想形成之后才出现的。如果在并列关系中（例如，借助连接词 и），在语句形成之初，两部分便都是有意识的表述，即便是模糊意识的表述也可以，那么在接续关系中，第二个元素就只能是在第一个元素之后，或者在表述期间才突然出现在人们的意识中。

接续可以是无连词的，也可以是带连接词的，可以借助特殊的词、使用不同长度的停顿来实现，但是无论如何，接续结构都具有丰富的语调语义和感情表现力。例如：

Было тревожно, особенно по ночам (Фадеев);

Новость всполошила всех присутствующих, даже Котельникова и начальника цеха (Кетлинская);

В любом случае обращайся ко мне. В любую минуту (Чаковский);

Не зря ли приехали–то? Да еще с узлами, с чемоданами (Коптяева).

根据报刊语体的特点，接续结构具有很强的交际能力、修辞能力、情态能力，它或者可以增加报导信息量，或者可以提高生动性，或者可以使它具有情感评价性质。

所谓的分割加强法（парцелляция）本身具有特别强的表现力，它将句子进行分割，分割后的语句内容不是在一个，而是在两个或两个以上的言语单位中实现，被分割的每一部分之间都用标点符号（句号、问号或者感叹号）隔开。例如：Когда мы говорим о слезах радости, с которыми встречает Красную Армию население освобожденных городов, это может показаться формулой. Но доктор Коровина плакала от радости. И Бабкин. И старый священник Говоров. И комсомолка Зоя. И тысячи, тысячи людей (Эренбург).

正如这个例句和前述例句所示，分割部分（парцеллят）总是在主要句子之外，而连接结构则既可以位于主要句子内，也可以位于主要句子之外（在后一种情况下，分割加强句与接续句实际是吻合的）。

作为增强表达能力的有力手段，分割加强法是一种有效的修辞手段，它能够增强语句的意义和表现力，已广泛用于各种类型的报纸中。因此，同一期《周刊》的政论文章、评论和引言中，分割加强句会屡次出现。

Убежден: к четырем-пяти годам ребенку вовсе не обязательно уметь читать и писать. Но его уже пора научить чувствовать. Красоту. Радость узнавания. Прелесть игры воображения. А самое главное–чувствовать пружинувзаимоотношений – и со сверстниками, и со старшими. Пружина – не что иное, как долг (А. Харчев. С чего начинается зрелость?).

Книга Виктора Шкловского называется просто и емко – «Эйзенштейн»... Еёгерой – время. И те, кто выбрал время ареной своей борьбы, кто поверил в него, увидел в нем свою судьбу... Шкловского интересует процесс. Сюжеты жизни и судьбы художника внутри процесса... Художники гордятся серьезностью своего искусства. Многозначностью, в которую вмещается целая жизнь... Вот о чем и хотел написать Виктор Шкловский. О длине пути. О вечной несовместимости взгляда с горизонтами. О жажде чуда. О возможности абсолютного воплощения мечты и о невозможности жизни без мечты о невозможном. Это книга о серьезности. О расчетах века и их смелости. Колоссальной ответственности художника. О том, что профессия измерена жизнью, судьбой и долгом. О том, что до самого главного не рукой подать. Еще идти, идти, идти... (А. Нилин. Герой – время).

各种句法要素都能充当分割成分，例如：

主体部分未出现的句子成分：

Я бы хотела, чтоб осталось хоть крылышко. Для меня (Г. Николаева);

За работу взялись дружно. Рабочие и инженеры. Они воевали. Ради мира на земле. Ради счастья всех людей .

句子主体部分的扩展词：

Три молодые работницы часового завода прибежали после работы в редакцию. Взволнованные. Встревоженные (Сем. Нариньяни).

重复主体成分：

Ей просто хочется рассердить мать. Мать, которая устает, недоедает, мучается (Н. Ильина);

Хотим мы или не хотим, но именно эти человеческие отношения и воспитывают. Воспитывает прежде всего среда. Окружающая нас среда.

主体部分的同类词：

Ждали малоснежную зиму. И не угадали (Чаковский); Митрофанов усмехнулся, п омешал кофе. Сощурился (Н. Ильина).

Самостоятельное предложение: На всех углах стоят фонари и горят полным накалом. И окна освещены (Симонов).

从句：

В апреле не смогу – нужно кончить книгу, а осенью обязательно поеду. Если толь ко сердце не подведет (Эренбург)

句子的实义切分(актуальное членение предложения)是增强报纸语言效能的一种重要句法手段，其中包含的语句需要在上下文中确定含义。句子的实义切分源于思想从已知的、熟悉的向未知的、新知的运动的过程。这就决定了句子中的词序：位于首位的是上下文中已知的信息（已给定的内容，即主位——陈述的基础），之后是句子其他组成部分，即语句表述的主要信息（新知的内容，即述位——陈述的核心）。

应该指出，结合上下文对句子的这种寻常构造进行标注时，为了实现句中某一成分的功能，如增强有效性、针对性、交际指向性等，通常会破坏上述（先主位、后述位）顺序，而采用倒装形式，重新排列语序（即，先述位、后主位）：位于首位的是语句的最重要元素——“新知”。因此，简讯的开头常用这种倒装形式：Больших успехов добились... ; Очередную встречу на первенство страны по футболу провели...。例如：

Около 30 тысяч квадратных метров жилья получили в канун Первомая трудящиеся Павлодарской области;

100-миллионную тонну каменного угля добыли шахтеры Валбжихского угольного бассейна (Вроцлавское воеводство) за годы народной власти;

На 9,1 процента сократилось промышленное производство в Италии в декабре прошлого года по сравнению с декабрем этого года.

报纸语言中源自口语的句法关系(синтаксическое управление)比书面语、标准语更为自由。此处,可能有前置词混用的情况,例如:Совет Безопасности собрался на заседание для рассмотрения жалобы АРЕ о новых провокациях израильской военщины 而不是 жалобы на...

研究中已经注意到前置词 по 的"侵略性",它被广泛用于各种名词结构中。(Шведова Н. Ю.)例如:комиссия по..., переговоры по..., работы по..., совещание по..., соревнования по..., даже отзыв по диссертации, показатели по использованию электроэнергии 。试比较,同样来自报纸中的文本:Делегация получила ответы по интересующим ее вопросам 等。不难看出,此类文本的作者在前置词运用方面过于随意了。

用非句子结构——词组代替句子,体现了语言追求"简洁"的趋向,例如:

высотой в 2400 метров – высотой 2400 метров, шириной в 3 метра – шириной 3 метра, глубиной в 15 метров – глубиной 15 метров, длиной в 2 километра – длиной 2 километра, ценой в 10 рублей – ценой 10 рублей, стоимостью в 300 рублей – стоимостью 300 рублей, грузоподъемностью в 10 тысяч тонн – грузоподъемностью 10 тысяч тонн, со скоростью в 60 километров в час – со скоростью 60 километров в час 等。这些结构不仅出现在口语体中,也会出现在力求简洁的科技语体中。

从语法规范的角度来看,这些结构中删除前置词 в 是不符合文法的:毕竟,数量词—名词词组是以宾格形式出现的(试比较:длиной в одну милю, стоимостью в одну тысячу рублей),无前置词的宾格形式只有受及物动词支配时才有可能出现,而上述例句中不存在及物动词。但是这种用法也有其合理性,可以理解为用附加关系(связь примыкания)代替此处的支配关系。

在句法一致性方面,报纸语言中广泛存在谓语与主语"意义一致关系"现象(согласования по смыслу)。即,描述的行为属于表示人的集合名词,少数情况下,也可能属于用名词单数一格形式表示的事物或(比如,被 большинство, меньшинство, часть, масса 等词支配时)用复数二格形式表示的事物等动词用复数形式的情况,例如:большинство сотрудников решили (Виноградов В. В.)。谓语和主语的数量形式存在这种"差距"的原因在于，该情况下，动词的复数形式似乎与主语形式无关，而直接表示行为发出者的数量。它直接与实际行为和行为产生者相关。这符合“主语”的词汇意义，但是，与行为主体的名词形式并不一致。因此，谓语与具有数量意义的集合名词主语（通常与名词二格，名词化的形容词、形动词、代词组合）保持意义一致关系。报纸语言中有明显的意义一致关系趋向。例如：Ещё недавно большинство представленных на конференции стран были бесправными колониями; Часть его интимных друзей шлют ему приветы из тюрьмы, где отбывают наказание.

当主语由数词—名词词组表示，即由数词加名词二格形式（也就是所谓的数词词组）表示时，也遵循同样的意义一致准则。当主语中含有 сколько, много, мало 等词时，能够明显体现这一一致关系准则。布拉霍夫斯基指出：“主语带有 сколько, много 时，谓语必须用单数。”苏联科学院语法中也有类似的观点，其中特别指出：“在主语中包含 мало, много 等词的情况下，如谓语使用复数形式，则具有俗语色彩。”

然而，目前，在我们所研究的语料中，这种情况下，多数谓语均用复数形式，这已经成了普遍现象。例如：

В Российской Федерации много детей различных национальностей обучались народном языке.

Немало советских писателей, артистов, начинающих ученых обязаны Евгению Викторовичу Тарле помощью, теплым участием в их творческих замыслах и делах.

当数词—名词词组表示的主语表达约数意义时，同样遵循上述一致关系准则。相关研究指出，句子谓语使用单数形式是一种文学规范。但是，在报刊政论语体中，无论约数范畴的词汇表达方式（借助 более, менее, свыше,около 等词）如何，或者其在语法方面（通过改变词序、数词后置等）如何表达，意义一致关系都占主导地位。例如：

Приступили к занятиям более 1700 студентов Московского вечернего машиностроительного института.

От двух с половиной до трех миллионов человек посещают Московский зоопарк ежегодно.

При раскопках в Мерве вскрыто семь небольших производственных помещений, в каждом из которых некогда работали по 2—3 человека.

Свыше восьми тысяч зрителей с трибун пражского Зимнего стадиона с интересом следили за выступлениями сильнейших фигуристов страны.

有时当主语带有同位语时，也同样遵循意义一致关系准则。虽然，一般情况下，谓语不与同位语一致，而要与主语保持一致。但此时，也会存在意义一致关系。例如：Согласитесь, что только величайшее искусство – музыка – способна коснуться глубиныд уши。此时，还包含谓语与说明性或确定性词汇的一致关系，例如：Из всех родственников только один человек, а именно восьмидесятилетняя Мишина бабушка, продолжала держать сторону бедной Клавы.

如果主语是表示职位、职业等意义的阳性名词，而所指为女性，显然，谓语也会遵循意义一致关系准则。关于这一点，维诺格拉多夫指出："当动词第三人称与人搭配使用时，与其说它常常与名词的性一致，不如说它与名词性所表示的行为主体一致。例如：Директор заявил на собрании; Агроном уехала в колхоз."

这种产生于口语的意义一致关系被广泛应用于报刊政论语体中，例如：

Автор диссертации практически разрешила и теоретически обосновала кардинальные проблемы;

На одной из остановок кондуктор объявила..;

Главный инженер разговаривала с рабочими, с техниками; Лектор не разграничила и не раскрыла..;

Секретарь любезно сказала.

在这种情况下，就可能会产生一组新词——"共性"名词。

根据研究材料，有理由认为，意义关系一致是现代俄语中普遍存在的一种现象，尤其在较少受制于传统文学规范的语体中更为常见，这是一种普遍趋势，它在保持语言的形式和内容统一的同时，更倾向于强调言语的语义方面内容。

报纸语言可以体现口语的句法特征。此处我们不会详细研究这个问题，因为这些特征只能用于模仿报纸文体的体裁中，如作为句子结构要素的直接引语中，其中包括按照非书面语体特征构建的简单句和复合句。例如，日常谈话中的句子：

А которое в бутылках, оно сегодняшнее?

Ту, которую ты брал чашку, я ее не видела.

Вы не знаете, большой словарь литературного языка, какой сейчас том идет?

А где эта чашка, ты мне говорила?

Ты руки вымыл с улицы пришел?

Надень кофту, там висит которая.

报纸语言是以规范语法为基础的文学书面语体，不允许在没有特殊修辞任务的情况下使用这种语言结构。

此外，报刊文本中还常常使用下列句法手段：

——词的逆序（倒装），例如：выполнили это распоряжение далеко не все. Понятно, что жирно живут далеко не все；

——反问句：А вот если обязательных данных нет или они «закопаны» слишком глубоко – призадумайтесь: зачем вам иметь дело с нечестными людьми?

——兴叹修辞格：Представляю, как сейчас разнервничались некоторые ректоры и директора! Это ж вот так взять и раскрыть кошелек, который до недавнего времени был как свой собственный!

——用独白以外的词语重新提问：Вон было распоряжение о том, чтобы вузы публиковали на своих сайтах списки абитуриентов с указанием их баллов по ЕГЭ и льгот. И что? Выполнили это распоряжение далеко не все.

——用问题打断独白：Вон было распоряжение о том, чтобы вузы публиковали на своих сайтах списки абитуриентов с указанием их баллов по ЕГЭ и льгот. И что? Выполнили это распоряжение далеко не все.

——插入语和插入结构：Но – не секрет – директора столичных школ, например, получают официально под 300 тысяч рублей, ректоры вузов – и вовсе под миллион (в месяц!). Впрочем, знаю я, как будет дальше；

政论语体中也有一些无人称（被动式）结构，例如：правительством утверждены «Правила размещения в Сети информации об образовательном учреждении». Так что и родителям, и самим школьникам и студентам неплохо бы знать, как на самом деле обстоят дела в их учебном заведении. Результат – после громкого скандала был уволен только один-единственный ректор.

Н.С. 瓦尔吉纳指出政论语体的独特句法特征：称名结构、连接结构，这些使语言失去连贯性，制造了一种自由和随意交谈的假象，这有助于表现言语之间的联系功能。

综上所述，报纸有两种性质不同的功能单位：侧重于社会影响的社论文本、旨在传达明确知识信息的报导文本。但是，这一区分与其说体现了报纸语言的风格多样性，不如说证明了它超语言的多功能性，这种多功能性的最终目的在于实现语言单位的影响力。报纸构成情感表现力的独特方式是将带有情感标记的社论文章与采用中性语言的报导文章进行对比。因此，报刊政论语体借助上述两种功能和体裁上不同的文本材料，实现了评价和智能化原则的辩证统一，达到了信息和感染力功能相互作用的目的。

第七章　风尚 стиль

I. Прочитайте следующие фрагменты и обратите внимание на употребление выделенных слов и словосочетаний.

фрагмент 1

Американский Институт цвета Pantone ***назвал два главных цвета 2021 года*** – глубокий серый (оттенок палитры 17-5104) и яркий желтый (оттенок палитры 13-0647).

По словам директора Pantone Леатрис Эйсман, это сочетание цветов ***вселяет в стойкость и надежду***, поскольку каждому человеку необходимо ***чувствовать себя воодушевленным и возвышенным***.

Цветом 2020 года, по версии организации, стал классический синий, который ***воплощает спокойствие и уверенность***.

Pantone ***занимается разработкой и исследованием цветов***, которые дизайнеры и рекламщики всего мира могли бы с успехом использовать в будущем для своих работ. С 2000 года эксперты ежегодно выбирают один цвет, который ***задаст тенденцию специалистам по иллюстрациям и проектированию на весь грядущий год***.

Фрагмент 2

Крупный испанский производитель одежды Zara ***рассматривает возможность временного закрытия магазинов*** в России ***на фоне распространения коронавируса SARS-CoV-2***.

Крупные ритейлеры одежды отправили владельцам российских торговых центров ***запрос с просьбой снизить арендную плату в связи с падением посещаемости магазинов из-за страха заражения коронавирусной инфекцией***. Другим фактором, повлиявшим на уменьшение прибыли брендов, стали ***перебои поставок товаров из Китая***, где из-за эпидемии закрылись ***фабрики по производству***. В числе компаний, обратившихся к российским партнерам с подобным запросом, «Зара СНГ» – «дочка» Inditex (развивает бренды Zara, Stradivarius, Oysho, Bershka, Pull&Bear и другие) и «дочки» LPP (марки Reserved, Mohito, House, Cropp и Sinsay), а также парфюмерные сети «Золотое яблоко» и «Рив Гош».

Руководство «Zara СНГ» попросило торговые площадки в случае временного прекращения работы магазинов не ***взимать*** за этот период ***арендную плату, называя пандемию коронавируса форс-мажорным обстоятельством***.

Фрагмент 3

Королева Великобритании Елизавета II ***избавится от одежды с натуральным мехом*** уже в этом году. Об этом в своей книге «Другая сторона монеты: королева, модельер и платяной шкаф» написала главный модельер королевской особы Анджела Келли.

«Если Ее Величество должна ***присутствовать на мероприятии в холодную погоду***, с 2019 года для того, чтобы ей было тепло, будет использоваться искусственный мех», – цитирует Келли издание Daily Mail 5 ноября.

Таблоид отмечает, что Елизавета ***стала первым членом королевской се-***

мьи, который публично отказался от натурального меха.

Долгие годы королева появлялась на публике в шубах или накидках с натуральным мехом. Но со временем Елизавету II ***подвергли критике экоактивисты***, которые ***борются за права животных***. Поэтому некоторые вещи из королевского гардероба перешили – ***заменили натуральный мех на искусственный***.

Отмечается, что в Британии уже почти 20 лет ***запрещено разводить животных*** ради меха, однако разрешен экспорт изделий из других стран. За прошедший год эта индустрия обошлась стране в £70 млн (больше $90 млн).

Фрагмент 4

Специалисты Роскачества рассказали, как выбрать хорошую матовую помаду для губ красного цвета. Для исследования были ***взяты образцы 20 торговых марок*** из Бельгии, Великобритании, Германии, Италии, Польши, России, США Франции и Швейцарии.

В первую очередь специалисты ***предлагают обращать внимание на состав продукта***. Как правило, ингредиенты перечисляются в порядке уменьшения их количества, алфавитном порядке либо сначала действующие, а затем ***вспомогательные вещества***. Состав всегда указывается на латинском языке, иногда с русским пояснением в скобках.

Эксперты советуют отказаться от покупки средств, в составе которых есть антибиотики, бензол, бром и фурокумарины – кислородсодержащие соединения, такие, как триок-сисалан, 8-метоксипсорален, 5-мето-ксипсорален. Использование фурокумаринов природного происхождение допускается, но в ограниченных количествах.

Также следует ***избегать товаров с содержанием*** полиэтиленгликолей и жирных спиртов, пропиленгликоля, этилового спирта и алкоголя. Данные вещества особенно опасны ***для чувствительной кожи***, могут ***вызвать раздражение, сухость и покраснение***. Пропиленгликоль производители используют в качестве дешевого аналога глицерина как увлажняющий компонент, при этом на деле он может вызвать абсолютно обратный эффект, говорится на сайте Роскачества.

При поставке продукции в Россию производитель должен доказать факт отсутствия ***тестирования на животных***. При импорте вся косметика и бытовая химия проходит повторную сертификацию. Если химия по закону должна пройти тест на животных, то в случае с косметикой всё зависит от возможностей исследовательской лаборатории.

II. Прочитайте следующие фрагменты и ответьте на вопросы.

фрагмент 1

Самым стильным в России среди политиков можно считать министра иностранных дел Сергея Лаврова. Об этом заявила в четверг, 19 ноября, имидж-консультант Юлия Бевзенко на международном форуме профессионалов протокола «Первые лица».

Она отметила, что классический стиль с правильным сочетанием цветов, подобранный по фигуре, оптимален для политика, потому что подсознательно создает образ стабильного и серьезного человека, которому можно доверять. В связи с этим на первое место эксперт поставила Лаврова, который, по ее мнению, может считаться иконой стиля.

Она также отметила, что еще одной частой ошибкой остается неподходящая форма одежды для определенного рода событий или мероприятий. В частности, приезд на место трагедий в слишком дорогих вещах.

В начале сентября эксперт по дипломатическому протоколу, преподаватель Киевского института международных отношений при КГУ им. Т. Шевченко Наталья Адаменко раскритиковала одежду, которую надевал президент Украины Владимир Зеленский на встречи с высокопоставленными представителями других стран, пишет «Газета.ру».

Ответьте на вопросы:

1. Кого среди политиков можно считать самым стильным в России?
2. Какой стиль оптимален для политика и почему?
3. Что остаётся одной частой ошибкой для определенного рода событий или мероприятий?
4. Чью одежду раскритиковали в начале сентября?

Фрагмент 2

Пара кроссовок Nike шестикратного чемпиона НБА и двукратного олимпийского чемпиона Майкла Джордана продана на аукционе Christie's за $615 тыс., сообщила Би-би-си 13 августа.

В этих кроссовках Джордан играл во время выставочного матча 1985 года в Италии.

Кроссовки звезды Chicago Bulls выполнены в классических цветах его команды – красном, черном и белом.

Этот лот побил рекорд, установленный при продаже пары кроссовок Джордана в мае, – тогда обувь баскетболиста, в которой он играл дебютный сезон, ушла с молотка на аукционе Sotheby's за $560 тыс.

13 августа сообщалось о продаже купе Mercedes-Benz S600 1996 года выпуска, принадлежащего Джордану. Цена авто составляет $23 тыс.

Майкл Джордан – шестикратный чемпион НБА, двукратный олимпийский чемпион. За свои прыжки и способность надолго «зависать» в воздухе Джордан получил неофициальное прозвище «Его воздушество».

Ответьте на вопросы:

1. Кто такой Майкл Джордан?
2. Что продао за $615 тыс. на аукционе Christie's ?
3. За что Джордан получил неофициальное прозвище «Его воздушество»?

Фрагмент 3

Британский актер Роберт Паттинсон был признан самым красивым мужчиной в мире на основе древнегреческого принципа золотого сечения.

Данный метод оценивает привлекательность, вычисляя идеальные пропорции лица по математической формуле «золотого сечения».

Оказалось, что параметры 33-летнего актера «Сумерек» и «Бэтмена» на 92,15% близки к «идеалу». На втором месте оказалась звезда «Супермена» и «Ведмака» Генри Кавилл. Его пропорции совершенны на 91,64%. Замкнул тройку самых красивых мужчин в мире Брэдли Купер с показателем в 91%, пишет The Sun.

В топ-5 вошли Брэд Питт и Джордж Клуни. В десятку попали Хью Джекман, Дэвид Бекхэм, Идрис Эльба, Канье Уэст и Райан Гослинг.

Список был составлен с использованием новейших компьютерных методов картографирования. Их разработал косметический хирург Джулиан Де Сильва.

В октябре по такому же принципу были выбраны самые красивые женщины мира. Первое место досталось модели Белле Хадид.

Ответьте на вопросы:

1. Кто был признан самым красивым мужчиной в мире и по какому принципу?
2. Кто вошёл в топ-5 и как список был составлен?
3. Когда были выбраны самые красивые женщины мира?

Фрагмент 4

Китайская супермодель, ангел Victorua Secret Лю Вень может быть оштрафована на $22 млн после того, как объявила о намерении расторгнуть контракт с американским брендом Coach. Поводом послужили разногласия из-за принадлежности Гонконга, пишет в четверг, 15 августа, Daily Mail.

Так, в прошлом году бренд выпустил футболки, на которых данная территория указана как самостоятельное государство, тем самым «оскорбив» официальный Пекин. Изделия привлекли внимание китайских СМИ и интернет-пользователей.

В понедельник Лю Вень на своей странице в Weibo (китайский аналог Twitter) написала, что любит свою родину и «решительно защищает суверенитет Китая».

«Из-за того, что я не внимательно выбирала бренд, вы все были задеты. Я извиняюсь перед каждым!» – написала манекенщица, прикрепив к посту письмо от своего адвоката в качестве подтверждения того, что она начала процесс расторжения контракта с Coach.

Спустя несколько часов в Weibo-аккаунте модного бренда появился пост с извинениями. В нем утверждается, что компания уважает и поддерживает территориальную целостность Китая. Кроме того, в сообщении указано, что в дизайне нескольких футболок, выпущенных в прошлом году, обнаружены грубые ошибки. Это заставило компанию «глубоко осознать» значение этого вопроса.

Daily Mail отмечает, что Лю Вень, будучи амбассадором Coach, получает в год порядка $1,5 млн. Таким образом, штраф за расторжение контракта может в 5–10 раз превысить годовой оклад супермодели.

13 августа французский модный дом Givenchy и американский бренд Coach вслед за итальянской компанией Versace принесли извинения за выпущенные в продажу футболки, на которых несколько китайских городов и территорий были обозначены как отдельные государства.

Ответьте на вопросы:

1. Кто такая Лю Вень?
2. Почему Лю Вень объявила о расторжении контракта с американским брендом Coach?
3. Как объяснили об этом в Weibo-аккаунте модного бренда?

III. Прочитайте следующие фрагменты и переведите словосочетания на китайский язык.

фрагмент 1

Дом Kenzo тем временем окончательно вышел на транснациональную орбиту – ни один японец не возглавлял его после Такады, а сам основатель перешел в категорию живых легенд. Есть, конечно, какая-то обидная ирония в том, что даже знаменитый тигр, с которым ассоциируется сегодня Kenzo, появился спустя полтора десятка лет после ухода Такады из бизнеса (принт с хищником, помогший спасти марку от финансовой катастрофы, придумал дуэт американских модельеров – Юмберто Леон и Кэрол Лим). Однако же в 1970-е и 1980-е имя Kenzo гремело в столице моды Париже именно благодаря революционному подходу основателя дома – и к искусству кроя, и к презентации готового продукта.

Карьеру портного ему прочили едва ли не с детства, хотя скорее как укор: сыну почтенного содержателя гостиницы в Химэдзи пристала карьера врача, учителя, юриста, коммерсанта. Последний, пятый ребенок, появившийся на свет 27 февраля 1939-го, не особо увлекался мальчишескими забавами, зато увлеченно разглядывал модные журналы старших сестер и пытался сам овладеть искусством иглы и нити. После школы юный Кензо по настоянию родителей поступает в солидный Университет иностранных языков в Кобе, однако выдерживает там лишь год. В это время умирает отец Кензо, и будущий дизайнер, несмотря на сопротивление семьи, решается переехать в Токио. Там он поступает в знаменитый колледж Бунка, основанный в 1919 году (первоначально – исключительно для женщин) пионером японской моды Исабуро Намики – одним из первых в стране портных, освоивших искусство создания европейского платья.

Переведите следующие словосочетания:

1. выйти на транснациональную орбиту
2. перейти в категорию живых легенд
3. благодаря революционному подходу

4. в столице моды Париже
5. овладеть искусством иглы и нити
6. искусство создания европейского платья

Фрагмент 2

Как бы то ни было, индустрия явно начинает меняться, и признаки этих перемен уже заметны. «Профессиональное сообщество пересматривает свои взгляды на то, как бренды презентуют себя, саму систему презентации брендов. Крупные дома пересматривают графики показов и даже саму возможность участия, скажем, в Парижской неделе моды. Думаю, что-то изменится в том, как презентовались коллекции в индустрии, – два раза в год мужская, два раза в год женская. Но, наверное, каждый бренд будет адаптироваться по-своему. В частности, будет использоваться перенос в онлайн и в этой сфере. Потому что организация офлайновых шоу по несколько раз в год – это миллионы долларов, которые, еще непонятно, окупаются ли на самом деле», – говорит Георгий Костава.

И действительно, уже стало известно, что, например, марка Gucciотказалась от сезонной системы и участия в неделях моды. Дом Saint Laurent объявил, что пропустит сентябрьскую неделю pret-a-porter в Париже. А Лондонская неделя моды полностью уходит в онлайн и отказывается от деления на мужскую и женскую. Последуют ли примеру главные сезонные шоу – Парижская и Миланская недели моды – пока неизвестно.

Переведите следующие словосочетания:

1. как бы то ни было
2. система презентации брендов
3. в Парижской неделе моды
4. организация офлайновых шоу
5. отказаться от сезонной системы
6. перенос в онлайн

Фрагмент 3

Обвинения модных брендов в оскорблении чувств разных социальных групп появляются по несколько раз в год. Дальше события развиваются по одному сценарию: оскорбленных блогеров цитируют СМИ, бренды снимают товар с продажи и приносят глубокие извинения.

Может показаться, что они специально делают это, чтобы бесплатно пропиариться, но fashion-редактор сайта GQ Татьяна Пятых так не считает. Подобные истории происходили и раньше, и больше их стало из-за соцсетей: «Обвинения в культурной апроприации, использовании блэкфейсов (Так называют карикатурный грим белых актеров под чернокожих, который использовали в театре и кино вплоть до середины XX века. – «Известия») и прочих ненамеренных оскорблений приобрели огромный размах именно в эпоху соцсетей, и в достаточно сжатые сроки бренды оказались в ситуации, когда покаяться публично проще, чем пытаться что-то кому-то объяснить».

Впрочем, Пятых не уверена, что скандалы наносят реальный ущерб репутации брендов, потому что «интернет забывает всё достаточно быстро». Правда, на пользу им это тоже не идет.

Переведите следующие словосочетания:

1. разные социальные группы
2. снимать товар с продажи
3. в эпоху соцсетей
4. в культурной апроприации
5. приносять глубокие извинения
6. в достаточно сжатые сроки
7. наносить реальный ущерб

Фрагмент 4

Не только небольшие, молодые бренды, но и крупные компании заинтересованы в том, чтобы предлагать мужчинам больше средств по уходу за внешностью. Некоторые из них решились посоветовать сильному полу декоративную косметику. Это не нечто розовое и блестящее, а пара-тройка средств в очень сдержанных, неприметных на лице тонах и с матовой текстурой. Такие средства позволяют решать эстетические проблемы, единые для обоих полов: скрывать бледность и синяки под глазами, маскировать воспаления, покраснения и капилляры, увлажнять кожу и защищать ее от солнца.

Первопроходцем стал бренд Tom Ford. Неизменно ухоженный, идеально лощеный основатель марки Том Форд еще в 2013 году убежденно заявил, что миру нужен мужской макияж.

В 2018 году бренд Chanel тоже представил линию макияжа для мужчин Boy de Chanel. В нее вошли бесцветная помада с витамином E, тональный крем с защитой от УФ-лучей, карандаш для бровей в четырех оттенках. В Chanel полагают, что появление средств макияжа для мужчин вполне отвечает духу бренда. В свое время Коко Шанель освободила женщин от корсетов и научила носить удобный трикотаж, а теперь марка дает свободу сильному полу – от стереотипов о том, что можно и нельзя делать настоящему мужчине.

Переведите следующие словосочетания:

1. средства по уходу за внешностью
2. решать эстетические проблемы
3. представить линию макияжа для мужчин
4. карандаш для бровей в четырех оттенках
5. отвечать духу бренда
6. дать свободу сильному полу

IV. Прочитайте следующие фрагменты и переведите словосочетания на русский язык.

фрагмент 1

В мире 1（高级定制）XX столетия было несколько имен, без которых невозможно представить себе 2（当代服装设计）. На ум, конечно, первыми приходят мастера из Франции и Италии: Шанель, Карден, Сен-Лоран, Армани, Версаче. Но стоят в этом ряду и более экзотические имена, и, пожалуй, первым среди равных выступал японец Кензо Такада. Сегодня, 4 октября, 3（伟大的时装设计师）не стало – его жизнь, как и многих других жителей планеты Земля, прервал коронавирус.

Современный Kenzo воспринимается потребителем как 4（法国品牌）– основатель расстался со своим именем еще в 1993 году, продав компанию международному люксовому левиафану LVMH. С 1999 года великий модельер и вовсе был на покое, занимаясь искусством и благотворительностью, периодически создавая коллекции под другими брендами. За место главного модного дома Японии конкурируют с тех пор, пожалуй, Ёдзи Ямамото с его деконструктивизмом и эстет-традиционалист Иссэй Мияке. Но отдавая должное этим великим мастерам, следует помнить: первым в Париже был именно Кензо Такада, и именно его успех 5（开辟道路）следующим гигантам японского дизайна.

Фрагмент 2

1（商店停业）и сокращение 2（大众购买力）нанесло 3（巨大的打击）по ритейлу. Продажи в офлайне по понятным причинам свелись к нулю, торговля через интернет также значительно сократилась – поданным из США, на 30–40%. Общее падение продаж оценивается, к примеру в Великобритании, более чем на 50%, а в России, согласно сведениям оператора фискальных данных «Платформа ОФД», доходит до 90%.

Сложности испытывают и массовый, и люксовый сегменты – самоизоляция привела к тому, что приобретать новую одежду просто нет необходимости. Люди перестали куда-либо выходить и встречаться, что свело на нет социальную функцию моды – демонстрировать свой статус окружающим. «Индустрию моды ждет 4（严重的震荡） и 5（交易额的下降）. При 6（最乐观的预测） на восстановление уйдет два-три года», – считает главный редактор журнала GQ Игорь Гаранин.

Фрагмент 3

Интернет-платформы, торгующие товарами категории масс-маркет, оперативно пополнили коллекции 1（新冠主题商品） и вывели их 2（自己网站的前几页）. Дизайнеры перешли на пошив hand-made-масок, а трикотажное производство разработало новые принты на тему вируса для футболок и свитеров. Эксперты считают, что 3（悲剧炒作）не уместен. Но им возражают психологи – по их мнению, попытка 4（笑对自身恐惧）может для многих обернуться пользой.

Ювелирный бренд из Костромы, выпускающий украшения на медико-научную тему, в марте создал 5（冠状病毒样式的吊坠）. В профессиональном сообществе мнения по поводу украшения разделились. Кто-то отнесся к новости равнодушно, кто-то восхитился, а кто-то воспринял ее негативно, посчитав «цинизмом», «хайпом на трагедии», «культом вируса» и «танцами на костях».

Фрагмент 4

Одежда с ярлыком made in China – это уже давно не только дешевые пуховики, 1（粗糙的复刻）известных марок и рубашки «под Брюса Ли». Китайские дизайнеры успешно работают и 2（世界水平）, и для внутреннего рынка. Свидетельство тому – проводимая с 1997 года Китайская неделя моды (China Fashion Week). Показ коллекций сезона весна-лето 2020 начался в Пекине 25 октября, «Известия» отобрали самые интересные моменты уже состоявшихся дефиле.

Дизайнер Чжоу Цай представил 3（新系列裙装） своей марки Parcz Tsai.

Вдохновением для коллекции David Sylvia Хао Вэйминь послужили наряды исполнителей4（中国戏曲）.

В этнической коллекции Busigui & Mongolia Elements использованы детали традиционного костюма жителей Внутренней Монголии.

Женские модели Busigui & Mongolia Elements вполне могут стать популярны у поклонниц5（特别的晚礼服）.

Бренд из Гонконга Cabbeen, один из крупнейших в КНР производителей модной мужской одежды, предложил сочетание милитари со спортивным стилем.

Zenffengfei предлагает переосмысление традиционной китайской одежды в спортивном контексте.

Работы молодых китайских дизайнеров в целом следуют 6（西方时尚趋势）: контрастные цвета, оверсайз-размеры и асимметрия.

Приглашать на свои показы моделей с европейской внешностью считается в модной индустрии Китая особым шиком.

V. Прочитайте следующие фрагменты и поставьте слова в скобках в нужной форме.

фрагмент 1

Анна Винтур, главный редактор американского издания Vogue и одна из 1.__________(самый влиятельный женщины) 2.__________(в индустрия мода), выступила 20 мая с программным интервью на канале CNBC. Винтур признала, что пандемия привела к 3.__________(«катастрофический последствия») для моды, но выразила надежду 4.__________(на возможность позитивный изменение). «Думаю, [пандемия] дает индустрии паузу. Думаю, все сейчас занимаются переосмыслением того, что такое индустрия моды, что она означает, чем должна быть», – сказала эксперт.

Винтур подчеркнула, что наибольший удар принял на себя малый бизнес – «вне зависимости, люксовый, доступный, называйте его, как хотите, но он практически полностью лишился дохода». Именно поэтому Vogue и Совет модельеров

Америки (CFDA) еще в апреле запустили программу A Common Thread («Общая нить»), призванную поддержать 5.__________(малый производители и местный ритейл). Кроме того, Винтур считает, что дизайнеры и производители должны активнее заниматься 6.__________(«экологический» мода), что, по ее мнению, может также стать одним из «спасательных кругов» для бизнеса.

Фрагмент 2

Многие пользователи, рассказали в «Авито», несмотря ни на что, пытаются оптимистично 1.__________(относиться к происходящее) и предлагают покупателям продукцию для) 2.__________(поднятие настроение и поддержка близкие). Жители Иваново и Москвы выставили на интернет-платформе футболки 3.__________(с смешный и мотивирующий принты), в Санкт-Петербурге предлагают наклейки «Stop virus». Некоторые пользователи даже продают hand-made костюмы на эту тему, например бейсболку «Вирус» для шоу и маскарада. Ее можно купить за 1 тыс. рублей.

И другие цены 4.__________(текстиль с «вирусный» дизайн) не кусаются: многоразовая тканевая маска, которую медики рассматривают не больше, чем аксессуар, стоит от 150 рублей, футболка надписью «Держи дистанцию» или «Остановим коронавирус» – от 700 рублей. «Осталось 3 штуки: завтра цена вырастет!» – предупреждают мигающие тизеры на страницах. Маска в подарок при покупке толстовки – хит 5.__________(среди специальный предложения).

«Нехорошие» кулоны и принты с изображением вируса вряд ли останутся в гардеробе навсегда, отметила психолог Татьяна Андреева. Такая мода объясняет нашу склонность лишить серьезности важные и пугающие явления особенностью человеческой натуры.

Фрагмент 3

Многие пользователи соцсетей следят 1.__________(жизнь мировой знаменитости)в надежде узнать 2.__________(секреты их красота и молодость). Те, кто подписан на американскую телезвезду Ким Кардашьян, знают о ее любви 3.__________(вампирский лифтинг. В ходе этой процедуры у пациента берется кровь и разделяется в центрифуге на элементы. Для вампирского лифтинга косметологу нужны только плазма и тромбоциты. Их смешивают с 4.__________(гиалуроновый филлеры) и наносят состав на кожу лица. Далее аппарат с насадками в виде 5.__________(несколько миниатюрный иглы) прокалывает эпидермис, проникая на глубину от 0,5 до 2,5 мм. Во время бьюти-экзекуции лицо покрыто кровяными капельками и разводами, отсюда и название – вампирский лифтинг.

Фрагмент 4

Познакомьтесь 1.__________(с новый герой наш время) – нижним бельем в стиле бодипозитив. Оно импонирует 2.__________(мягкий и приятный тело материалы и простой фасоны), идеально подходящими для 3.__________(современный ритм жизнь). Производители грамотно выстраивают стратегию – например, удостоверились, что продукцию представляют манекенщицы всех типажей, размеров и цвета кожи. Они продвигают свои товары в основном в соцсетях. При этом выстраивают вокруг себя онлайн-сообщества единомышленниц, для которых важны инклюзивность, разнообразие, бодипозитив. Покупая простое и удобное белье, женщины покупают и совершенно новую идею: лишь комфорт может быть сексуален.

Основные послания новых брендов созвучны ценностям молодых и продвинутых девушек: принятие себя и своей внешности, отказ от 4.__________(излишний сексуализация)и объектификации образа женщины, активный и здоровый образ жизни, ставка 5.__________(физический комфорт).

VI. Прочитайте следующие фрагменты и выучите наизусть выделенные предложения.

фрагмент 1

Самая опасная бьюти-процедура в мире – бразильская подтяжка ягодиц. Эта хирургическая операция убивает одного из 3 тыс. пациентов. Пока это не останавливает желающих лечь под скальпель. Вмешательство, цель которого – ***придать пятой точке более выразительные формы, характерные для латиноамериканок***, подразумевает липосакцию (откачку жира с тех участков, где он нежелателен), и липофиллинг (введение полученного материала туда, где он эстетически нужнее). Таким образом, можно одновременно избавиться от, например, жировых отложений на талии и придать округлость ягодицам. В другом варианте бразильские формы просто создают путем введения в филейную часть большого количества филлеров на основе плотной гиалуроновой кислоты.

В американской ассоциации пластических хирургов ***связывают большое количество осложнений и летальных исходов*** после процедуры с двумя факторами. Первый – ***вмешательство всё чаще проводят неспециалисты***. Второй – в ягодицы вводят вещества, не предназначенные для этого (например, жидкий силикон).

Несмотря ни на что, бразильский лифтинг очень популярен. Чтобы не платить большие суммы, которые запрашивают опытные хирурги, некоторые решают поискать бюджетные альтернативы и, на свою беду, находят их.

В январе 2019 в нью-йоркском Бронксе ***арестовали женщину, не имевшую врачебной лицензии***. Кустарь-косметолог закачала в ягодицы пациентки силикон, что привело к ее гибели. Лжеспециалисту было предъявлено обвинение в убийстве.

Фрагмент 2

Как обычно, ***красота требует жертв. В силу очевидных физиологических различий, не всем достаточно сделать модный Instagram-макияж, чтобы приблизить свою внешность к желаемой***. Это не смущает мечтающих о лице «как у Кардашьян». ***Многие готовы прибегнуть к услугам косметолога*** – делать, если надо, инъекции ботулотоксина (разгладит лоб и сделает брови вразлет, сузит овал лица) или филлеров на основе гиалуроновой кислоты (подарят желанную пухлость губам, остроту подбородку, высоту скулам).

А если усилий косметолога окажется недостаточно, ***в бой вступит пластический хирург***: его возможности практически безграничны.

Опрошенные интернет-изданием Huffington Post эксперты полагают, что ***в гомогенизированной красоте нет ничего хорошего***. Психологи увидели опасность «эффекта аутсайдера» – любая непохожая на Instagram-идеал женщина может счесть, что она недостаточно хороша.

«Думаю, что это [Instagram-лицо] уродливо, несмотря ни на что. ***Это реальное отрицание человеческих черт***», – говорит Энгельн.

С точки зрения истории красоты, в унификации тоже мало положительного. Вайнгартен беспокоится, что все ***более молодые девушки оказываются вовлечены в эту игру***. А тяга подростков к экспериментам, которая была во все времена, напротив, нивелируется.

Фрагмент 3

Синий цвет логотипа метрополитена в Санкт-Петербурге обозначает удачу, вечность, доброту и небо. Об этом рассказали представители петербургской подземки «Комсомольской правде – Петербург» во вторник, 15 января.

Отмечается, что ***до 1990-х годов дизайн логотипов всех метрополите-***

нов СССР был выполнен в едином стиле – в виде остроконечной буквы «М». Различия заключались в цвете буквы. Так, в Москве вход в метро был красного цвета, в Петербурге – синего. Единый стиль логотипов был также обусловлен тем, что все советские метрополитены относились к Министерству путей и сообщения.

После распада Советского Союза метро Петербурга перешло в ведение администрации города. После рассмотрения множества вариантов был выбран новый уникальный дизайн входа в подземку Санкт-Петербурга, отмечает «Федеральное агентство новостей».

Представители петербургского метро добавили, что соединяющиеся в центре линии буквы «М» – символ эскалаторов (метро Санкт-Петербурга – одно из самых глубоких в мире. – Ред.), а ***полукруглые основания обозначают своды тоннелей***.

13 января стало известно о планах столичных градостроителей о постройке новой ветки метро Москвы из семи станций длиной около 19 км в районе Рублево-Архангельское.

Фрагмент 4

«Мисс мира» проходит уже в 68-й раз. Конкурс впервые появился в Великобритании летом 1951 года. Придумал его рекламный агент Эрик Морли, и первое состязание называлось просто «конкурсом бикини» – конкурсом «Мисс мира» его окрестили в прессе. Морли, работавший в крупной сети ночных клубов и танцзалов Мecca (хорошо знакомой меломанам как одно из мест зарождения так называемого северного соула), предположил, что «всемирный конкурс красоты» привлечет в Лондон во время Фестиваля Британии большое количество туристов. ***Сам конкурс проводился совместно с одним из производителей только входивших в моду*** (и еще считавшихся не вполне пристойными) купальников бикини. Первой победительницей стала шведка Керстин «Кикки» Хоканссон, а с 1952 года конкурс получил свое нынешнее имя и стал ежегодным. Правда, чтобы не пересекаться с появившимся в том же 1952 году в США «Мисс Вселенная», Морли решил перенести свой конкурс с осени на начало зимы. ***С 1959 года Би-би-си начала транслировать в прямом эфире финал «Мисс мира». К 1997 году его показывали по ТВ в 155 странах 2,5 млрд зрителей***.

Конкурс продолжает быть популярным и сегодня, несмотря на протесты феминисток, считающих, что ***такой способ определения «самой красивой» унижает достоинство женщины***. Еще в 1970 году несогласные британки закидали сцену конкурса в Royal Albert Hall мешками с песком (серьезно напугав ведущего Боба Хоупа), случались подобные инциденты и в последующие десятилетия. А с 2014 года организаторы «Мисс мира» объявили об отказе от принесшего им некогда славу парада-алле участниц в бикини – ***в полном соответствии с требованиями морали XXI века***.

VII. Прочитайте самостоятельно следующие фрагменты.

Фрагмент 1

Пирофорез: для тех, кто замерз после криотерапии

Пирофорез – это лечение волос огнем. Согласно описанию, процедура возвращает шевелюре здоровый, ухоженный вид и подходит для любого типа волос, но дает лучший результат на ломких, поврежденных и секущихся прядях.

Технически пирофорез представляет собой стрижку волос открытым огнем, с предварительным нанесением вспомогательных лечебных составов. На длинные ножницы наматывают пропитанные спиртом ватные тампоны, поджигают их и последовательно обрабатывают пряди. Заявлено, что при этом посеченные кончики сгорят, а оставшаяся длина обогатится питательным составом.

Пирофорез был изобретен и запатентован в России, хотя похожие техники существовали издавна в традициях разных народов (скажем, стрижка огнем свечи в Южной Америке).

Решившись на такую стрижку, важно убедиться, что мастер имеет сертификат, подтверждающий право ее проведения. Случаи сжигания прядей самоучками несложно найти в Сети.

Фрагмент 2

Названы лучшие новые ресторанные концепции 2019 года

Лучшие новые ресторанные концепции 2019 года выбрали в рамках XIV Международной премии «Пальмовая ветвь ресторанного бизнеса – 2019». Российский финал премии состоялся в Москве, в понедельник, 22 апреля. Высшая награда досталась ресторану «Горыныч». Именно этот проект будет представлять Россию на международном финале Palme d'Or в Париже в 2020 году.

Согласно правилам конкурса, на премию номинируются рестораны, открывшиеся в предыдущем году. Эксперты «Пальмовой ветви» сначала выбрали сотню наиболее значительных и самостоятельных (не франшизных) проектов из Москвы, Санкт-Петербурга, Екатеринбурга, Новосибирска, Владивостока, Сочи, Ярославля Йошкар-Олы и Самары. Топ-100 представляет собой своеобразный срез ресторанного рынка страны, он же является основой для выбора финалистов.

Среди важнейших критериев отбора – новизна концепции для города или региона, соответствие актуальным трендам, возможная быстрая окупаемость и потенциальная тиражируемость.

В национальный финал в итоге вышло девять концепций из Москвы, Санкт-Петербурга, Сочи и Йошкар-Олы.

Высшая награда – «Золотая пальмовая ветвь» – досталась ресторану «Горыныч» (Москва). Рестораны Birch (Санкт-Петербург) и «Рыба моя» (Москва) получили соответственно серебряную и бронзовую награды.

Специальный приз за лучшую ресторанную концепцию года по версии ресторанных обозревателей также получил ресторан Birch. А ресторатором года по версии премии Palme d'Or эксперты признали Антона Пинского.

Премия «Пальмовая ветвь ресторанного бизнеса» – престижная международная награда, присуждаемая лучшей ресторанной концепции года. Премию с 1993 года вручает авторитетная европейская ассоциация Leaders Club International. Ежегодно за статус лучшей ресторанной концепции ведут борьбу рестораны Франции, Бельгии, Швейцарии, Германии, Турции, Украины и России.

Фрагмент 3

«Мисс Россия – 2019» прокомментировала победу в конкурсе

Студентка из Азова (Ростовская область) Алина Санько прокомментировала в Instagram свою победу на конкурсе «Мисс Россия – 2019».

«Не передать словами, как я счастлива!!! До сих пор думаю, что это сон», – поделилась 20-летняя королева красоты.

Финал конкурса состоялся в ночь на 14 апреля в концертном зале «Барвиха Luxury Village». За титул боролись 50 девушек.

Корону из белого золота, украшенную драгоценными камнями и жемчугом, Санько передала прошлогодняя победительница конкурса Юлия Полячихина. Кроме того, девушка получила денежный приз в размере 3 млн рублей, а также возможность представлять Россию на конкурсах «Мисс мира» и «Мисс Вселенная».

Согласно профилю на сайте мероприятия, Санько увлекается поэзией, рисованием и живописью, а также любит путешествовать.

КЛЮЧИ

IV. Прочитайте следующие фрагменты и переведите словосочетания на русский язык.

фрагмент 1

1. высокой моды
2. современный дизайн одежды
3. великого кутюрье
4. французский бренд
5. проложил дорогу

фрагмент 2

1. Закрытие магазинов
2. покупательской способности массового потребителя
3. значительный удар
4. серьезное потрясение
5. снижение оборотов
6. самом оптимистичном прогнозе

фрагмент 3

1. товарами на тему коронавируса
2. на первые страницы своих сайтов
3. хайп на трагедии
4. посмеяться над своим страхом
5. кулон в виде коронавируса

фрагмент 4

1. аляповатые копии
2. на мировом уровне
3. новую линию платьев
4. традиционной китайской оперы
5. необычных вечерних платьев

6. модным западным трендам

V. Прочитайте следующие фрагменты и поставьте слова в скобках в нужной форме.

фрагмент 1

1. самых влиятельных женщин
2. в индустрии моды
3. «катастрофическим последствиям»
4. на возможность позитивных изменений
5. малых производителей и местный ритейл
6. «экологической» модой

фрагмент 2

1. относиться к происходящему
2. поднятия настроения и поддержки близких
3. со смешными и мотивирующими принтами
4. на текстиль с «вирусным» дизайном
5. среди специальных предложений

фрагмент 3

1. за жизнью мировых знаменитостей
2. секреты их красоты и молодости
3. к вампирскому лифтингу
4. гиалуроновыми филлерами
5. нескольких миниатюрных игл

фрагмент 4

1. с новым героем нашего времени
2. мягкими и приятными телу материалами и простыми фасонами
3. современного ритма жизни
4. излишней сексуализации
5. на физический комфорт

第八章　旅游 туризм

I. Прочитайте следующие фрагменты и обратите внимание на употребление выделенных слов и словосочетаний.

фрагмент 1

В общей сложности по стране ***в новогодние праздники*** путешествовали около 10 млн. человек, об этом в конце первой послепраздничной недели рассказал вице-премьер Дмитрий Чернышенко. При этом, по его словам, россияне сделали ***ставку на активный отдых и оздоровительные процедуры***.

«Лыжи, сноуборд, конные и пешие прогулки, санаторно-курортные программы и ***термальные источники*** – вот наиболее ***востребованные виды отдыха*** с начала нового года», – заявил вице-премьер.

Одной из причин, по его мнению, стали ограничения, введенные на ***увеселительные мероприятия*** в ряде регионов на время праздников, а также накопленный эффект от самоизоляции. ***Загруженность загородных отелей*** по стране, по его словам, составила 70–90%.

В Ассоциации туроператоров России (АТОР) объемы ***внутреннего туристического потока*** оценили примерно в 1,5 млн человек.

фрагмент 2

Новый ***термальный комплекс*** «ЛетоЛето» – то место, ради которого стоит ехать в Тюмень. Он ничуть не хуже, а местами даже и лучше аналогичных швейцарских и австрийских оздоровительных центров. Здесь можно часами лениво лежать ***в теплом аромаджакузи***, созерцая залитую солнцем снежную равнину через гигантскую стеклянную стену, париться в хамаме, ***отогреваться в оливковой сауне и нырять в ледяную купель, сидеть за стойкой бара*** на воде, потягивая не только ягодно-фруктовые смузи, но и любые алкогольные напитки, до умопомрачения кататься с горок аквапарка, в том числе ***испытать восторг от свободного падения***, когда под ногами вдруг проваливается пол. В перерывах между развлечениями – позавтракать, пообедать или поужинать в одном из кафе, где ***предлагается еда на любой вкус***, от бургеров, пиццы и картошки фри до горячих блюд и сладостей, а после – подремать в одном из многочисленных шезлонгов.

Центральный объект курорта – это, конечно, ***термальный источник под открытым небом с полностью натуральной минеральной водой***, бьющей из недр земли. Клубы разгоняемого ветром пара, гидромассажные души и ванны, свежий морозный воздух и кружащиеся в воздухе снежинки – ***лежать в таком антураже***, кажется, можно бесконечно. Хотя рекомендуется – не больше 15 минут.

Фрагмент 3

Рязань ***расположена на берегу Оки*** всего в 200 км. от Москвы. Сегодня она ***находится в самом центре*** исторического ядра русских земель, но несколько столетий назад была его юго-восточной окраиной, точнее, форпостом у самой границы Великой степи. ***Один из крупнейших древнерусских городов***, известная с конца XI века богатая и величественная Рязань в числе первых ***приняла на себя*** страшный удар Батыевых орд, невероятно мужественно сопротивлялась и… была почти полностью уничтожена, так и не сумев ***вернуться к былому величию. О тех трагических событиях*** повествует «Песнь о разорении Рязани Батыем» – признанный ***шедевр древнерусской литературы***.

Та историческая Рязань располагается в 50 км от города, который сегодня носит это имя. На месте древнего городища, именуемого Старой Рязанью, действует ***крупнейший археологический комплекс*** – один из самых богатых в стране ***по количеству и качеству находок***. С наиболее интересными можно познакомиться в экспозиции Рязанского историко-архитектурного музея-заповедника. И это непременно стоит сделать, поскольку многие экспонаты, особенно предметы повседневного быта, в самом деле уникальны.

Фрагмент 4

Что такое современная русская кухня? Что определяет ее суть, содержание и форму? На эти вопросы пытаются ответить ***с завидной периодичностью*** лучшие шеф-повара страны. С разной степенью аргументированности и доказательной базы. Впрочем, наиболее убедительный ответ дает сама еда. Необычная и непривычная, подчас странная, порой обескураживающая, но интригующая и возбуждающая. Словом, ***требующая к себе серьезного отношения, солидного гастрономического опыта, специальных знаний и развитого вкуса***.

Последние годы в современной русской кухне происходит ***подлинная революция***. Всё больше отечественных ресторанов ***попадает в число лучших в мире, забираясь на самую верхушку международных рейтингов***. Например, в 2019-м в топ-листе The World's 50 Best Restaurants таких было уже четыре, причем два – в первой двадцатке.

Русские повара постоянно принимают у себя коллег из разных стран и сами активно ***гастролируют в лучших ресторанах планеты***, обмениваясь идеями и опытом. Они ***делятся своими знаниями на представительных форумах***, вроде Madrid Fusion, и ***организуют гастрономические фестивали*** в России с непременным участием звезд мировой гастрономии. Из наиболее важных событий последних месяцев назовем Ikra Talks и Twins Science.

II. Прочитайте следующие фрагменты и ответьте на вопросы.

фрагмент 1

Популярностью, по данным туроператоров и самих регионов, в этом году пользовались отечественные горнолыжные курорты. Так, по данным, которые привел Дмитрий Чернышенко, популярность горнолыжных направлений в этом году выросла с 8 до 23%. Горнолыжные курорты Северного Кавказа «Эльбрус», «Архыз», «Ведучи», по его словам, посетило на 26% больше туристов, чем во время прошлых новогодних праздников.

По мнению вице-премьера, росту их популярности способствовало не только закрытие зарубежных направлений, но и развитие инфраструктуры на отечественных курортах.

По данным, которые приводит АТОР, приток туристов на горнолыжные курорты Карачаево-Черкессии в этом году вырос на 15% по сравнению с прошлым годом (150 тыс. человек), самыми популярными оказались Домбай и Архыз.

Открытием этого года в АТОР считают расположенный на Кузбассе Шерегеш, куда за время каникул приехали 200 тыс. человек.

«С 1 по 10 января там зафиксировали более 200 тыс. туристских посещений. С начала турсезона, который стартовал 14 ноября, курорт уже посетили более полумиллиона раз. Рост турпотока отмечен и на других горнолыжных курортах: «Танае», «Горной Саланге», «Югусе»», – отметили в правительстве Кемеровской области.

Ответьте на вопросы:

1. Какой вид отдыха в этом году пользовались популярностью?
2. В чём причина популярности этого вида отдыха по мнению вице-премьера?
3. Какие места из горнолыжных курорт Карачаево-Черкессии оказались самыми популярными?

Фрагмент 2

Как уточняется, рейсы по маршруту Москва–Хельсинки–Москва будут выполняться два раза в неделю, по четвергам и субботам.

«По мере восстановления международного воздушного сообщения частота выполнения рейсов может меняться», – отмечается на официальном сайте«Аэрофлота».

Пассажиры смогут приобрести билеты на сайте авиакомпании, в офисах собственных продаж и у официальных агентов.

Необходимые данные о расписании рейсов и услугах можно найти на сайте компании. Чтобы узнать о действующих правилах получения виз и ограничениях на въезд, необходимо открыть раздел «Информация об изменениях, связанных с COVID-19».

Ранее, в январе, стало известно, что Россия возобновляет пассажирское авиасообщение с Вьетнамом, Индией и Катаром с 27 января. Самолеты будут вылетать в Ханой и в Дели дважды в неделю, а в Доху – трижды в неделю.

Также с 20 января будут возобновлены рейсы Singapore Airlines Сингапур–Москва. Уточнялось, что обязательным требованием для пассажиров, не являющихся гражданами России, станет предоставление отрицательного теста на коронавирусную инфекцию, проведенного не позднее 72 часов до вылета.

Регулярное и чартерное авиасообщение было приостановлено Россией в марте из-за ситуации, вызванной распространением коронавируса в мире. Было разрешено только вывозить иностранных граждан из России на родину и россиян в Россию. С 1 августа российские власти возобновили регулярные рейсы с Лондоном, Стамбулом и Занзибаром (Танзания). Затем авиасообщение восстановили еще с рядом стран.

Ответьте на вопросы:

1. Какая частота будут выполняться рейсы по маршруту Москва–Хельсинки–Москва?
2. Где пассажиры смогут приобрести билеты?
3. Какой раздел необходимо открыть,чтобы узнать о действующих правилах

получения виз и ограничениях на въезд?

4. Почему регулярное и чартерное авиасообщение было приостановлено Россией в марте? И только какая ситуация была разрешена?

Фрагмент 3

У авиапутешественников на первом месте в рейтинге самых популярных городов России традиционно находится Москва: в столицу выкупили больше всего билетов на самолеты.

На втором месте Санкт-Петербург, а на третьем – Сочи: туда купили почти в два раза больше билетов, чем год назад.

В десятку также вошли Краснодар, Симферополь, Минеральные Воды, Уфа, Ростов-на-Дону, Махачкала и Калининград.

Москва также стала самым популярным городом и для туристов, которые решили отправиться в путешествие на поезде.

На втором и третьем местах в списке идут Санкт-Петербург и Нижний Новгород соответственно.

Среди самых востребованных железнодорожных направлений также значатся Тюмень, Казань, Екатеринбург, Адлер, Краснодар, Хабаровск и Сочи.

В середине декабря прошлого года сервис «Яндекс.Путешествия» опубликовал результаты исследования, согласно которому большинство россиян, решивших отправиться в путешествие на новогодние праздники, предпочли поездки по стране. Среди городов-лидеров – Сочи, Москва и Санкт-Петербург.

Ответьте на вопросы:

1. Какие города вошли в десяткув рейтинге самых популярных городов России у авиапутешественников?
2. Для каких туристов Москва также стала самым популярным городом ?
3. Какие города значатся среди самых востребованных железнодорожных направлений ?

Фрагмент 4

В 15 км. к югу от Тулы находится одна из визитных карточек региона – музей-усадьба Льва Толстого «Ясная Поляна». В новогодние праздники комплекс работает в особом режиме: 1, 2 и 7 января мемориальные здания закрыты, а экскурсии отменены. В эти дни разрешают погулять только по территории усадьбы с бесплатным мобильным аудиогидом. В остальное время на экскурсии собирают группы по пять человек с 9:30 до 15:30. Билеты можно купить в кассе в день посещения, но «Ясная Поляна» – сверхпопулярное у туристов место, и у касс всегда толпятся большие очереди. Чтобы гарантированно попасть на экскурсию, стоит заранее купить электронный билет. Самим ходить по мемориальным зданиям запрещено.

В «Ясной Поляне» Толстой написал «Войну и мир» и «Анну Каренину», здесь же находится его могила. В парке классический загородный антураж: пруды, аллеи, рощи, сады и поляны, а также флигель, кучерская, кузня, купальня, баня, конюшня и другое.

Недалеко от усадьбы есть гостиница, с заднего двора которой можно выйти прямо в лес. На территории комплекса расположены и несколько небольших кафе.

Ответьте на вопросы:

1. Где находится музей-усадьба Льва Толстого «Ясная Поляна»?
2. В каком режиме музей-усадьба работает и в новогодние праздники и в остальное время?
3. Какие произведения Толстой творил?

III. Прочитайте следующие фрагменты и переведите словосочетания на китайский язык.

фрагмент 1

Несмотря на то что спрос на внутренние путешествия вырос, показатели среди российских регионов также были неоднородными.

Так, значительно снизилось число туристов в Москве и Петербурге (напомним, что власти города накануне праздников ввели жесткие ограничения из-за сложной ситуации с заболеваемостью коронавирусом и обратились к туристам с просьбой в этом году не приезжать туда на праздники). В Северной столице, по данным департамента туризма, гостиничный фонд в январе был заполнен на 18–20%.

Чаще всего в Петербург на новогодних праздниках приезжали москвичи – по данным туристско-информационных центров города, на них пришлось около 62% гостей, вторым ключевым направлением стала Тюмень, откуда в город приехали около 7%.

В столице, по данным, которые привели в правительстве, заполняемость гостиничного фонда составила около 30%. Спрос на туры в Подмосковье, по оценкам АТОР, снизился почти на 20% из-за введения обязательных тестов на ПЦР для приезжающих.

Переведите следующие словосочетания:

1. спрос на внутренние путешествия
2. ввети жесткие ограничения
3. на новогодних праздниках
4. показатели среди российских регионов
5. из-за введения обязательных тестов на ПЦР

фрагмент 2

Первая точка маршрута – Романцевские горы около деревни Кондуки. Это бывшие карьеры по добыче угля открытым способом.Они производят впечатление в любое время года. Зимой здесь можно покататься по чистому и прозрачному льду и сфотографироваться на фоне заснеженных склонов. Это место называют подмосковной Скандинавией, с каждым годом оно привлекает всё больше туристов.

Поездка до Романцевских гор из центра Москвы по трассе М-4 займет около трех часов. Если ехать по М-2 через Тулу, то нужно заложить на дорогу около 4,5 часов. Остановиться в Кондуках надолго не получится: здесь нет гостиниц и другой туристической инфраструктуры. Максимум, на что можно рассчитывать, – фургончик с горячим кофе. Туристы обычно приезжают с палатками или задерживаются на несколько часов и отправляются дальше.

Переведите следующие словосочетания:

1. бывшие карьеры по добыче угля открытым способом
2. производить впечатление
3. покататься по чистому и прозрачному льду
4. сфотографироваться на фоне заснеженных склонов
5. привлекать всё больше туристов
6. задерживаться на несколько часов

фрагмент 3

О создании нового гастрономического бренда – петербургской кухни – в городе на Неве задумались несколько лет назад. В его основу положили исторические рецепты XVIII–XIX веков, собранные прежде всего в хрестоматийном издании Игнатия Радецкого «Петербургская кухня» (1862), а также результаты многочисленных научных изысканий Вильяма Похлебкина, но не только. Историки буквально по крупицам собирали информацию из самых разных источников – литературных произведений, периодической печати, дневников, писем, памятников искусства. В итоге сложился обширный корпус текстов, который позволяет понять, не только что ели в столице Российской империи, но также откуда заимствовались рецепты, как и почему перерабатывались, как сервировались те или иные блюда, из чего состоял обед – повседневный, праздничный, постный, торжественный и т.д.

«Петербургская кухня представляла собой соединение русских, немецких, французских, голландских гастрономических традиций, национальных продуктов и европейских, прежде всего французских техник. Но речь шла не о слепом копировании, а о творческом переосмыслении того, что позднее назовут haute cuisine. Петербургская кухня существенно отличалась и от традиционной русской, и от купеческой московской. Она была в подлинном смысле слова аристократической», – рассказала куратор Музея истории развития общественного питания Петербурга Татьяна Цветкова.

Переведите следующие словосочетания:

1. новый гастрономический бренд
2. положили в основу
3. результаты многочисленных научных изысканий
4. собирать информацию из самых разных источников
5. слепое копирование
6. творческое переосмысление
7. в подлинном смысле

фрагмент 4

Сейчас в Китае, как и в России, туриста ориентируют, прежде всего, на внутренний туризм. Происходит постепенное смещение предпочтений китайских туристов от массового группового обслуживания к индивидуальным поездкам и кастомизированному сервису. По оценкам специалистов, после снятия ограничений первая волна заграничных поездок граждан КНР будет сформирована самостоятельными путешественниками активного возраста.

Присутствие на российском рынке теневых схем обслуживания привело к тому, что за нашей страной закрепился статус дешевого массового направления для пенсионеров с низким качеством обслуживания, говорит Баргачева. Главная задача на сегодня, по словам экспертов, эту ситуацию изменить, позиционировать Россию правильно, повысить ее конкурентоспособность.

Переведите следующие словосочетания:

1. постепенное смещение предпочтений
2. от массового группового обслуживания к индивидуальным поездкам и кастомизированному сервису
3. первая волна заграничных поездок
4. низкое качество обслуживания
5. повысить конкурентоспособность

IV. Прочитайте следующие фрагменты и переведите словосочетания на русский язык.

фрагмент 1

Человеку, никогда не бывавшему в Тюмени, сложно 1（想象）представить себе, что люди едут сюда отдыхать. 2（大部分俄罗斯人的意识中）она ассоциируется с нефтью, буровыми вышками, суровым климатом и медведями. А между тем это прекрасный благоустроенный город с 3（丰富历史）, множеством исторических памятников и органично вписанных между ними модных заведений и арт-объектов, настоящей зимой и 4（超现代化的温泉疗养地）. Побывать здесь стоит хотя бы раз, особенно в разгар глобальных ограничений.

«Тюмень – столица деревень» – никто не знает, откуда точно пошла эта поговорка, говорят, что ее придумали советские публицисты, за что местные таят на них некоторую обиду. Однако городским жителям может доставить изрядное удовольствие после посещения краеведческого музея «Городская Дума», разместившегося в историческом здании конца XIX века, перейти по Мосту влюбленных и совершить прогулку по местности, где сохранились деревянные постройки времен начала освоения Сибири. Стоит отметить, что это не искусственно созданная для туристов этнодеревня, а настоящий жилой район, где морозный воздух смешивается с ароматом горящих дров и 5（每一步）можно встретить покосившиеся и наполовину вросшие в землю деревянные избушки с резными ставнями и уютно светящимися оконцами, в которых мелькают силуэты местных жителей. Необъяснимо, но почему-то навевает воспоминания о заснеженных альпийских горных селениях.

фрагмент 2

Президент России Владимир Путин 17 декабря в ходе большой пресс-конференции указал на важность 1（发展国内旅游）, отметив, что власти стараются делать это 2（利用各种方法）.

Глава государства заявил, что многие люди жалуются 3（基础设施缺乏）. В нее, по словам президента, должно вкладываться как государство, так и бизнес. Власти, в свою очередь, будут оказывать помощь региональным предпринимателям.

Путин также отметил, что будет создана структура, которая займется исключительно внутренним туризмом. Кроме того, президент напомнил и о 4（旅行返现方案）.

«Мы предусмотрели на этот возврат 15 млрд рублей, а освоено только 1,2 млрд рублей. Средства, которые были предусмотрены, мы их перенесем на следующий год», – заявил Путин.

Российский лидер добавил, что необходимо как можно чаще рассказывать о тех туристических возможностях, которые предоставляет Россия.

Ранее в ходе пресс-конференции Путин отметил, что РФ 5（开放边界）, когда это разрешат врачи, контролирующие ситуацию с распространением коронавируса.

Ранее в декабре стало известно, что бюджеты регионов за счет программы туристического кешбэка суммарно получили около 13 млрд рублей.

1 октября сообщалось, что премьер-министр России Михаил Мишустин продлил программу туристического кешбэка за туры по стране до 10 января 2021 года. Отмечалось, что в ней могли принять участие не только отели и туроператоры, но и туристические агрегаторы.

фрагмент 3

Петербург традиционно занимает 1（主导地位） в качестве одного из наиболее 2（热门旅游方向）в нашей стране. Прежде всего путешественников привлекает могучий культурный потенциал Северной столицы – с 3（杰出的历史丰碑）и культуры, 4（丰富的博物馆藏）, разноформатными театральными, сценическими и концертными площадками. Однако в последнее время всё больше внимания уделяется развитию еще одного, принципиально важного для регионального туризма направления – гастрономического.

«Гастрономия неразрывно связана с культурной составляющей города – благодаря специфике местоположения. Санкт-Петербург как 5（俄罗斯与欧洲的“窗口”）сочетает разнообразие всевозможных национальных кухонь, поэтому Северная столица имеет все шансы называться не только культурной столицей России, но и гастрономической. Мы хотим дать правильное направление дальнейшему развитию петербургской кухни через культурно-познавательный туризм, создавая новые 6（美食线路）гастрономические маршруты и соответствующим образом позиционируя город на региональном и мировом туристских рынках», – рассказал председатель комитета по развитию туризма Санкт-Петербурга Сергей Корнеев.

фрагмент 4

Рост бронирований и увеличение среднего чека аналитики прогнозируют не раньше апреля-мая, вместе с ожидаемым открытием границ. Эксперты выделили и ряд трендов, которые будут влиять 1（旅游业）в 2021 году.

– Прежде всего это 2（生活节奏加快）, которое, скорее всего, приведет к 3（平均时间缩短）путешествия, но вместе с тем к увеличению количества самих путешествий в год, – рассказала «Известиям» заместитель руководителя платформы «Туту Приключения» Елена Чубина.

Кроме того, граждане уделяют внимание комфорту 4（在整个旅行阶段）. По словам эксперта, всё больше мест размещения с 5（高服务水平）появляется даже в труднодоступных местах. В прошлое уйдут поездки в больших сборных группах и проблемы с трансфером.

В трендах проглядывается и ориентир на индивидуализацию. Клиент привык, что все сервисы заточены под его 6（口味和偏好）. Турист либо найдет то, что полностью отвечает его запросам, либо самостоятельно спланирует путешествие.

V. Прочитайте следующие фрагменты и поставьте слова в скобках в нужной форме.

фрагмент 1

««Аэрофлот» приостанавливает с 13 января бронирование по 1.____________ (субсидируемый тарифы)на рейсах с Дальнего Востока в Центральную часть России и перелеты внутри 2.____________ (Дальневосточного округа)в связи с достижением 3.____________(выделенный лимит государственный субсидии на перевозки) по данным направлениям», – говорится в сообщении компании.

Там уточнили, что все подтвержденные, но не оплаченные к моменту закрытия продажи 13 января 11:00 мск бронирования будут оформлены по субсидируемому тарифу в соответствии 4.____________(правила авиакомпания).

В случае поступления дополнительных средств 5.____________(программа субсидируемый перевозки)продажа льготных авиабилетов по указанным тарифам будет возобновлена, подчеркнули в компании.

Рейсы внутри ДФО, из округа, а также в Крым и Калининград субсидируются в рамках правительственного постановления № 215 от 2018 года. В 2020 году государство выделило на эти цели 5,8 млрд рублей. Воспользоваться 6.____________ (льготный перевозки)могут россияне до 23 лет и старше 60 лет (женщины – старше 55 лет), инвалиды и сопровождающие их лица, а также многодетные семьи.

4 января стало известно, что «Аэрофлот» принял решение увеличить сроки оформления и оплаты билетов, забронированных по субсидированным тарифам перевозок.

фрагмент 2

В 12 км от Рязани на берегу старицы Оки при въезде в Мещеру находится одно из 1.____________ (самый удивительный место) Рязанского края – поселок Солотча. Он известен с 1390 года и начинался как поселение вокруг Солотчинского Рождества Богородицы монастыря, основанного Олегом Рязанским, а ныне примечательного своим 2.____________ (дивный архитектурный ансамбль) в стиле 3.____________ (нарышкинский барокко). В разное время Солотча была то селом, то поселком городского типа, а сегодня является микрорайоном-эксклавом Советского района города.

Солотча – популярный курорт в 4.____________ (природоохранный зона) на территории Мещерского национального парка. Целебный воздух и удивительно живописные окрестности с могучими лесами на высоких холмах, уютными и обильными рыбой речками, заливными лугами по берегам неторопливой Оки и, конечно, Лысой горой, сформировавшейся еще в ледниковый период, традиционно привлекали сюда и рядовых граждан, и многих известных людей, постепенно сформировавших 5.____________ (особый культурный атмосфера)этого места. В разные годы здесь подолгу жили и творили Вересаев, Гайдар, Фадеев, Симонов, Гроссман, Шаламов, но прежде всего Паустовский и Солженицын.

фрагмент 3

Широкая интеграция в 1.____________(мировый гастрономический пространство) предполагает, что современная русская кухня не может оставаться в стороне от 2.____________(актуальный тренды). Стоит ли удивляться, что сегодня во многих ресторанах всё чаще говорят об экологии, 3.____________(ответственный потребление), ЗОЖ, 4.____________(безотходный производство), локализации, внимании к 5.____________(«второстепенный» продукты), постепенном отказе от мяса и животных жиров в пользу овощей и т.д. С другой стороны, на кухне всё более заметную роль начинают играть высокие технологии, которые позволяют серьезно расширить поле 6.____________(гастрономический эксперименты), включая в него мультисенсорность и дополненную реальность.

фрагмент 4

Пока же весь въездной рынок, по словам Сергея Назарова, находится 1.____________(в состояние глубокий заморозка. «Мы сейчас где-то в Антарктиде. Большая часть компаний работает 2.____________(в дежурный режим). По 3.____________(самый оптимистичный прогнозы), китайцы начнут возвращаться в Россию не раньше весны 2021 года. Но для того чтобы перезапустить туризм, уйдет еще минимум несколько месяцев. Восстанавливаться китайский инкаминг начнет с 4.____________(деловой туризм). И если въездной турпоток – это в основном китайцы, приезжающие с целью туризма, то основу выездного турпотока в Китай составляли именно бизнес-путешественники», – говорит Назаров.

Напомним, на недавно прошедшей конференции Российско-Китайской комиссии по подготовке регулярных встреч глав правительств вице-премьер Дмитрий Чернышенко пригласил китайских инвесторов участвовать в строительстве отелей в России.

«Инвестиционное сотрудничество, если будет развиваться, то оно вольно и невольно будет сопровождаться шлейфом разных других совместных бизнесов. Без этого и не получится. И всё это вместе будет способствовать 5.____________ (рост поток), расширению географии, развитию разных видов туризма. Но пока говорить об этом рано. Давайте не забывать, что у России объективно пока очень низкий международный инвестиционный рейтинг и очень низкое доверие со стороны 6.____________(китайский бизнес)», – говорит Иван Введенский, председатель Ассоциации «Мир без границ».

VI. Прочитайте следующие фрагменты и выучите наизусть выделенные предложения.

фрагмент 1

Россияне уже выбрали страны, в которые хотят отправиться в 2021 году сразу после открытия границ. ***Каждый десятый (12%) планирует посетить Италию, на втором месте с чуть меньшим количеством голосов оказалась Испания (9%). Замыкает тройку лидеров Таиланд – в эту страну в следующем году мечтает съездить 7% опрошенных***.

Кроме того, соотечественники также хотят отправиться в Германию (6%), Грецию, Турцию и Чехию (по 5%). По 3% мечтают о Вьетнаме, Кипре, ОАЭ, Абхазии и Грузии. И только 1% привлекает Шри-Ланка.

В настоящее время транспортное сообщение открыто с Абхазией, Египтом, ОАЭ и Турцией. ***Греция принимает до 500 россиян в неделю***.

Подводя итоги 2020 года, в «Туту.ру» отметили, ***что около 60% пакетных туров было забронировано по России***. На втором месте по спросу была Турция (35% путевок). В начале года также был интерес к пакетным турам в Таиланд, а сейчас третье место по популярности занимают ОАЭ. Также отмечается, что ***объем бронирований пакетных туров по сравнению с 2019 годом сократился примерно на 45%.***

фрагмент 2

В Госдуме готовится к рассмотрению закон об автотуризме. Он позволит адаптировать дороги, пользующиеся спросом у туристов – например, М4 «Дон» или маршруты Золотого кольца, – под запросы путешественников. ***На трассах появится больше мотелей, кемпингов, кафе и других объектов, необходимых в дальних поездках***. Их работа будет регламентирована четкими стандартами. Пилот предлагается запустить в 13 регионах. В Ассоциации туроператоров России инициативу поддерживают. По словам вице-президента АТОР Дмитрия Горина, ***в отдельных субъектах количество автолюбителей составило в этом году до 75% от общего турпотока***.

Однако, чтобы строить придорожную инфраструктуру, нужно привести в порядок и сами трассы, отметил Дмитрий Горин. ***В этом вопросе очень важно межведомственное взаимодействие между представителями туротрасли и сферой дорожного обслуживания***.

В законопроекте отмечается, что пересматривать придется и статус некоторых дорог. Сейчас постановление правительства РФ от 29.10.2009 № 860 устанавливает требования к их обеспеченности объектами сервиса. ***Уровень зависит от категории дороги***. То есть межмуниципальная трасса, даже если ей пользуются туристы, может стоять практически пустой. В результате, например, части дорог Золотого кольца России не положены мотели и кемпинги, ***несмотря на их популярность у путешественников***.

фрагмент 3

В формате выходного дня из Москвы проще всего выехать вечером в пятницу поездом, обратно – вечером воскресенья. ***За плацкарту отдадите от 1400 рублей, за купе – от 2400. Время в пути от 7 до 11 часов***.

На самолете в Воронеж можно добраться из Москвы, Петербурга, Казани, Симферополя и еще десятка российских городов. ***Полет из Москвы займет около часа. На распродажах билеты в обе стороны можно купить за 3 – 4 тыс. рублей***.

Доехать на автомобиле из Москвы можно часов за шесть, если двигаться по платной трассе (около 800 рублей днем, ночью немного дешевле). Только имейте в виду, что ***выезжать нужно пораньше – есть риск встать в пробки на пунктах въезда на платные участки***. Если ехать по бесплатной дороге, то путешествие займет на пару часов больше.

фрагмент 4

Официально в России насчитывается более 200 народов, каждый из которых гордится своими традициями и культурой, каждый из которых заслуживает близкого знакомства и дружбы. Чтобы написать о каждом из них, понадобится большая книга.

Известный шлягер о чукче, который ждал рассвета в чуме, назывался «Песенка о терпении». И терпения коренным жителям Чукотки не занимать – рассветы на Крайнем Севере случаются лишь летом. Жизнь на краю континента среди тундры не назовешь легкой, отсюда и ***странный обычай уходить из нее в загробный мир*** самостоятельно, по чести. Но это лишь ***одна из удивительных традиций древности: чукчи бросались камнями в приезжих, высказывая таким образом гостеприимство, отдавали гостю жену, последнюю пыжиковую шапку и то немногое, что имели сами***. Мало что изменилось в XXI веке – всё так же охотятся на китов, пасут оленей, разве что некоторые семьи предпочли ярангам дома и квартиры с отоплением и жену от себя больше не отпускают.

Как попасть в гости к чукчам: отправиться в круиз вокруг Чукотского полуострова, включающий посещение чукотских поселений, – Лорино.

Лучшее время для визита: в мае во время праздника первого теленка «Кильвэй» и весной, когда ***в Амгуэме проходит Фестиваль оленеводов, в рамках которого проходят гонки на оленьих упряжках, соревнования по метанию аркана, ритуальный забой животных***.

Что попробовать в гостях: почти все вкусы будут непривычны. Хит кухни чукчей – китовое мясо и оленина. Но ***попробовать странные блюда надо***: палыгын – олений костный жир с зеленью, копченую кровь оленя вильмулимуль, которую помещают в желудок вместе с ушами, почками и даже копытами, опанэ – суп из оленины, его готовят с кровью, мантак – вареную кожу кита, копченые рыбьи головы.

VII. Прочитайте самостоятельно следующие фрагменты.

фрагмент 1

Тюменский вкус

Достойных заведений общепита в городе бесчисленное множество. В богемном «Дягилеве» подают местные специалитеты из муксуна и нельмы, в том числе строганину, паштет из оленины, сибирский борщ и пельмени с груздями. «Ван Гоги» – одно из многочисленных грузинских заведений с открытой кухней на центральной улице города – радует широким ассортиментом традиционных национальных блюд с отменным вкусом и приемлемыми ценами. Во множестве кофеен, где проводят время модные работники умственного труда, бариста сооружают оригинальные авторские напитки, а в лаборатории шаурмы крутят дабл-роллы, лепят щука-доги и замешивают картошку «Рваная свинина».

Поклонникам ретро понравятся «Три богатыря» – лучшая пельменная в городе. Говорят, здесь подают самые вкусные пельмени с самым тонким тестом. Интерьеры и атмосфера заведения с зычными выкриками подавальщиц, призывающих забрать свою порцию, колоритными завсегдатаями и не меняющимся десятилетиями меню с капустным салатом за 35 рублей, солянкой за 72, картофельным пюре за 29 и компотом из сухофруктов за 20 вызывают умиление и приступы ностальгии. Самое дорогое блюдо – порция пельменей, жаренных на растительном масле, – обойдется в 101 рубль. Здесь же есть маленький магазинчик с популярными некогда кулинарными изделиями ручной работы: холодец, колбаса, селедка под шубой, язык, копченая рыба, сладкий хворост, безе и, конечно, хит заведения – пельмени и вареники с разнообразными начинками.

фрагмент 2

Вершки и корешки

Важной частью туристической привлекательности любого региона является его гастрономическая составляющая. Есть ли в Рязани то, что можно было бы назвать региональной кухней? Еще совсем недавно ответ был бы, пожалуй, сугубо отрицательным. Однако последние годы и в этом направлении ведется большая работа. Местные рестораторы ищут собственный стиль, изучают старинные рецепты, исследуют возможности локальных продуктов (прежде всего речной рыбы, дичи и грибов из могучих Мещерских лесов) и восстанавливают традиционные гастрономические специалитеты, некогда широко известные далеко за пределами Рязанской области.

Их усилия получили поддержку на федеральном уровне. В конце декабря проект «Гастрономическая карта России» совместно с Правительством Рязанской области при информационной и экспертной поддержке Ростуризма и Федерации рестораторов и отельеров России провели в Рязани первую проектно-учебную лабораторию региональной кухни ЦФО.

В рамках лаборатории несколько десятков рязанских шеф-поваров представили более 50 блюд из действующих меню своих заведений – разнообразные каши и супы, блюда из грибов, корнеплодов, рыбы, птицы и мяса, выпечку. Собственно, то, какой они видят актуальную рязанскую кухню, опирающуюся на местные традиции и использующую современные технологии. Собственно, то, что без труда могут найти туристы, приехавшие в Рязань и путешествующие по Рязанской области.

Но едва ли не самым большим открытием лаборатории стал калинник – оригинальный пирог из ржаной муки с начинкой из калины и пюре из размоченных сушеных яблок. Некогда невероятно популярный в рязанских деревнях, а ныне почти исчезнувший. Его аутентичную версию – запеченный в капустном листе в дровяной печи – представила жительница села Новое Березово Татьяна Логинова. А современную – с добавлением черемуховой муки, калиновым джемом и попкорном из гречи – кондитер кафе «Графин» Наталья Васильева. Именно этот пирог имеет все шансы в ближайшем будущем претендовать на звание главного гастрономического бренда Рязанской области.

фрагмент 3

Гранд-тур «Байкальская миля» пройдет в новом формате

Фестиваль скорости «Байкальская миля», который традиционно проходит зимой на восточном берегу Байкала и собирает более 7 тыс. человек, в наступающем году из-за пандемии изменит формат. Об этом на презентации туристического потенциала Бурятии в Москве рассказал один из организаторов фестиваля Дмитрий Хитров.

«Мы решили сделать небольшое мероприятие по количеству участников. Порядка 30 единиц техники будут объединены в 21 экипаж. В каждом экипаже будет водитель, штурман и обязательно журналист, блогер, – рассказал «Известиям» Дмитрий Хитров. – Стартуем с Поклонной горы 21 февраля. Кто-то пойдет севером через Киров и Пермь, кто-то – югом через Пензу, Самару, Тольятти. Команды будут объединены в тройки и следовать по семи маршрутам».

Каждый день в своих блогах и соцсетях участники гранд-тура будут рассказывать о самых ярких достопримечательностях на своем пути. Весной эта информационная волна достигнет Бурятии, и 7 марта команды прибудут на финальную точку маршрута в село Максимиха – соревноваться в скорости по льду Байкала.

Фестиваль «Байкальская миля» проводится с 2019 года. Самому младшему участнику было шесть лет, а самому взрослому – 73 года. В скорости в разное время соревновались байки, автомобили, электрокары, велосипеды, реактивные сани и даже вертолет Ми-171А2.

Как сообщила «Известиям» министр туризма республики Мария Бадмацыренова, с 6 февраля 2021 года из Москвы в Улан-Удэ стартует зимняя чартерная программа «Магия зимнего Байкала». К этому времени лед на Байкале будет прочным, а 12 февраля отмечается Сагаалгаан – Новый год по лунному календарю. Для бронирования уже доступны семь пакетных экскурсионных программ.

фрагмент 4

Янтарный напиток

Побывать в Крыму и не выпить глотка местного вина – это как вернуться с рыбалки без улова. Красные, белые вина, сухие, крепленые, игристые. В Коктебеле, «в краю голубых вершин», с 1944 года разливают по бутылкам янтарное крымское солнце – мадеру. Сначала будущее крепленое вино год зреет в «детском саду» – темной «теплице», а затем отправляется во взрослую жизнь – на три года на открытую мадерную площадку у подножия потухшего вулкана Кара-Даг. Сейчас здесь греются на солнце и дышат морским воздухом 3500 дубовых бочек.

«В букете и во вкусе мадеры ярко выражен коньячно-ванильный тон. Тут и сушеная груша, и каленый орешек. Процент спирта – 19», – поясняет начальник цеха выдержки мадеры завода марочных вин Татьяна Агеева.

Мадера «живет» целых 120 лет. И чем старше напиток, тем вкус его сложнее и объемней. «Если сухие вина мы выдерживаем только в полной таре и два раза в неделю доливаем, то мадера любит «дышать» – каждая бочка с отъемом 15–20 л, чтобы происходил окислительно-восстановительный процесс», – говорит Татьяна Агеева.

Между прочим, есть у винных бочек традиция: каждые полгода для них устраивают баню. Пар идет… за километр видно.

«Каждую бочку надо пропарить – убрать бактерии, чтобы древесина обновилась, затянулись поры. С одной стороны, хорошо, что бочка пропаривается, с другой стороны, плохо, потому что люди у нас ответственные, – смеется экскурсовод Алек.

КЛЮЧИ

IV. Прочитайте следующие фрагменты и переведите словосочетания на русский язык.

фрагмент 1

1. представить себе
2. В сознании большинства россиян
3. богатой историей
4. суперсовременным термальным курортом
5. на каждом шагу

фрагмент 2

1. развития внутреннего туризма
2. различными способами
3. на отсутствие инфраструктуры
4. программе туристического кешбэка
5. откроет границы

фрагмент 3

1. лидирующие позиции
2. востребованных туристических направлений
3. выдающимися памятниками истории
4. богатыми музейными коллекциями
5. «окно» между Россией и Европой
6. гастрономические маршруты

фрагмент 4

1. на туристическую отрасль
2. ускорение темпов жизни
3. сокращению среднего времени
4. на всех стадиях путешествия
5. высоким уровнем сервиса

6. вкусы и предпочтения

V. Прочитайте следующие фрагменты и поставьте слова в скобках в нужной форме.

фрагмент 1

1. субсидируемым тарифам
2. Дальневосточного округа
3. выделенного лимита государственных субсидий на перевозки
4. с правилами авиакомпании
5. на программу субсидируемых перевозок
6. льготными перевозками

фрагмент 2

1. самых удивительных мест
2. дивным архитектурным ансамблем
3. нарышкинского барокко
4. природоохранной зоне
5. особую культурную атмосферу

фрагмент 3

1. мировое гастрономическое пространство
2. актуальных трендов
3. ответственном потреблении
4. безотходном производстве
5. «второстепенным» продуктам
6. гастрономических экспериментов

фрагмент 4

1. в состоянии глубокой заморозки
2. в дежурном режиме
3. самым оптимистичным прогнозам
4. делового туризма
5. росту потока
6. китайского бизнеса

拓展阅读

俄罗斯报纸文本的字体设计

1. 文本字体

俄文报纸文本的排版，之前主要使用的文本字体是 Times New Roman，近年来它们被使用的频率越来越少了。

大型出版物越来越多地使用所谓的“公司”字体（专利字体）进行排版。出版机构会从如下的一些俄罗斯字体制造商进行订购，如 ParaType、LetterHead、DoubleAlex、InterType Studio 等。

报纸中广泛使用的字体通常边界清晰，即使小字体也能清晰辨认。通常报纸文本排版使用的字号为6—10磅。行距的大小会显著影响文本的可辨认性：增加行间距会使读者更容易理解文本。为了确保可读性，行到行的间距应至少等于单词之间的间距。按照部分人的观点，它应该是行高的110%。

十月革命后的头几年，报纸的排版使用相对较大的字号，为12—14磅。这在当时是可以理解的，因为大多数读者还不具备阅读报纸的能力，且有很多文盲。

当前，大多数报纸排版使用9或者8磅字号，并且有继续变小的趋势。经常可以看见使用6—7磅字号排版的文本。这一方面说明多数读者有按此字号顺利阅读报纸文本的能力，另一方面这也满足了编辑部在有限的报纸空间中提供最大数量文本材料的需求。但是减小字号的同时，出版机构必须了解印刷厂的条件以及报纸印刷的纸张特点。

同一期报纸的排版，一种方式是使用同一种字体但采用不同形式排版整个报纸，另一种是使用几种字体。绝大多数报纸是使用几种字体，这可以使设计多样化，并更易于突出不同的材料。通常会有一个基本字体，同一期的大部分文章都用这个字体，其他字体起补充作用。

使用多种字体设计报纸文本需要品味和比例感。试图用不同的字体或字形设计每篇文章，会导致字体杂乱，分散读者的注意力，使其难以集中精神。

选择文本字号的大小时，品味和比例感是必要条件。字号大小主要取决于报纸材料的性质及含义。通常文章或简讯越重要，设计的字号就越大。

为了突出文章最重要的语义部分，有时会改变文本字号，但是字体保持不变。为了让读者注意重要的消息，有时第一段会设计成大字号，其余部分会使用较小字号。第一个介绍性段落（简讯），有时会排版成较宽的格式。当然，这样的设计要特别注意下简讯的建构：引言部分应提供有关该事件的所有基本信息，其余部分应对此进行补充或评论。

文本字体的大小还取决于报纸页面上的列数和格式。一行较窄的设计，通常会导致相邻行换行中出现许多连字符，导致行中间单词的不合理拆分或单词之间的间距增加等。为避免这些弊端，可用更小的字号设计简讯。可见，报纸页面上文本列数的增加和行的减少，也是转向使用小字号的原因。在设计报纸文本字体时，应注意段落行的设置，显然将同一文章排版成不同格式，段落缩进量也会有所不同。

2. 重点字体

为了突出文中的某个单词、句子、段落或部分文本，通常使用字号大小相同的字体来设计文本本身，但不选择直角字体，而是粗体或斜体。粗体字体比斜体字体更起突出作用。斜体看起来更美观，但相比直体字不易被接受。有时，报纸也会使用其他字体突出文中重点。

还有另一种突出文中重点的方式——稀疏排开，即增加强调单词字母之间的间距。使用间距突出的文本区域最好不要太大，因为这种情况会使阅读过程变得困难。文本稀疏排开时，重点突出的单词间间距应成比例增加。

报纸经常使用各种非字体文本强调形式，其中一个是侧面缩进。它用于强调文章的某个段落或部分，其格式比文本的其余部分小。缩进可以是单侧的，也可以是两侧的。突出方式还包括侧栏——细或粗、单或双，垂直放置在想引起读者注意的线条旁边。人们很少使用细或粗的线来强调单独的单词和句子，这是因为用线需增加行间距。

为了进一步突出强调，某些报纸会把突出显示的段落设计成粗体或斜体或斜体带空格，有时甚至将其与侧栏连接起来。

作者署名。绝大多数报纸材料都带有作者署名，通常放在文章末尾或在文章的最后一行下方作注。作者的署名包括作者的首字母缩写和姓（全名）。有时会在此处添加职位、称号、国家、城市等信息，在这种情况下，签名分为几行：第一行包含姓名的首字母和姓氏，在第二行设置职位、称号。签名设置的一致性很重要。一个常见的错误是版式不一致。通常在同一份报纸中，甚至在同一期中，签名的设计方式也不同：小写和大写，直体和斜体，衬线体和无衬线体。通常作者签名的字体取决于报纸文本的字体：例如，如果简讯用衬线体设计，则将作者的姓氏加粗，如果将简讯用有衬线斜体设计（本身很稀有），则签名用斜体进行，但以无衬线体显示。建议使用无衬线体大写字母输入作者的姓氏。称号（职位）以相同大小的小写无衬线体键入。在签名的第一行末尾，许多报纸用逗号隔开，有时用句号隔开。因此，指示职位（称号）的第二行用小写或大写字母开头。在签名最后打上句号。如果列的宽度允许，则可以在一行中键入签名。选择了设计作者签名的任何版本后，接下来都要依照所选版本，不要出现偏差。

情况 1. 设计作者签名

如果在简讯的末尾给出了区域引用，则应使用衬线体的小写或大写字体键入，放置在作者签名下方的单独行中。

情况 2. 设计作者签名的方案

由多个姓组成的群体签名可以设计成列的形式，一个接一个地在右侧分开排列。如果编辑要强调任何文本的含义，则可以将作者的姓名移至材料的开头。这通常是指公众人物、著名学者、作家等的名字。在这种情况下，作者的姓氏可以放在材料标题的上方、旁边或下方。可在标题下完整地放置作者的署名，并沿着材料的中心轴将其分隔在几行。如果将简讯分布为三列，则作者的签名将放置在中间一列；在材料的两列布局中，签名沿着中心轴放置在标题的中间，使用星号、菱形和类似的排版装饰物或短直线做记号将标题和从属文本与签名区分。

将作者的姓氏放在标题下时应该检查是否会出现不好的语义组合。

3. 插图标题字体

报纸上的大多数插图都带有签名，签名通常会在整个插图格式上用一条笔直的细线标注。

如果插图在页面上扮演独立角色，则其标题会采用展开文本的形式。通常它由两部分组成：提供有关插图概况的绪论；解释照片或图片中具体显示的内容。签名的第二部分放置在“图片”或“照片”说明之后。

在大多数情况下，文本的两个部分都位于插图下方。但有时它们是分开的：第一段键入的部分放在插图上方，第二部分放在插图下方。也可以使用其他放置标题的方案——完全在插图上方或侧面。在这种情况下，可以将文本（有时与插图一起）安排在与其相邻文本分开的版面中。如今，署名通常直接放置在图片或照片上。

插图格式的署名通常用衬线体或无衬线体铅字键入。需要注意文本中的突出显示，因为这经常会出错，例如，要突出图中显示的人的姓氏用大写字母键入。当使用衬线体小写字母键入签名时，姓氏以及“图片中”的指示最好用无衬线体。签名以无衬线体显示，则突出部分用衬线体，有时会使用稀疏排开。

在签名的末尾，会用衬线体或无衬线体小写字母将摄影师或艺术家的姓名设置在单独的一行，并在右边对齐。

有时会在标题、插图或文本间放置一个引言，引述某篇作品的选段。

引言选择的字体字形要与简讯不同。引言所用字号通常比简讯所用的字号小一级。如需将引言分布在多列的文章上方，建议将其放在第一列或前两列的上方。

起首字母是指大号（1624 pt）的大写字母，插入在文章或简讯的第一个单词的开头或前两行至五行之内，用于指示报纸材料或其各节的开头（因此，首字母有时也称为指示灯），并作为文章装饰。在任何情况下，如果简讯的标题不在其通常位置，并且文本不是从标题下方开始，则将首字母放在文章的开头。这尤其适用于报纸的“底栏”。

为了使首字母清晰可见，通常会选择无衬线体字母，但有时衬线体首字母也很漂亮。如果简讯文本为斜体，则选择斜体作为首字母。

首字母的高度通常等高两行，而有时为三行文本高度。插入首字母的第一个单词的延续通常以大写字母键入，该大写字母的字号应与文本的初始段落相同，或者以大写字母键入（如果有）。首字母的开头必须与键入该单词的大写字母的开头相对应。

数字通常不会作为首字母。如果在文章开头有任何数字或日期，建议使用单词键入，以便将第一个字母作为首字母，比如代替“33位英雄”中的33要键入字母书写。文章开头的专有名称的缩写表示也是如此，例如，不用“С. Иванов 接受采访”而必须键入“Сергей Иванов 接受采访”。

如果报纸可以使用第二种颜色，则也可以将首字母换颜色表示，因为这些首字母在页面上很突出。

第九章　互联网 интернет

I. Прочитайте следующие фрагменты и обратите внимание на употребление выделенных слов и словосочетаний.

фрагмент 1

Представительство ***социальной сети*** TikTok в России вышло на контакт с комиссией Госдумы ***по расследованию фактов иностранного вмешательства во внутрироссийские дела*** и выразило готовность ответить на вопросы, возникшие у депутатов к соцсети. Об этом говорится в сообщении пресс-службы главы комиссии Василия Пискарева, которое поступило в «Известия» в четверг, 28 января.

«С руководством ***интернет-платформы*** установлен контакт. С их стороны заявлена готовность оперативно ответить на возникшие у нас вопросы, и мы намерены ***в ближайшее время*** согласовать формат дальнейшего взаимодействия», – приводит пресс-служба слова Пискарева.

Глава думской комиссии подчеркнул заинтересованность всех сторон в том, чтобы ***медиаресурсы, работающие на российскую аудиторию, соблюдали законодательство России***.

Он подчеркнул, что соцсети и видеохостинги ***всё активнее входят в нашу жизнь***, их влияние велико. В Госдуме считают «недопустимым распространение контента, который пропагандирует насилие, содержит ***призывы к участию в*** незаконных акциях и ***представляет реальную угрозу для жизни и здоровья людей***».

Накануне Пискарев сообщил, что ***пригласил на беседу*** в Госдуму ***генераль-***

ного директора представительства TikTok в России Сергея Соколова. Он отмечал, что к этой компании накопились вопросы, которые нужно обсудить с Соколовым, и «***наладить дальнейшее взаимодействие***».

фрагмент 2

Исследователь безопасности из компании ESET Лукас Стефанко рассказал об ***обнаружении опасного вируса в мессенджере*** WhatsApp. Он отметил, что вредоносное ПО ***автоматически распространяется через сообщения***, пишет WeLiveSecurity.

Вирус проникает в смартфон после того, как пользователь ***получает ссылку на мобильное приложение*** Huawei Mobile, где ему сообщают о возможности якобы ***выиграть смартфон***. После перехода по ссылке ***юзер WhatsApp*** перенаправляется на сайт, ***оформлением схожий с магазином приложений Google Play***, где ему предлагается ***установить программу***.

Завершив установку, приложение ***запрашивает доступ к уведомлениям***, и именно через них и будут совершаться атаки, так как, используя ***функцию быстрого ответа***, вирус пересылает ссылку другим пользователям. При этом подобные рассылки могут производиться раз в час, что, по мнению Стефанко, является попыткой вредоносного ПО замаскироваться.

Отмечается, что ПО также запрашивает ***разрешения на работу в фоновом режиме*** и работу поверх других приложений. Обычно, как отмечает эксперт, такие способы нередко используют мошенники, чтобы зарабатывать на демонстрациях рекламных объявлений на экране смартфона. Однако распространяется этот вирус только ***в версии смартфонов, работающих на операционной системе Android***.

4 января в Роскачестве дали советы по з***ащите от утечки личных данных***. По словам экспертов, половина всех украденных данных в I квартале 2020 года – это логины и пароли. Чтобы ***минимизировать риск*** утечки ***в первую очередь*** следует не ***переходить по подозрительным ссылкам***.

фрагмент 3

Американское издание Business Insider составило ***рейтинг лучших музыкальных стриминговых сервисов***.

Первое место досталось Spotify – его ***назвали лучшим сервисом потоковой передачи музыки***. Помимо огромного количества музыкального и аудиоконтента сервис ***предлагает поддержку приложений на большинстве современных гаджетов***. Специалисты отметили ***приличное качество звука***, ***доступность бесплатной версии*** (с рекламой), а также ***совместные плейлисты*** и групповое прослушивание. Особо отмечается, что сервисом можно пользоваться неограниченное время без подписки.

Второе место рейтинга эксперты отдали сервису Apple Music. Он предлагает ***огромный выбор контента***, радио, отобранные плейлисты и трехмесячную бесплатную пробную версию. Специалисты отмечают, что сервис работает с уже существующей библиотекой iTunes. Также в коллекции Apple Music – 70 млн песен.

Лучшим сервисом для придирчивых ценителей музыки назвали Tidal. Приложение ***доступно на различных платформах***, сервис предлагает видеоклипы и лучшее качество звука, чем большинство потоковых сервисов. У Tidal отсутствует бесплатная версия, ряд функций, а тариф Hi-Fi дорогой – $20 за одну учетную запись и $30 за семейный тариф с поддержкой шести человек. Стоимость Tidal Premium начинается с ***$10 в месяц за одну учетную запись***, и есть ***семейный план*** за $15 в месяц ***с поддержкой шести человек***.

фрагмент 4

Акции компании GameStop, которая занимается ***продажей компьютерных игр и игровых приставок***, выросла более чем в 16 раз ***из-за аномального спроса***, спровоцированного ***интернет-сообществом*** американского портала

Reddit. Об этом сообщила газета The New York Times в среду, 27 января.

По данным издания, повышенный интерес компания вызвала после того, как в ее ***совет директоров*** вошел ***основатель онлайн-магазина товаров*** для животных Chewy миллиардер Райан Коэн.

На одном из подразделов Reddit сразу после этого была развернута аномальная активность и тысячи инвесторов начали играть на повышение и ***покупать краткосрочные опционы***. В свою очередь брокерам пришлось ***хеджировать риски*** и выкупать акции компании, что в свою очередь ***привело к взлету цен на них***.

GameStop поддержал и Илон Маск. Предприниматель в Twitter опубликовал ссылку на Reddit, в которой инвесторы призывали ***скупать акции компании***.

В настоящее время ***рыночная капитализация*** GameStop ***оценивается в $5,3 млрд***. Одна акция ретейлера в среду, 27 января, торговалась на отметке порядка $333, при том, что еще 12 января акции GameStop можно было ***приобрести по цене менее $20 за штуку***.

Американские аналитики ***расходятся в оценках относительно происходящего***: одни считают, что это лишь игра, устроенная пользователями интернет-сообщества, другие полагают, что таким образом выражается ***протест против устоявшихся финансовых институтов***.

II. Прочитайте следующие фрагменты и ответьте на вопросы.

фрагмент 1

Определить местоположение смартфона возможно даже при выключенной геолокации, об этом во вторник, 26 января, рассказал доцент кафедры «Интеллектуальные системы информационной безопасности» РТУ МИРЭА Евгений Кашкин.

Эксперт напомнил, что мобильные устройства на базе операционных систем iOS и Android имеют функцию «Найти телефон», которая позволяет в случае утери аппарата установить его геолокацию через зарегистрированный Google или iCloud-аккаунт, но при отключенном геопозиционировании такой способ использовать не удастся.

По словам Кашкина, для такого подхода характерна низкая точность определения местоположения, так как в городе вышки, как правило, располагаются на расстоянии 3–5 км друг от друга. За городом такое расстояние может быть в диапазоне 10–12 км.

При этом он отметил, что данными о расположении вышек располагает лишь провайдер и предоставляются они только по запросу правоохранительных органов. Поэтому эксперт советует в случае потери телефона обратиться в полицию и указать в заявлении IMEI-код аппарата. Кашкин подчеркнул, что в случае кражи, даже если преступники заменили сим-карту, аппарат смогут найти и при выключенной геолокации.

Кроме того, условное местоположение смартфона можно определить по геотегам. Эти данные встречаются в различных социальных сетях и приложениях для обмена фотографиями и видеозаписями.

Ответьте на вопросы:

1. Что позволяет смартфон в случае утери аппарата установить его геолокацию?
2. Какая у такого подхода характеристика?
3. Почему всё таки эксперт советует в случае потери телефона обратиться в полицию?

фрагмент 2

Ведущий аналитик Mobile Research Group Эльдар Муртазин назвал «Известиям» главную причину, по которой в последние годы мобильная связь и интернет в России дорожают на 15% ежегодно.

О том, что цены на сотовую связь в России в 2021 году вырастут на 15%, «Ведомости» написали 14 января со ссылкой на информационно-аналитическое агентство Content Review.

Эльдар Муртазин рассказал, что платить за связь с каждым годом приходится больше, потому что потребляемый клиентами трафик постоянно увеличивается.

При этом люди не всегда осознанно наращивают потребление интернет-трафика, добавил специалист. Например, раньше человек мог смотреть видео в HD качестве, а затем перешел на Full HD, или Ultra HD.

В то же время подорожание связи никак не скажется на суммах, которыми оперируют мошенники call-центров, которые представляются сотрудниками банков и обманом вынуждают перевести им деньги.

Ответьте на вопросы:

1. По ведущему аналитику, какая тенденция тарифа сотовых операторов и тарифа с интернетом в России?
2. Почему появляется такая ситуация?
3. Кто такой "мошенник"?

фрагмент 3

Чтобы сократить число нежелательных звонков, можно воспользоваться услугами оператора связи по их блокировке. Об этом рассказал руководитель департамента консалтинга Центра информационной безопасности компании «Инфосистемы Джет» Николай Антипов.

Кроме того, есть специальные приложения, которые сообщают, что звонок мог быть рекламным или мошенническим, добавил он. В целом, если номер телефона однажды попал в базу спамеров, скорее всего, избавиться от их звонков навсегда не удастся, поскольку база может передаваться из рук в руки.

В большинстве случаев компании пользуются тем, что владельцы номеров сами указывают их при регистрации в интернет-магазинах, программах лояльности или для участия в конкурсах. Кроме того, номером абонента могут поделиться его друзья и знакомые, например в рамках акции «Приведи друга».

Ранее, 7 января, эксперт по информационной безопасности Алексей Лукацкий заявил, что для того, чтобы не стать жертвой мошенников, необходимо опираться на здравый смысл и быть бдительным.

Ответьте на вопросы:

1. О чём этот текст?
2. Что помогает сократить число нежелательных звонков?
3. Как номер абонента узнают других?

фрагмент 4

Россияне потратили в мобильных приложениях около $143 млрд – такие данные приводит аналитическая компания App Annie. Больше всего денег спустили во «ВКонтакте», сообщает телеканал «Известия». Со смартфоном в руках граждане за год провели 94 млрд часов. В день пользователь проводит с гаджетом 3,5 часа. В сравнении с 2019 годом эта цифра выросла на 40%. Самым популярным приложением в нашей стране стал WhatsApp.

Телеканал «Известия» доступен в пакетах кабельных операторов, в Москве он находится на 26-й кнопке. Также прямой эфир канала транслируется на сайте iz.ru.

Ответьте на вопросы:

1. На какое приложение потратили россияне больше всего?
2. Сколько времени россияне тратили на смартфоны за год в 2019 г.?
3. Какое приложение самым популярным в России?

III. Прочитайте следующие фрагменты и переведите словосочетания на китайский язык.

фрагмент 1

Компания Qualcomm анонсировала новый чипсет Snapdragon 870 для субфлагманских смартфонов. Производитель официально представил процессор на своем сайте.

Процессор Snapdragon 870 будет располагаться в модельной линейке компании между моделями Snapdragon 865+ (который считается морально устаревшим) и Snapdragon 888 (слишком дорогой для субфлагманов).

Qualcomm Snapdragon 870 выполнен по 7-нм техпроцессу. Центральный процессор состоит из одного высокопроизводительного ядра Cortex-A77 с частотой 3,2 ГГц, трех Cortex-A77 и четырех экономичных Cortex-A55.

За графическую составляющую отвечает видеоускоритель Adreno 650. Чипсет поддерживает дисплеи с разрешением 1440p и частотой до 144 герц, камеры до 200 Мп и съемку видео до 8K.

Ожидается, что первые гаджеты с этим процессором представят зимой. Об использовании Snapdragon 870 уже заявили OnePlus, Motorola, Oppo и Xiaomi.

10 ноября минувшего года американская компания Apple представила новые компьютеры Mac на собственном процессоре M1. 8-ядерный чипсет был создан по 5-нанометровому техпроцессу (как и у A14 Bionic). Графический ускоритель также получил восемь ядер. Первыми компьютерами на новой платформе стали 13-дюймовые ноутбуки MacBook Air, MacBook Pro и неттоп Mac mini.

Переведите следующие словообразования:

1. новый чипсет для субфлагманских смартфонов
2. центральный процессор
3. состоять из одного высокопроизводительного ядра
4. первые гаджеты с этим процессором
5. представить новые компьютеры на собственном процессоре
6. создан по 5-нанометровому техпроцессу

фрагмент 2

Американская теледива и бизнесвумэн Ким Кардашьян выпустила новый пост в своем Instagram, в котором указала, что на нее уже подписано 200 млн пользователей этой соцсети.

Аккаунт Ким в Instagram на сегодняшний день занимает четвертое место в мире по числу фолловеров. Самым популярным в этой соцсети оказался португальский нападающий итальянского ФК «Ювентус» Криштиану Роналду с 255 млн подписчиков, на втором месте разместилась американская певица Ариана Гранде – на нее подписано 217 млн пользователей. Замыкает тройку лидеров американский рестлер и киноактер Дуэйн «Скала» Джонсон с 212 млн подписчиков. На пятом месте, уже после Ким, находится аргентинский футболист Лионель Мэсси со 178 млн фолловеров.

В декабре прошлого года журнал Forbes составил рейтинг больше всего заработавших за 2020 год мировых знаменитостей, и первые две строчки заняли сестра Ким Кайли Дженнер, обогатившаяся на $590 млн, и супруг теледивы, музыкант Канье Уэст, заработавший $170 млн. Третью позицию занял теннисист Роджер Федерер с $106 млн.

Переведите следующие словообразования:

1. выпустить новый пост в своем Instagram
2. на кого подписано сколько пользователей
3. занимать какое место в мире по числу фолловеров
4. разместиться на втором месте
5. рейтинг больше всего заработавших за 2020 год
6. обогатившийся на сколько

фрагмент 3

Сотрудники компании CD Project рассказали, что предшествовало провалу игры Cyberpunk 2077 на старте.

По словам разработчиков, проблемы вызвали неконтролируемые амбиции руководства студии, а также технические проблемы и плохое планирование. Также они отметили, что компания была сосредоточена не на качестве игры, а на маркетинге.

В материале указывается, что большую часть времени в компании CD Project уделяли «пусканию пыли в глаза пользователей». В первую очередь речь идет о разработке трейлера и промоматериалов.

Кроме того, многие сотрудники пожаловались на существенные сверхурочные переработки задолго до финиша проекта и заявили, что игру выпустили заведомо раньше, чем ее успевали сделать разработчики. Последний пункт привел к тому, что многие локации новинки и функции были потеряны.

14 января разработчик Cyberpunk 2077 польская студия CD Projekt RED принесла свои извинения за проблемы с игрой. В первую очередь команда студии признала ошибки в разработке и поддержке игры. Представители компании отметили, что выпуск обновлений будет продолжен, и постепенно они должны исправить недостатки тайтла.

18 декабря компания Sony сообщила, что отзывает из сервиса PlayStation Store игру Cyberpunk 2077 до дальнейшего уведомления. В Sony подчеркнули, что всем геймерам, которые приобрели Cyberpunk 2077 через сервис PlayStation Store, будут возвращены деньги.

Переведите следующие словообразования:

1. вызвать неконтролируемые амбиции руководства студии
2. сосредоточен на маркетинге
3. разработка трейлера

4. пожаловаться на существенные сверхурочные переработки
5. принести свои извинения за проблемы с чем
6. выпуск обновлений

фрагмент 4

Домашний адрес относится к личным данным человека, воспользовавшись которыми злоумышленники могут оформить на него SIM-карту, микрозайм или похитить деньги с банковского счета. Об этом заявила «РИА Новости» адвокат КА Pen & Paper Александра Харина в пятницу, 15 января.

По закону информация о месте жительства относится к персональным данным, поэтому ее использование другими лицами возможно только с непосредственного согласия человека.

При регистрации скидочных карт, карт лояльности, участии в розыгрышах и акциях домашний адрес называть не стоит.

Харина подчеркнула, что нельзя заполнять анкеты на ранее незнакомых сайтах после перехода по гиперссылкам и на порталах с развлекательным контентом. Такие сервисы отличаются крайне низким уровнем информационной безопасности, что влечет опасность утечки персональных данных.

Адвокат отметила, что последствия могут быть самыми серьезными. Самым незначительным из них может стать навязчивая реклама.

Согласно исследованию компании InfoWatch, обнародованному 11 января, более 100 млн записей персональных данных россиян утекло в интернет в прошлом году.

В основном утечки происходили в хай-тек-индустрии, сфере финансов и государственном секторе. В глобальном масштабе они случались в сфере здравоохранения, хай-тек-индустрии и госсекторе.

Основными виновниками утечек в России остаются сотрудники компаний, на долю которых приходится около 80% всех нарушений. Примерно три четверти утечек происходили из-за умышленных действий персонала.

Переведите следующие словообразования:

1. относиться к личным данным человека
2. оформить микрозайм
3. использование с непосредственного согласия человека
4. незнакомый сайт
5. переход по гиперссылкам
6. отличаться крайне низким уровнем информационной безопасности

IV. Прочитайте следующие фрагменты и переведите словосочетания на русский язык.

фрагмент 1

Создатель мессенджера Telegram и 1（社交网络）«ВКонтакте» Павел Дуров 10 января призвал перейти 2（操作系统）Android, для того чтобы сохранить доступ к потоку информации.

«Apple (iOS) является более опасной из двух, потому что она может полностью 3（限制访问应用程序）, которые вы используете. На Android вы можете 4（安装自己的应用程序）в виде APK (формат архивных файлов, которые можно 5（下载到手机上）в обход Google Play. – Ред.)», – написал он в своем Telegram-канале.

Дуров отметил, что блокировка популярного среди сторонников президента США Дональда Трампа приложения Parler со стороны Apple и Google несет гораздо большую опасность для свободы слова, чем цензура в соцсетях, передает телеканал «360».

фрагмент 2

В будущем 2021 году в России 1（联网）около 35 тыс. социально значимых объектов. Об этом в среду, 30 декабря, ТАСС рассказал 2（俄罗斯联邦副总理）Дмитрий Чернышенко.

По его словам, сейчас 3（接入网络）есть у 60% таких учреждений, пишет RT.

Помимо этого, чиновник поручил Минцифре проработать и внести предложения по ускоренному подключению к интернету 4（100 人以上的定居点）. 5（到 2021 年底前）планируется подключить к интернету населенные пункты от 250 до 500 человек.

фрагмент 3

В Москве 1（手机网络的平均速度）составляет 36 Мбит/с. Об этом в понедельник, 28 декабря, говорится в исследовании TelecomDaily.

2（据专家说）, за 2020 год средняя скорость интернета в столице возросла на 5 Мбит/с и составила 36 Мбит/с. В 2019 году этот показатель составил 31 Мбит/с. 3（整体而言）по РФ средняя скорость мобильного интернета составляет 24 Мбит/с, пишет «Москва 24».

4（网速方面脱颖而出的）зафиксирован у «Мегафона» – средняя скорость мобильного интернета у этого оператора составляет 55,1 Мбит/с. 5（紧随此后，次之的是）МТС с показателем 35 Мбит/с. Третье занял «Билайн» со скоростью 30 Мбит/с, четвертое – Tele2 с показателем в 23 Мбит/с.

Фрагмент 4

В Китае представлена 1（具有加密功能的 SIM 卡）, передает телеканал «Известия». Ноу-хау разработали в местной компании – 2（移动运营商）. Звонки с таких симок 3（防止窃听）. Продукт технологичного гиганта уже 4（已经上市）. 5（保护机制）работает при звонках на такую же SIM-карту.

V. Прочитайте следующие фрагменты и поставьте слова в скобках в нужной форме.

фрагмент 1

Пользователи в Соединенных Штатах сообщили о проблемах в работе поискового сервиса Google. Об этом свидетельствуют данные портала Downdetector.

Около 70% 1.__________(пользователи) испытывают трудности 2.________(с вход) в аккаунт сервиса, 29% жалуются 3._______(на работа) поисковой системы.

Жалобы начали поступать в ночь на 22 января по московскому времени. О неполадках из других стран, кроме США, не 4.________(сообщаться).

Ранее, в ночь с 15 на 16 декабря, в некоторых странах по всему миру наблюдались сбои в работе поисковой системы Google и почтового сервиса Gmail. Наибольшее количество жалоб 5.________(поступило) из США, Австралии, Испании, Великобритании, Дании, Германии, Нидерландов и Венгрии.

В России с проблемами столкнулись жители Москвы и Ставрополя. В основном российские пользователи жалуются на сбои в работе поисковой системы Google.

фрагмент 2

Удаление 1._________(мессенджер) Telegram из магазина приложений App Store приведет к снижению его надежности. Об этом 25 января заявили 2.________(опросить) «Известиями» специалисты по информационной безопасности.

3.________(В частность), независимый исследователь даркнета Олег Бахтадзе-Карнаухов сообщил, что приток новых пользователей 4._________(в веб-версию) Telegram повысит вероятность обнаружения новых проблем в инфраструктуре мессенджера.

Кроме того, в веб-версии, по мнению специалистов, пользователей могут подстерегать фишинговые атаки, при которых злоумышленники собирают персональную информацию. Речь идет, например, о платежных данных. Технический директор группы компаний InfoWatch Андрей Бирюков предположил, что канал сторонников экс-президента США Дональда Трампа может опубликовать ссылку на «новый Twitter Трампа», по которой многие, 5.________(не задумываться), кликнут и перейдут на вредоносный сайт.

фрагмент 3

Меморандум о защите авторских прав в интернете был 1.________(подписать) и вступил 2.________(в сила) 1 ноября 2018 года. Его участниками стали представители 13 крупнейших производителей кино- и телепродукции и интернет-площадки России. Документ вводит досудебный порядок разрешения спорных вопросов между правообладателями и поисковиками по поводу незаконного размещения ссылок 3.________(на пиратский контент).

Был создан реестр ссылок. Поисковики 4.________(обязаный) сверяться с реестром 5.__________(каждые пять минут) и удалять появившиеся в нем ссылки в течение шести часов. Держатель реестра проверяет правомочность ссылок, которые присылают правообладатели.

Срок действия документа завершался 31 января 2021 года.

фрагмент 4

Социальная сеть Facebook заблокировала 1.________(на 24 часа) аккаунт гендиректора госкорпорации «Роскосмос» Дмитрия Рогозина после того, как он прокомментировал публикацию экс-посла США в РФ Майкла Макфола.

«Мой аккаунт забанили на сутки, потому что мой пост якобы нарушает нормы сообщества. Саму публикацию 2.________(скрыть). Вот 3.________(вам) и вся «свобода слова» 4.__________(на американский манер)», – сказал глава «Роскосмоса».

В своем Telegram-канале Рогозин также прокомментировал блокировку аккаунта в Facebook.

«Ваша позиция как 5.________(пользователя) не совпадает с мнением нашей демократической редакции»... Забавные ребята, эти демократизаторы», – написал он.

VI. Прочитайте следующие фрагменты и выучите наизусть выделенные предложения.

фрагмент 1

Председатель комиссии Общественной палаты (ОП) РФ по демографии, защите семьи, детей и традиционных семейных ценностей Сергей Рыбальченко направил в Роскомнадзор обращение, в котором попросил службу ***в случае распространения в TikTok противоправного контента удалить приложение соцсети из App Store и Google Play***.

В комиссию, по словам общественника, поступает ***много обращений от граждан, а также от представителей родительских и просемейных организаций, указывающих на проблематику соблюдения платформой TikTok российского законодательства***. В частности, речь идет о контенте, в котором детей призывают к участию в несогласованных массовых акциях.

Рыбальченко добавил, что ***комиссия планирует осуществлять собственный контроль распространения в TikTok опасного для детей контента***.

Отмечается, что ***в Роскомнадзор с просьбой заблокировать TikTok из-за размещения на платформе призывов к участию подростков в несогласованных акциях также обратился руководитель Совета отцов при уполномоченном при президенте РФ по правам ребенка Андрей Коченов***.

Он отметил, что ***подобные призывы несут прямую угрозу жизни и здоровью детей***.

20 января в соцсетях зафиксировали массовое распространение призывов к участию в таких акциях, адресатами распространения стали дети в возрасте 12–14

лет. ***На следующий день в интернете был запущен хештег #ДетиВнеПолитики, чтобы обеспечить безопасность несовершеннолетних в связи с призывами выйти на несогласованные мероприятия***.

фрагмент 2

У мессенджера Telegram вышло обновление 7.4 для пользователей iOS, главное нововведение которого заключается в возможности переноса истории переписки из других приложений, в частности, WhatsApp. Об этом говорится в описании обновления, размещенного в магазине приложений AppStore в среду, 27 января.

Также отмечается, что перенести переписку можно также из Line или KakaoTalk.

Для этого нужно открыть любой другой мессенджер и создать архив необходимого чата. После этого откроется стандартное iOS-меню «Поделиться». ***Нужно выбрать Telegram, и чат автоматически переносится в этот мессенджер***.

Кроме того, ***с новым обновлением пользователи смогут удалять созданные группы, секретные чаты из списка чатов, историю звонков, а в голосовых чатах регулировать громкость для отдельных участников***.

Ранее создатель мессенджера Telegram и социальной сети «ВКонтакте» Павел Дуров выступал с критикой Apple. 10 января ***он призвал перейти на операционную систему Android, для того чтобы сохранить доступ к используемым приложениям***. По его словам, Apple (iOS) является более опасной из двух, потому что ***она может полностью ограничить доступ к приложениям***.

В ноябре Дуров раскритиковал смартфон iPhone 12 Pro, а в июне упрекнул компанию за накрутку цены и цензуру в магазине приложений App Store.

фрагмент 3

Комитет Госдумы по информационной политике, информационным технологиям и связи рекомендовал принять в первом чтении законопроект, касающийся блокировки сайтов, оправдывающих экстремизм. Заседание состоялось во вторник, 26 января.

Предполагается, что ***инициатива позволит генпрокурору РФ и его заместителям обращаться в Роскомнадзор с требованием ограничить доступ к подобным ресурсам в интернете***.

Поправки предлагается внести в закон «Об информации, информационных технологиях и связи». ***По действующей версии закона заблокировать до суда сайт можно за призывы к экстремизму, но не за оправдание экстремистской деятельности.***

Законопроект летом 2020 года внесли на рассмотрение в Госдуму члены комиссии по расследованию фактов вмешательства иностранных государств во внутренние дела РФ. Документ получил поддержку правительства.

В конце декабря 2020 года ***Госдума приняла закон о порядке признания интернет-ресурсов социальными сетями и обязанности для владельцев сетей блокировать деструктивный контент***. Поправки вносятся в законопроект 2017 года о регулировании социальных сетей.

Поправка обязывает администрацию соцсетей блокировать противоправный контент, а также ограничивать доступ к информации, которая выражает «явное неуважение» к обществу, государству и Конституции России, а также содержащей призывы к массовым беспорядкам, экстремизму и участию в несогласованных публичных мероприятиях.

фрагмент 4

Социальная сеть Twitter временно заблокировала аккаунт республиканки и члена палаты представителей США Марджори Тейлор Грин. Об этом конгрессмен сама сообщила в Facebook и Telegram в воскресенье, 17 января.

В своем заявлении женщина указала, что ***Twitter решил приостановить действие ее аккаунта, при этом ей не предоставили объяснений, почему это произошло***. Она также заявила, что ***конгресс должен прекратить цензуру и действовать быстро для защиты свободы слова в Америке***.

Как пишет CNN со ссылкой на представителя социальной сети, аккаунт конгрессмена был заблокирован якобы из-за многочисленных нарушений политики компании. Отмечается, что Тейлор Грин не сможет получить доступ к странице в течение следующих 12 часов.

При этом 14 января ***Грин заявила о планах внести проект резолюции об импичменте избранному президенту США Джо Байдену в первый же день его пребывания в Белом доме***.

8 января ***Twitter удалил аккаунт президента США Дональда Трампа***. Также были заблокированы его страницы в Facebook, Instagram, Snapchat и Twitch.

Основатель Facebook Марк Цукерберг заявил, что ***аккаунты Трампа в Facebook и Instagram останутся заморожены до конца его пребывания на посту президента США***.

Администрация Twitter ограничила доступ американского лидера к площадке после публикации, в которой он призвал к спокойствию на фоне протестов в Вашингтоне, и видеообращения с призывом к сторонникам разойтись.

VII. Прочитайте самостоятельно следующие фрагменты.

фрагмент 1

Эксперты подсчитали стоимость оборудования начинающего тиктокера

Оборудование для начинающего тикток-блогера в России, согласно исследованию экспертов сервиса объявлений «Авито», обойдется в среднем в 4850 рублей.

В эту сумму входит кольцевая лампа и штатив для красивой видеокартинки, а также микрофон-петличка для записи более качественного звука, чем через микрофон смартфона или наушников.

Самым популярным видом освещения для съемки «тиктоков» является кольцевая лампа, отметили в сервисе. В январе 2021 года на «Авито» ее можно купить в среднем за 1,6 тыс. рублей – вдвое дешевле, чем год назад. При этом выбор изделий вырос вдвое.

Чтобы сделать интересный ролик, который понравится аудитории, приходится переснимать видео на протяжении нескольких часов подряд. Чтобы получить ровный и красивый кадр, используют штативы. Их можно купить в среднем за 1,8 тыс. рублей, подсчитали аналитики.

За год штативы стали дешевле на 24%, а предложение за это же время выросло на 90%. Кроме того, по сравнению с январем прошлого года в 2,2 раза стало больше объявлений о продаже петличек. Средняя цена на такой микрофон составляет 1,45 тыс. рублей.

Продвинутые блогеры в дополнение к базовому штативу, кольцевой лампе и петличке покупают дополнительное оборудование – стабилизатор, софтобокс и зеркальную камеру. Полный набор профессионального блогера в среднем обойдется в 25,35 тыс. рублей, отмечают эксперты.

фрагмент 2

Соцсети удалили 40% призывов к детям участвовать в незаконных акциях

Социальные сети по требованию Генпрокуратуры и Роскомнадзора продолжают удалять материалы, содержащие призывы к детям участвовать в незаконных акциях.

Так, по данным, опубликованным Роскомнадзором, к утру 22 января в среднем площадки удалили около 40% информации, вовлекающей несовершеннолетних в опасные для жизни и противоправные мероприятия.

В частности, TikTok удалил уже 38% таких публикаций, однако в соцсети по-прежнему наблюдается наибольшая активность по распространению призывов. При этом большинство публикуемых постов являются фейками.

В свою очередь, «ВКонтакте» и видеохостинг YouTube прекратили распространение 50% от общего объема выявленной незаконной информации, а Instagram – 17%, пишет «Газета.ру».

В Роскомнадзоре подчеркнули, что продолжают работу с соцсетями с целью прекращения вовлечения детей в несанкционированные акции. В ведомстве также напомнили, что в соответствии с законодательством нарушение порядка ограничения доступа к запрещенной информации грозит владельцам сайтов и информационных ресурсов наложением штрафа до 4 млн рублей. При этом в случае повторного нарушения сумму штрафа увеличат до 10% годовой выручки.

В течение последних дней в Сети распространялись видео в поддержку задержанного блогера Алексея Навального с призывами к участию в несогласованных акциях. Причем зачастую объектами агитации становятся подростки, которых вербуют с помощью популярных социальных сетей: «ВКонтакте», TikTok, Instagram, Facebook, Twitter и YouTube.

фрагмент 3

В МВД РФ заявили о росте преступлений с использованием интернета на 91%

Министерство внутренний дел (МВД) России зафиксировало рост количества преступлений с использованием интернета на 91% в 2020 году. Об этом сообщила в среду, 20 января, официальный представитель ведомства Ирина Волк.

По данным МВД, увеличение количества киберпреступлений повлияло на рост тяжких преступлений в прошлом году.

«Общее число зарегистрированных в стране преступлений увеличилось на 1%, тяжких и особо тяжких – на 14%. Основное влияние на рост тяжких преступлений по итогам 2020 года оказало увеличение количества криминальных деяний данной категории, совершенных с использованием информационно-телекоммуникационных технологий», – приводит сообщение «Газета.ру».

Кроме того, выросло количество преступлений совершенных с использованием мобильных телефонов на 88%.

«В отчетном периоде число преступлений, совершенных с использованием информационно-телекоммуникационных технологий, возросло на 73,4%, в том числе с использованием сети интернет – на 91,3%, при помощи средств мобильной связи – на 88,3%», – рассказала Волк.

фрагмент 4

Центр кибербезопасности РФ предупредил об угрозе атак со стороны США

Российский Национальный координационный центр по компьютерным инцидентам (НКЦКИ) предупредил о возможности проведения США и их союзниками кибератак на объекты критической информационной инфраструктуры России. Об этом говорится в бюллетене центра, опубликованном 21 января.

«В условиях постоянных обвинений в причастности к организации компьютерных атак, высказываемых в адрес Российской Федерации представителями США и их союзниками, а также звучащих с их стороны угроз проведения «ответных» атак на объекты критической информационной инфраструктуры Российской Федерации, рекомендуем принять <…> меры по повышению защищенности информационных ресурсов», — отмечается в документе.

Так, по предписанию НКЦКИ, организациям необходимо привести в актуальное состояние планы, инструкции и руководства по реагированию на компьютерные инциденты. Также в рекомендациях говорится, что стоит предупредить сотрудников о вероятных фишинговых атаках, провести аудит сетевых средств защиты информации и антивирусов, избегать использования сторонних DNS-серверов.

Помимо этого, лучше обновить пароли всех пользователей, обеспечить антивирусом анализ входящей и исходящей электронной почты, проводить мониторинг безопасности систем «с повышенной бдительностью», а также следить за наличием необходимых обновлений безопасности ПО.

В конце декабря 2020 года стало известно о том, что советники Джо Байдена — нынешнего президента США — обсуждают возможность введения санкций против России в связи с кибератакой в отношении американских правительственных учреждений, причастность к которой в Вашингтоне приписывают Москве.

КЛЮЧИ

IV. Прочитайте следующие фрагменты и переведите словосочетания на русский язык.

фрагмент 1

1. социальной сети
2. на операционную систему
3. ограничить доступ к приложениям
4. устанавливать собственные приложения
5. закачать на телефон

фрагмент 2

1. подключат к интернету
2. вице-премьер РФ
3. доступ к Сети
4. населенных пунктов от 100 человек
5. До конца 2021 года

фрагмент 3

1. средняя скорость мобильного интернета
2. По словам специалистов
3. В целом
4. Наибольший отрыв по части скорости
5. На втором месте

фрагмент 4

1. SIM-карта с шифрованием
2. мобильном операторе
3. защищены от прослушивания
4. поступил в продажу
5. Режим защиты

V. Прочитайте следующие фрагменты и поставьте слова в скобках в нужной форме.

фрагмент 1

1. пользователей
2. со входом
3. на работу
4. сообщается
5. поступило

фрагмент 2

1. мессенджера
2. опрошенные
3. В частности
4. в веб-версию
5. не задумываясь

фрагмент 3

1. подписан
2. в силу
3. на пиратский контент
4. обязаны
5. каждые пять минут

фрагмент 4

1. Покрасневшие ладони
2. наличии заболевания
3. диету
4. за своим весом
5. одним

拓展阅读

俄罗斯报纸标题

阅读从标题开始,它也是人们是否会继续阅读的关键。但是,标题组合时会有最常见的问题:拼写错误和格式错误。当代读者堪称“扫描仪”,他们快速“读取”照片和标题。如果对“阅读”中的某些内容觉得重要且有趣,那么注意力已经转移到了文本的第一段。如果这些段落引起他们的兴趣,那么很有可能会阅读大部分内容——尽管并非全部。我们处于这样一种环境,大部分读者没有动因从头到尾钻研出版物,对他们来说期刊的全部内容就是标题和照片,许多人连文字都不读。鉴于此,标题的角色应该是什么呢?首先,有条件地进行广告宣传:这是引起读者注意的最重要方法之一。在编者看来,读者不能错过版面上显示的最重要内容,为此,有必要考虑并建立标题组合的层次结构。其次,动机性:标题组合应包含足够的信息,目的是让读者继续阅读,还需要了解为什么这对于你的读者来说重要。最后,信息性:即使一个人的阅读仅限于标题,他也应从中获取一些必要的事实用以构思当前所发生事情的画面,或者对事件的本质有所了解。简而言之,如果构思某期报纸上的标题,然后将其提供给某人阅读,那么这个人应该对所发生的事情有所了解,其中最重要的是发生的地点以及这是否与他相关。

1. 标题的作用

标题是报纸最重要的设计元素之一,因为它们掌控着读者的注意力。标题可帮助读者快速了解本期报纸,了解其材料的内容,挑选最重要和最有趣的内容。材料是否会被读在很大程度上取决于标题的设计。

如果标题选择不成功或设计不正确，则会大大降低信息对读者的吸引力：标题设计不恰当的文章就不会被阅读。相反，醒目的标题格式可以提高材料的吸引力。

从前报纸中每条信息的开头经常只指出地理位置，也就是城市名称，即信息的来源城市和发送给编辑部的日期。直到19世纪上半叶才出现标题，报纸在首页上开始放置特别的材料索引，类似于现在的“今日内容”，将最重要的文章标题归类，简述其主要内容。渐渐，头条新闻开始出现在报纸页面上：首先是小品文、文学材料，然后是重要的文章和信息。

有趣的是，以前文章和注释的标题不是由作者提供的，而是由“特殊专家”提供的。通常他们会为报道选择一个耸人听闻的标题，与内容的关联性甚微。

编辑部经常谈论报纸标题应该“起作用”。这意味着它应该足够有趣，以引起读者的注意，可以在任何情况下都促使人们阅读下或至少浏览下文章。简短的标题是最好的，紧凑，充满活力，有时可言简意赅地表达材料的主要思想。冗长的标题令读者厌倦，阅读完需要花很多时间。

2. 标题的类型

报纸依据其目的及在版面中的作用划分为以下几种。

一个普通的标题介绍接下来的材料。报纸上发表的每篇文章几乎都有此标题。

副标题，通常是主题副标题，其可以解释、阐明或拓展主标题。副标题也可以指明报纸言论的性质和方向、其文学形式或新闻来源（例如，副标题“来自我们的特约记者”）。也有内部子标题，即部分材料的名称，将相对较长的文章分为几部分。

专栏标题通常位于主标题上方，并且通常指明报纸中刊载该素材的部分（例如“体育新闻”）。专栏标题还可以说明该素材的方向或体裁。

大字总标题是将多个报纸资料组合在一起的标题，每个资料也可以具有不同的标题。

标题可以单独使用，也可以相互结合使用。在后一种情况下，它们相互作用，从而最大化为读者提供有关出版物的主要信息。

标题确定了出版材料的主题方向或性质；标题说明其主题，基本思想；副标题将标题的内容具体化。通常，报纸使用两种标题的组合——专栏标题和常规标题，或标题和副标题。

大多数报纸的标题是单行，经常是两行，极少有三行和多行的。

标题所占行越多，正确设计就越难。大字体的多行标题在页面上占据很大的面积，结果形成了需要平衡的视点。因此推荐用小字体设计多行标题。除此之外，使用多行标题会阻碍各种级别的补充标题使用（副标题、专栏标题等）。

最常见的一个标题设计错误就是不正确的行划分。应该尽量划分成一个“金字塔状”，设计者首先尝试放置一条长标题，然后在其下放置一条短标题，反之亦然。同时他们应该尽量将其分解成若干部分，使每一个部分都是一个完整的整体。因此必须正确地将语义划分为行，必要时更改字体、字号。

错误例子：

Коттеджи на берегу

Москвыреки решено смыть

正确例子：

Коттеджи на берегу Москвы реки

решено смыть

错误例子：

Москвичка убила

насильника в состоянии

аффекта

正确例子：

Москвичка убила насильника

в состоянии аффекта

将标题分成几行时，不得使用移行符号，也不得将名字或开头字母与姓氏分开。还应该仔细观察连接词、语气词 «не» 和 «ни» 以及前置词的位置，不要让它们与它们从属的词分开。

3. 标题的排列

标题分成几行后，相对于它所从属的新闻需要正确排列。所有标题排列方式都可以归结为两种基本形式。第一个是沿着报纸材料的中心轴对称设置标题。这考虑了文章或简讯的整个格式。第二个是标题相对于文本的不对称放置，齐行在中心轴的左侧或右侧。

报纸实践制定出了几种标题排列的基本方式。第一种也是最常见的就是将其排列在报道上方（见下图）——可以将其放置在报道的所有列之上或恰好在它们的一部分之上，在后一种情况下，最好将标题放置在第一列之上。如果标题的宽度超过列的格式，则将其排列在左侧——右侧短行，或者安装在右侧——左侧短行，或在中心——两侧都短行。如果将文本扩展为两列以上，则不建议使用宽度为一列的标题，因为这会中断其与其他文本列的连接。

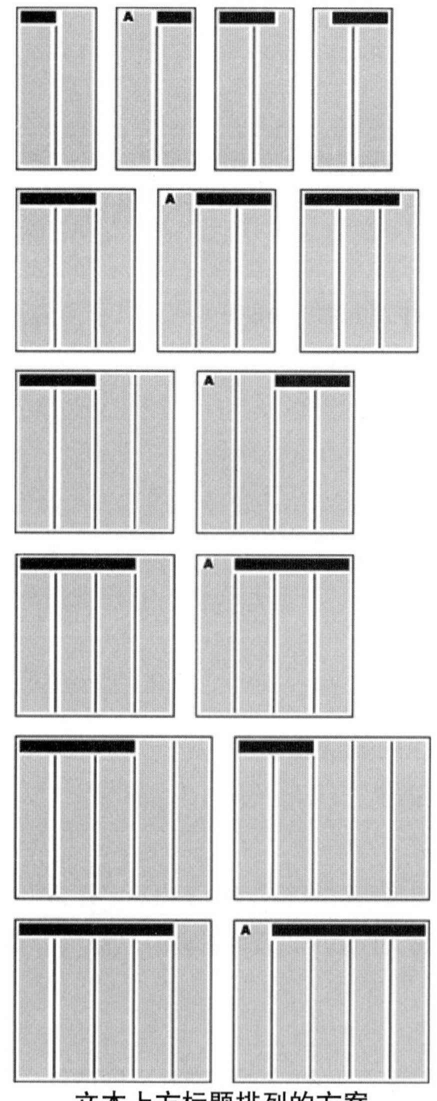

文本上方标题排列的方案

标题排列的第二个方案是排在文本列之间的顶部（见下页图）。根据内容的排版，标题可以基于不同数量的列。在三列文章中——基于一个中心列（其宽度可能大于列的宽度），在四列文章中，建议使用宽度为2—3列的标题。

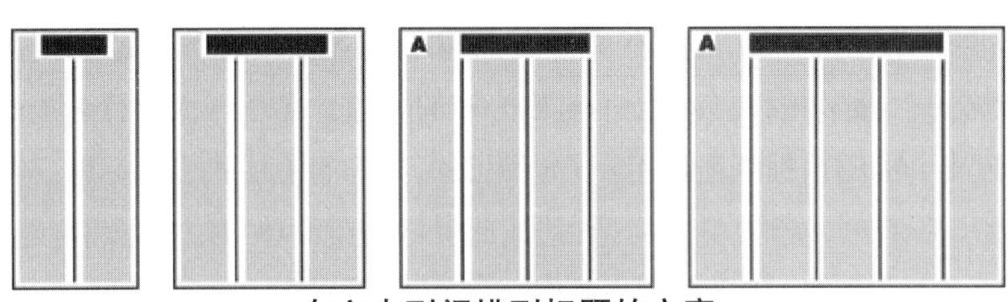

在文本列间排列标题的方案

第三种方案是将标题排在侧面，即文本的左侧（见下图），但这只能是在文本排列成几列时才能完成。标题的高度必须与文本的高度匹配。

第四种方案是将标题移到文本内部（见下图）。通常在下列情况下使用本方案，即避免合并文本上方同一级别的相邻标题，或者希望以此方式“分解”大块文本。通常标题不应降低到简讯的视觉中心以下。在文本底部设置标题是一种杂志排版技术，不建议在报纸中使用。最后，当标题移入文中时最好使用首字下沉标出简讯的开头。

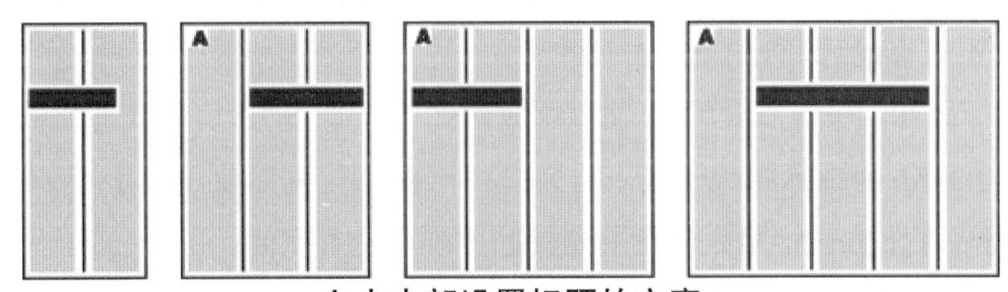

文本内部设置标题的方案

选择标题排列的方案许多情况下是由它的类别及综合情况决定的，即与页面及其他页面标题相匹配。

不建议在没有充分理由的情况下将标题与正文分离。没有标题的文章会给人留下非常奇怪的印象。

放置单行标题通常很简单，但是放置两行和多行标题会有些困难。报纸中它们的格式非常不同，这既取决于标题中的行数也取决于文章或简讯所拼版的文本列数量。

通常沿着文本材料的中心轴设置两行标题，各行根据格式对齐，但是两行标题的大小不相等看起来更好。通常，在顶部放置一条长线，在其下方放置一条短线，两边空格相同。

通常，设置两条不等距标题的方式是，将长（上或下）行设置在格式的中间，沿着中心轴，两侧空格相同，而第二（短）行与长行的边缘之一对齐。如果在顶部放置一条短线，则会获得所谓的阶梯式标题。

在拼版成两列的简讯上方配置两行标题时，一边底部短行旁边的空白处可用于放置正文文本。

多行标题的排列方案。报刊中经常会使用每行只包含一个单词的多行标题。设置为大号字体，沿中心轴设置为一列，有时在文章的中间，这样的标题令人印象深刻。还有其他设置多行标题的方案。比如经常会看到不对称分布的标题。靠近侧面短行旁边的空处可用于放置专栏标题或子标题。报纸还使用左右边距长短不等的阶梯式多行标题。在多行标题排版时必须使其与所有列的连接显而易见。达成此目标的最简单方法就是将标题放在简讯中，置于所有列的上方。但是，如果在侧面截断标题，在这种情况下，最好让标题连接起文章的所有文本列——至少几个字母出现在最边的列上或者出现在文本中。

可以在多列材料的上方放一个短标题——使其部分覆盖第一列和最后一列。通常，这样的标题在左侧和右侧会与文本对称。如果标题的大小明显小于文章的一般格式，则该文章将通过线条或框架与相邻材料分开，否则不受标题支撑的一个或几个文本行将失去与主材料的连接并脱离主材料。

当然，以上所列事项不适用于报纸的底栏和顶栏的标题设置。

副标题，尤其是主题副标题，通常沿着文字材料的中心轴直接放置在普通标题（“红线”）下，或者不对称设计，向左或向右对齐。

有时，副标题相对于文章的中心轴对称放置在主标题下方，但格式有所简化。例如，如果标题为三栏格式，则副标题位于其下方，在这种情况下，可以使用连字符、星号、菱形符号或其他标志符号在下方做记号。这样的副标题美观且节省空间。

通常排列副标题的便捷方案就是靠近主标题并与之处于同一级别。这时通常用线进行标注或者加以边框。如果主标题有几行且长短不一，则可以使用在主标题短行旁边排列副标题。这种情况下，副标题也应用线标注以便于更好与主标题区分。

副标题可以与主标题分开，并移至文本材料的中间。当需要避免将不同的标题集中在一个地方或为了使大块文本间距变大时，可以这样操作。通常，副标题沿着文本材料的中心轴设置，并在上下用边框或线突出显示。

内部子标题放置在它所从属的那部分正文的上方：用一列或多列。它可以在中心对齐也可以或左或右不对称对齐。内副标题通常用下划线标注。

为了使读者了解报纸版面上所刊登的重要材料的性质，海报作为一种设计副标题的独特方法被广泛使用。海报页面主要材料的主题副题给出了其性质和内容，被分在页面上显眼的位置，例如在页面的顶部或中心。它们是一到两列宽，并包围在直线或曲线的完整框架中。海报不应在页面上占用太多空间，但如果设计巧妙，它将在页面上脱颖而出，有助于读者快速了解报纸材料的内容。

除了用“海报”装饰子标题之外，在版面上还可以用独特的黑体字标题设计，即将子标题一个接一个地链状设置在专栏文章或版面的上方。这样的副标题链覆盖专栏文章的全部或部分格式中，看起来非常美观并可以充当“海报”。

卧文标题。如果需要将标题设置为小于正文的常规格式，或者标题的长度与页面标准列的宽度不对应，则使用卧文，且经常使用双面卧文。卧文标题应非常吸引人，文本中隐藏的双面卧文标题看起来特别美观。在这种情况下，不必将标题放到文本深处，只需将标题降低到文章顶部边缘下方几行，并在文本的两侧对称地填充即可。卧文不仅使标题突出，而且还可以利用报纸空间，尤其是许多标题所形成的额外空间。带有卧文标题的文章必须在顶部用直线标记，否则，卧文可能会与正文混合。

附录 1

Центральные газеты России

Аргументы и факты - www.aif.ru

Аргументы недели - www.argumenti.ru

Ведомости - www.vedomosti.ru

Вечерняя Москва - www.vm.ru

Гудок - www.gudok.ru

Ежедневные новости. Подмосковье - www.mosregtoday.ru

Завтра - www.zavtra.ru

Известия - www.izvestia.ru

Книжное обозрение - www.knigoboz.ru

Коммерсант - www.kommersant.ru

Комсомольская правда - www.kp.ru

Красная звезда - красная-звезда.рф

Культура - www.portal-kultura.ru

Литературная газета - www.lgz.ru

Литературная Россия - www.litrossia.ru

Медина - www.idmedina.ru

Московская немецкая газета - www.mdz-moskau.eu

Московская правда - www.mospravda.ru

Московский комсомолец - www.mk.ru

Надежда - http://www.nadezhda.me/

Независимая газета - www.ng.ru

НГ-Exlibris - http://www.ng.ru/ng_exlibris/

Независимое военное обозрение - http://nvo.ng.ru

Новая газета - www.novayagazeta.ru

Новые известия - www.newizv.ru

Ноев ковчег - www.noev-kovcheg.ru

Пионерская правда - www.pionerka.ru

Поиск - www.poisknews.ru

Правда - www.gazeta-pravda.ru

Православная Москва - www.orthodoxmoscow.ru

Российская газета - www.rg.ru

Русский вестник - www.rv.ru

Русский инвалид - www.rus-inv.ru

Русь державная - http://rusderjavnaya.ru/

Сельская жизнь - www.sgazeta.ru

Слово - www.gazeta-slovo.ru

Собеседник - www.sobesednik.ru

Совершенно секретно - www.sovsekretno.ru

Советская Россия - www.sovross.ru

Советский спорт - www.sovsport.ru

Солидарность - http://www.solidarnost.org/

Спорт-экспресс - www.sport-express.ru

Труд - www.trud.ru

Учительская газета - www.ug.ru

Финансовая газета - www.fingazeta.ru

Футбол - www.ftbl.ru

Щит и меч - http://www.ormvd.ru/pubs/100/

Экономика и жизнь - www.eg-online.ru

Экран и сцена - www.screenstage.ru

附录 2

Самые читаемые печатные газеты России

В таблице представлены ежедневные и еженедельные газеты выпускаемые в России с самыми большими бумажными тиражами по данным аналитической компании Mediascope. AIR (Average Issue Readership) или Аудитория одного номера–усредненное количество читателей одного номера издания (в тысячах человек).

ТОП САМЫХ ЧИТАЕМЫХ БУМАЖНЫХ ГАЗЕТ РОССИИ

(данные за декабрь 2018 - апрель 2019гг)

№	Издание	Регион	AIR, тыс. чел.
Ежедневные газеты			
1	Metro (Daily)*	Россия	1 499,0
2	Москва Вечерняя	Москва	870,0
3	Российская газета*	Россия	801,4
4	Московский Комсомолец	Россия	647,1
5	Известия	Россия	431,3
6	Спорт-Экспресс	Россия	414,7
7	РБК (газета)	Россия	346,2

№	Издание	Регион	AIR, тыс. чел.
8	Коммерсантъ	Россия	247,5
9	Ведомости	Россия	178,0
10	Деловой Петербург	СПб	59,8
11	Вести	СПб	52,3
Еженедельные газеты			
1	Аргументы и факты	Россия	4 557,6
2	КП - «Толстушка”	Россия	2 947,9
3	Моя семья	Россия	1 225,5
4	Вечерняя Москва	Москва	1 290,3
5	Московский комсомолец - МК плюс ТВ	Россия	1 042,2
6	Панорама ТВ	СПб	958,0
7	МК-Регион/МК в Питере	Россия	931,9
8	Народный совет	Россия	399,0
9	Metro (Weekly)*	Россия	308,3
10	Телевидение. Радио	СПб	142,8

拓展阅读

俄罗斯报纸文本的结构特点

新闻文本本质上是对话性的。由于这种对话性的设置,在文本中会出现作者对所谓的第三人称立场的评估,传达先前提出的论点或陈述的情感印象,找到可以替代先前提议的论点(自己或他人)的解决方案,比较并评估几个"第三方"的观点,由此塑造文本的多元性。最后,由于对文本的对话性进行了设置,作者增加了内容,顺便对已经说过的内容做解释;阐明其他人的立场,提供有关其他立场和观点的信息。这样,文本中包含的信息便得到认证,或者据此可以评估一种或另一种意识形态立场。

新闻文本的结构旨在将读者的注意力引向该刊最重要的材料。可以借助以下交际方式掌控读者的注意力:标题、副标题、插图、用以专门突出的片段,以此引起读者对文本的兴趣,并指出材料的内容、目的和含义。

文本最显眼的、引人注目的元素最吸引读者的眼球,如插图、综合标题、图片标题、插图和标注。某些地方眼睛对材料的"扫描"停止并转变成阅读、审视和学习。读者整体上可以划分为三类:传统读者、"扫描器"型读者和"超音速"型读者。报纸设计的主要任务是吸引"扫描仪"型读者的注意力,使其感兴趣并转化为真正的读者。

读者注意力的分布发生在报纸前后两页的版面区域。注意到客体的能力和对客体关注是有差异的。注意到客体的能力反映了眼睛快速看到并识别这个或那个文本片段的速度,而关注是指目光长时间停留在物体上,包括在浏览和阅读上花费时间。基本上,读者的注意力集中在版面中心左侧的区域,其次在右侧的区域,最少的就是右下角的区域。

就句法设计而言，独特的标题以及文本开头实现了最重要的结构功能。标题和开头完成了广告宣传功能。多数情况下，读者是否阅读完文章或给予关注是取决于标题和文章开头的。标题中积极使用新颖表述，其中就包括其他语体中未使用的多样性的词组和句法结构。我们来看下这个标题 «Мыть или не мыть?Вот в чем вопрос»，这个标题玩了个文字游戏，是对哈姆雷特对白 «Быть или не быть? Вот в чем вопрос» 的暗示。政论作品的句法特点体现在句子结构的正确性、条理性、简洁性和清晰性，使用独白（主要在分析体裁中）、对话（在采访体裁中）和直接引语。记者使用各种句法表达手段：特殊的词序（倒装）、修辞性的问语、呼语、祈使句和感叹句。在政论语体中会出现所有类型的单部句：称名句、不定人称句、泛指人称句和无人称句。政论句法的一个最显著特点就是称名、接续及分解功能，其让语言不连贯，营造一种不受言语拘束的幻想空间。

当代语言学中，人们对标题的研究除了在句法特点及交际功能框架内，还从心理语言的角度、文本语言学以及言语行为理论的角度出发进行展开。因此，有三个主要标准来表征新闻文本的标题：1. 语义（语义饱满性角度）；2. 结构（在材料的结构范围内）；3. 风格（在材料的修辞方面）。

当代新闻文本可以建立在“倒金字塔”的原则上，这与按时间顺序构建材料的原则有本质上的区别。在基于“倒金字塔”原理构建的文本中，结论、事件的结局放置在文本的开头，而在文本的结尾分析事件的原因和起源。新闻材料根据反馈原则展开——从结果、事件、最终场景到发生的原因和源头。

报纸简讯中可能会没有结尾。依据“倒金字塔原则”讲述的信息，其重要的信息占据金字塔的顶部，而不太生动和不大令人感兴趣的事实会成为地基。这样一来，读者从金字塔的顶部浏览至地基，主要关注文本中最鲜明的要素。同时，读简讯可以随时中断，因此可能到达不了金字塔的“底部”。

在导入类型中，以下几种是最好的：1. 摘要或者简要的文本（结果）叙述；2. 描述型，只突出材料的一个观点；3. 戏剧型，会提出冲突；4. 引证型；5. 设问型，会给读者提出某个问题；6. 分析型；7. 海报。还存在几种导入类型：对比型、统计型、轶事型、追溯型。最后还有一种结合了轶事和对比的综合型。

重要的是新闻的开头。开头先呈现问题，提出官方意见，最后对事件进行总结。引言中读者面前展现的是具有情节特点和作者情态的材料本身，然后是对文本的主要事件及其思想观点作简明扼要的论述。

文章开头作者会直奔主题。如果文本没有导入，则第一段承担导入的功能。开头之后是文本的主要内容，论述事件的细节。介绍材料的方式有以下几种：理由——具体的见解——事件前情——事件。新闻材料的结构是对文本内容、主要思想、人物和图像的形式反映。

新闻材料的主体是内容的划分，而非形式上的。根据字体差异和语义内容可突出新闻材料的不同部分。例如，大众媒体报纸简讯的第一部分是表达“风闻”，这种情况下信息内容就得使用不定人称动词形式“говорят”导入。这个句子的第二部分（从句部分）需使用连接词 что 导入从而展开听说的内容。“听说”（говорят）一词突出显示。接下来应该是“报纸 / 杂志的注释”，其同时执行连接和划分功能：它结合了提出相同信息的两种表示形式（субъективный/объективный; без ссылки на источник /со ссылкой на источник），同时又将它们彼此区分。

句子长度的增加可能与不同句子携带的信息量有关：一个简单句包含材料的基本信息，一个复杂句则表示时间、条件、解释说明及其他关系。在内部，新闻材料的文本联系结合了两种基本关系：历时关系和共时关系。在历时关系的主导下，新闻材料的叙事版本就形成了，在共时关系的主导下，新闻材料的描述性版本和混合版本就形成了。在叙事类型的文本中，以叙事方式描述某个故事；在混合类型的文本中，描述性信息与按特定时间顺序排列的动作结合在一起。

新闻划分为段，通过这些段落可以进行文本各部分之间的交互。段具有一定的句法特征：组成的语句借助该出版物特有的方式联结。

开头由导入性句子和短语组成，这些句子和短语包含新闻源的链接，以及间接引语的导入结构（Как сообщает агентство “Интерфакс”, Премьер-министр заявил, что...）。开头的句法特殊性受其作为段落第一句的功能的影响。

除了开头之外，段落还需一个明显的结尾，设计结尾需使用专门的句法手段，因此经常使用连接词，最后一个句子的开头用于接续意义。

段落是一种划分手段，是句法单位的图表绘制手段，是完成各种修辞任务的文本语义划分手段。

И. Р. 加别林（И. Р. Гальперин）划分出实用变体和上下文变体两种类型。实用和上下文变体这两种类型都取决于作者的情态。段落的划分一方面让信息理解更轻松，另一方面它显示了作者消息划分的逻辑联系。

作者的情态对新闻的修辞面貌有显著的影响。根据 Г.Я. 索尔甘尼克（Г.Я. Солганик）的观点，新闻著作权的实质是由“作者—社会人”——“作者—个人”（автор – человек социальный – автор – человек частный）二分法确定的。“社会人”（Человек социальный）进行社会问题的分析，“个人”（Человек частный）利用一种专门的亲密化技巧，试图成为可信任的人,成为读者的知己。但是,新闻作者的观点很少被表达为“个人”(частный человек)意见,且当该材料的作者不是个人,而是分析特定情况的专家时,它会包含某种官方的观点。

作者的情态既以标题的方式表达,又以呈现材料的方式表达于文本的同一结构中。它可以中立或是富于表现力。报纸新闻文本倾向于保持中立或不明显表达作者的立场;在表达文化生活或人际关系的文本中,作者的立场可以是情感性和表达性的。

众所周知,报纸新闻的文本或通讯社的报道都是从第三方提交的。作者表达的“我”«Я»被最小化,但是报纸出版物的风格包括在标题所表达的评估性成分中。在新闻中,记者引用可靠的消息来源,向读者提供某些统计数据。

引用是新闻文本必不可少的功能元素,具有不变形式的内容特征,比如标记性、文本源的同一性、作者说明。

新闻话语的主观性可以表达为“意图克服信息标准”,该标准与所传送信息的相关性标准相冲突。今日人们关注的不是特定材料的评价性,而是报纸言语体裁的对话性。作者作为新闻目击者可以与读者互相影响,这符合新闻学的一个主要特点。作者可以是事件的参与者,他可以在与读者对话的时候对事件进行反思。

媒体规定的不是应该思考什么,而是引导应该如何思考。这就是为什么宣传文本具有特殊的结构目的。这种处理新闻文本的方法可以说是结构上的交流。它还包括语言操纵的一些元素。其中,当公众的注意力从重要事件转移到无关紧要的事件时,会为读者提供一些转移注意力的信息。